本书由温州大学（经费代码：QD2023068、240210701）资助出版

中学思想政治课程与教学论·修订版

主　编　安保国

副主编　于洪卿　吴志敏　李　斌

浙江工商大学出版社
ZHEJIANG GONGSHANG UNIVERSITY PRESS
·杭州·

图书在版编目（CIP）数据

中学思想政治课程与教学论 / 安保国主编；于洪卿，
吴志敏，李斌副主编. -- 修订版. -- 杭州：浙江工商
大学出版社，2025.5. -- ISBN 978-7-5178-6573-5

Ⅰ. G633.202

中国国家版本馆 CIP 数据核字第 20257N8K79 号

中学思想政治课程与教学论·修订版

ZHONGXUE SIXIANG ZHENGZHI KECHENG YU JIAOXUE LUN · XIUDING BAN

主编 安保国　　副主编 于洪卿　吴志敏　李　斌

策划编辑	沈明珠
责任编辑	沈明珠
责任校对	杨　戈
封面设计	蔡思婕
责任印制	屈　皓
出版发行	浙江工商大学出版社
	（杭州市教工路 198 号　邮政编码 310012）
	（E-mail:zjgsupress@163.com）
	（网址:http://www.zjgsupress.com）
	电话:0571 - 88904980,88831806（传真）
排　版	杭州朝曦图文设计有限公司
印　刷	浙江全能工艺美术印刷有限公司
开　本	710mm×1000mm　1/16
印　张	19.5
字　数	337 千
版印次	2025 年 5 月第 1 版　2025 年 5 月第 1 次印刷
书　号	ISBN 978-7-5178-6573-5
定　价	78.00 元

前　言

适逢思想政治教育专业创立 40 周年暨学校思想政治理论课教师座谈会召开五周年之际,《中学思想政治课程与教学论》启动系统性修订工作。本次修订紧扣新时代中学思政课程改革发展需求,着力强化师范生的专业理论素养与教学实践能力,通过优化教材知识框架、更新教学案例库、融入数字化教学资源等举措,切实推进思政教育师资培养体系提质增效,为锻造政治强、情怀深、思维新、视野广、自律严、人格正的思政课教师队伍提供专业支撑。

本次教材修订以习近平新时代中国特色社会主义思想为指导,全面贯彻党的教育方针,紧扣落实立德树人根本任务的核心目标,严格遵循《中共中央国务院关于深化教育教学改革全面提高义务教育质量的意见》等纲领性文件,依据《义务教育道德与法治课程标准(2022 年版)》和《普通高中思想政治课程标准(2017 年版 2020 年修订)》具体要求,系统推进教材内容体系、表述方式、教学策略三个维度的协同创新。通过重构知识架构,更新案例素材,着力提升教材的学术严谨性、实践指导性及课堂应用效能,实现理论深度与现实关怀的有机统一。

在保持上一版教材章节结构基本稳定的前提下,本次修订重点围绕以下四个方面进行优化调整:第一,深化习近平新时代中国特色社会主义思想融入教材。通过系统梳理该思想在中学思想政治教育中的理论体系和教学实践体现,强化理论指导的系统性,使教材更加契合新时代思想政治课程建设要求。第二,回应新时代教育改革与实践的最新进展。结合中学思政课改革最新成果,新增近年来教学改革典型案例,拓展新教材、新教法、新技术的应用场景,增强教材内容的实践时效性。第三,强化教学实践指导的可操作性。优化教材的实践导向设计,加强对教学设计、课堂实施、教学评价等环节的系统指导,增设实战教学训练模块,帮助思想政治教育专业学生提升教学技能和岗位适应能力。第四,优化教学案例的互动性与针对性。精选符合新课改要求的典型案例,覆盖课堂教学、技能竞赛、资格考核等场景,通过真实情境帮助学生理解课程理论,强化实践能力培养。

本次修订立足新时代思政课程改革背景,旨在通过教材内容的迭代更新,助力未来思政课教师成长为具备坚定政治信仰、深厚理论素养、扎实教学能力的骨干师资,为新时代大中小学思政课一体化建设贡献力量。

目　录

上　编　思想政治课程论

中 编 思想政治教学论

下 编 思想政治教学评价论

上 编
思想政治课程论

　　课程是指通过教师和学生来运作和实施的以一定学习内容为主要元素的育人方案及其学习进程。思想政治课程是在马克思主义指导下，综合运用多门学科的理论成果，在总结思想政治教育实践经验基础上建立起来的兼具思想性、政治性、科学性、实践性、综合性、活动性的学科课程和活动课程。思想政治课程论包括：思想政治课程概述、课程目标、课程内容、课程实施建议、课程学习方式等内容。

第一章　思想政治课程概述

学习要点：

1. 课程的内涵。
2. 中学思想政治课程的创立与发展。
3. 初中思想政治课程的性质、理念。
4. 高中思想政治课程的性质、理念。

第一节　课程概述

"课程"作为教育活动的核心载体，其内涵随时代的演进不断丰富。本节首先从词源与概念维度解析课程本质，在此基础上，梳理思想政治课程的历史根脉，旨在通过厘清课程普遍性与思想政治课程特殊性的辩证关系，为理解其育人逻辑奠定认知基础。

一、课程的含义

课程作为学校教育系统的核心组成部分，始终是教育实践与理论研究的重要议题。尽管不同历史阶段的特定社会条件、认知范式差异及知识形态演变持续影响着学界对课程概念的阐释，但作为构成教育内容体系的基础性要素，对其概念内涵进行清晰界定是非常必要的。

(一)"课程"的词源分析

从历史发展的角度来看，"课程"作为专业教育术语并非伴随人类教育活动同步产生。在早期教育实践中，这一概念虽未形成明确表述，但其核心要素已以非显性形式渗透于各类教育活动之中。

据考证,在我国,"课程"一词最早见于唐代,孔颖达在《五经正义》中为《诗经·小雅·巧言》中"奕奕寝庙,君子作之"一句注疏时说:"以教护课程,必君子监之,乃得依法制也。"此时的"课程"与现代教育里的"课程"意义相差甚远。南宋朱熹在《朱子全书·论学》中写有"宽着期限,紧着课程""小立课程,大作功夫"等内容①,这里的"课程"有学习范围、时限和进度等含义。此时"课程"一词的使用已与现代教育中的"课程"意义相近。

在西方,"课程"(curriculum)一词最早见于英国教育家斯宾塞的《什么知识最有价值》一文(1859)中,该词源于拉丁语中的"currere",意为"跑道"(racecourse),即将课程比作操场上的跑道,学生在上面跑向终点(获取文凭)。根据这一词源,课程可定义为"学习的进程",即教师在课程的指引下引导学生不断前进,最终实现预期的培养目标。

(二)"课程"的内涵分析

针对"课程是什么?"这一问题,不同的研究者从不同的研究视角出发作出了不同的回答。目前,在国内外重要的课程研究文献中,关于课程的内涵有以下六种代表性观点。

1.课程即学问和学科

"课程即教学科目"是出现最早且流行最广的一种课程观,它把课程定义为学生所实际学习到的学科、教材或知识。最早可以追溯到我国古代的"六艺"课程,而后许多权威的教育专著和教育学教材把该定义明确了下来。《教育大辞典》认为,课程既可以看作是为实现学校教育目标而选择的教育内容的总和,包括学校所教各门学科和有目的、有计划、有组织的课外活动,也可以泛指在一定时间内应完成的一定分量的学业,还能被看作是学科的同义语。②《中国大百科全书(教育卷)》也将课程定义为所有学科的总和,并指出,学生在教师指导下各种活动的综合是最传统的课程定义。③

这种定义具有一定的合理性,但也存在局限性。首先,这种定义实际上强调的是学校向学生所传授的知识体系,而这种知识体系仅限于学校所列出的正式课程,本身具有不完整性;其次,这种定义只关注教学科目,容易忽视学生自身的知识建构、心智发展、创造性的培养和个性完善,以及师

---

① 转引自李方.课程与教学论[M].南京:南京大学出版社,2005:1.
② 顾明远.教育大辞典:第1卷[M].上海:上海教育出版社,1990:257.
③ 《中国大百科全书》总编辑委员会.中国大百科全书.13[M].北京:中国大百科全书出版社,2009:80.

生之间的知识互动、情感交流等对学生学习和成长的影响。

2.课程即有计划的教学活动

"课程即有计划的教学活动"是 20 世纪 50 年代较为流行的课程观,这种课程观主张将所有的教育计划、教学计划组合在一起,形成书面的文字,如教学的目标、内容、活动、进程、评价等,试图用一种全面的观点来定义课程。其代表人物有麦克唐纳(Macdonald)、比彻姆(Beachamp)、斯坦豪斯(Stenhouse)等。受这一课程观影响,"我国的吴杰教授认为,课程是指一定学科有目的、有计划的教学进程。这个进程有量和质方面的要求,它也泛指各级各类学校某级学生所应学习的学科总和及其进程和安排"①。

这种定义在一定程度上丰富了课程的内涵,强调了课程的计划性和目的性,为课程的有序开展提供了方向。但由于更多研究者把"有计划"定义为一种书面的活动,因此"有计划"本身存在不完整性,加之人们对其理解有偏差,因此在课程实践中不免出现差异,甚至会偏离提前设计好的各类教学计划。

3.课程即预期的学习结果或目标

一些学者认为,课程不应该指向活动,而应该直接关注预期的学习结果或目标,围绕这些结果或目标去选择、组织学习经验,实施教育教学活动,并进行教育教学评价。在一定意义上来说,该定义对课程与教学进行了区分,其代表人物有博比特(Bobbitt)、加涅(Gagne)、波范(Pophan)和约翰逊(Johnson)。如约翰逊认为,课程应该是教学的指南,它"规定(或至少期待)教学的结果",但并不规定其手段,即不规定那些为实现结果而加以利用的活动、材料或教学的内容②。

这种定义将课程与教学明确区分开来,具有重要意义。然而,若仅将课程视为预期的结果或目标,则无法妥善处理预期性与非预期性之间的关系,也难以平衡学习结果与学习过程的关系。这可能导致对校园环境、师生互动、心理氛围等隐性影响因素的忽视,然而,这些与学生成长密切相关的潜在因素,往往可能也会对学习成效产生深远影响。

4.课程即学习经验

"课程即学习经验"的观点突破了传统的从教师角度出发对课程进行界定的方式,这里的学习经验是指学生在学习活动的过程中所形成的思考

---

① 转引自傅建明,舒婷.教育学基础:中学[M].北京:北京大学出版社,2024:110.
② 转引自吕长生.波斯纳基于预期学习结果的课程结构思想[J].全球教育展望,2017,46(2):69.

和获得的体验。这种课程观的产生深受美国实用主义教育家约翰·杜威(John Dewey)"儿童中心论"教育思想的影响,突出的是学习者在学习活动中的主体地位,关注的是其在学习过程中实际获得的知识和体验。"美国课程论专家卡斯威尔(Caswell)和坎贝尔(Campbell)也同样将课程定义为学生在教师指导下所获得的一切经验。"[①]

这种定义将学习者视为课程的组织者和参与者,强调的是学习者在课程中的兴趣、需求和个性发展,注重学生积极主动的学习体验。但这种课程观在实际教学中却很难实行。就当前的教育来说,我们主要采用大班教学,一位教师面对几十个学生,如何满足每个学生的个性需求?如何针对每一个学生的个性特征制定相应的课程计划?以什么标准来评价这几十个学生的课程体验?这些都是该课程观亟待解决的问题。

5. 课程即社会文化的再生产

有学者认为,课程是对社会文化的反映。教育应从文化的产生、发展的现象和规律出发,再生产出对下一代有用的知识和技能,助力新生代构建起契合时代需求的知识储备、价值观念与实践能力,从而实现其成长轨迹与社会发展进程的动态匹配。文化再生产的方式可以分为两种,一种是在文化传播过程中实现的文化选择,如把反映社会发展规律的知识编制成教材,形成系统的知识传授给下一代;一种是在文化变革过程中实现的文化创新,如"课程改革"概念的提出。

这种定义的实质在于把学习者培养成为适应社会发展需求的社会人,把课程的重点从教材、学生转向了社会及其发展需求,在一定程度上具有进步意义。但这种定义是以完满的社会文化为观念前提的,而现实的社会文化却并非如此合理,而是存在许多偏见,甚至不公的现象,学习者对这种课程文化的传承只会使得社会文化的偏见和不公永久化。

6. 课程即社会改造

与"课程即社会文化的再生产"的课程观不同,持"课程即社会改造"课程观的学者们认为课程的使命不是要使学生适应和顺从社会文化,而是要帮助他们摆脱现存社会制度的束缚。正如巴西教育家弗莱雷(P. Freire)在《被压迫者教育学》(1970)一书中指出的,学校课程的重点不是使学生适应和顺从社会秩序,而是要刺激和发展他们的批判意识,要让学生通过参与课程规划和实施,不断克服依赖心态,摆脱外部束缚,成为积极主动和自由

---

① 转引自索桂芳.课程与教学论[M].北京:北京师范大学出版社,2024:3.

完满的人。[①]

这种课程理念旨在通过培养学习者的批判性思维,促使其成为具备主观能动性与人格完整性的个体。然而,由于不同社会制度对社会改造存在根本性的认知差异,试图以课程体系改革驱动社会转型,实则面临着深层的结构性挑战。

上述观点分别从不同的研究视角对课程进行了界定,一定程度上揭示了课程的本质,为我们定义"课程"提供了方向。综合来看,课程是根据既定的教育目标,在教育过程中精心设计的一系列学习科目及其教学进程的集合。它以学校的教育理念为核心,旨在通过系统的教学活动,使学生获取有助于其身心健康成长的教育经验,进而有效实现教育目标,成为培养学生正确价值观、必备品格和关键能力的重要媒介。

(三)思想政治课程概念界定

通过梳理课程的定义,我们把思想政治课程界定为:学校中以思想政治知识为主要教育内容的所有学习科目及其进程安排的总和。它"是思想政治课实施素质教育的重要途径,是组织思想政治课教学活动的最主要的依据,是集中体现和反映素质教育思想和观念的载体"[②]。在学校教育中,我们常说的思想政治课程包含义务教育阶段的道德与法治课程、高中学段的思想政治课程、高校的思想政治理论课程。在本教材中,思想政治课程主要指中学阶段的思想政治课程,包括初中思想政治课程和高中思想政治课程。其中,初中思想政治课程即道德与法治课程,也就是传统意义上的思想品德课程。

二、思想政治课程的历史渊源

现行思想政治课程并非凭空产生,而是伴随人类社会出现的,探究其历史渊源不仅能深化对现行课程的理解,更能揭示其发展规律。下文将主要沿中西方两条脉络追溯思想政治课程的历史渊源。

---

① 张旸.学生生命的"被控制性"和"无限可能性"——兼论《被压迫者教育学》的教育思想[J].全球教育展望,2006,35(3):28-32.

② 刘强.思想政治学科教学新论[M].北京:高等教育出版社,2009:58.

(一)中国思想政治课程历史渊源

我国现行思想政治课程的内容和目标是对我国当前社会生活的反映，也是对我国乃至人类社会出现以来生产生活教育经验的传承和延续，但在不同的历史时期有不同的内容和表现。

1.原始时期的原始德育

在原始时期，我国思想政治课程以原始的集体主义和炎黄精神为主要内容。就集体主义而言，它是今天思想政治课程中的集体主义教育的初现，对今天的思想政治课程有着重大影响。具体来说，人作为一种客观存在，是自然界长期进化的结果，然而在自然界，人类是"有缺陷的生物"，显得极其赢弱，难以以个体的形式生存，这就使得人类在生存的过程中发展了最原始、朴素的集体主义，奠定了原始时期德育的主要内容。在社会发展过程中，人类发展了以爱国、团结、自强、奋斗等为主要内容的炎黄精神，它是今天思想政治课程中爱国主义教育内容的萌芽。

2.古代时期的专门德育

古代时期的德育以秦为界限，呈现出不同特点。首先是先秦时期，此时的德育主要与政治、礼仪、庆典、战事等结合在一起，为政治和道德教化服务，具有一定的渗透性。这个时期以儒家整理的"六经"为学校德育的基本教材，德育思想中还含有法家的"法制"德育、墨家的"兼士"德育、道家的"寻道"德育等，对我们今天德育教育丰富内涵的建设具有积极意义。而在秦汉以后，我国的德育课程呈现出一定的专门性。"自西汉董仲舒、汉武帝提出'罢黜百家，独尊儒术'，儒学开始成为统治阶级的官方意识形态，儒家经典开始成为学校的正统教材和最主要的思想政治课程，即'纯书本式正统性思想政治课'。它标志着我国自春秋战国时期开始的'书本性教育'和'德育中心体制'的最终形成"[1]；宋代及以后，在"五经"的基础上继承和发展，先后形成了"九经"（《诗》《书》《礼》《易》《春秋》《左传》《孝经》《论语》《孟子》）和"十三经"（在"九经"基础上增加了《公羊》《谷梁》《仪礼》《尔雅》）；南宋朱熹将所有经书整理成"四书五经"，"四书"即《大学》《论语》《孟子》《中庸》，"五经"是《诗》《书》《礼》《易》《春秋》，并编著了《四书集注》，"不仅成了学校指定的唯一教材，而且成为封建科举考试取士的主要参考用书"[2]。

---

① 张建文，童贤成.思想政治（品德）课程与教学概论[M].北京：人民出版社，2013：50.
② 余双好.现代德育课程论[M].北京：中国社会科学出版社，2003：49.

3.近代时期的学科德育

近代,德育开始呈现"学科性",主要经历了两个阶段。第一阶段,清朝末年,新式学堂的引进改变了传统教育里按教学目标设置课程内容的方式,形成了基于学科内容构建的相对稳定的课程体系,学科德育开始萌芽。这个时期的学科德育主要以中国传统文化中的自我修养为主,"摘讲陈宏谋五种遗规:养正遗规;训俗遗规;教女遗规;从政遗规;在官法戒录。理极纯正,语极平实⋯⋯所讲修身之要义,一在坚其敦尚伦常之心,一在教其奋发有为之气,尤当示以一身与家族朋类国家世界之关系,务须以实践躬行,不可言行不符,此外并读有益风化之古诗词⋯⋯"①。第二阶段,民国时期,学科德育的雏形形成,学科德育内容更加丰富多样。如 1923—1928 年间,学校开设的主要德育课程有"公民""人生哲学""社会问题"等科目,这一时期的"初中公民科,可以说已经确立了旧中国公民科的基础,高中的'人生哲学'实际上就是'伦理学','社会问题'就是社会学的一部分"②;1928—1932 年间,学校德育开设"党义"科,主要教学内容为"建国大纲浅说""建国方略概要""三民主义""五权宪法浅释""直接民权运用";1932 年后,初高中都将"党义"科改为了"公民"科,并增添了道德、政治、法律、经济等内容。

总之,我国现行思想政治课程的发展脉络可追溯至古代文明时期,在时代变迁与社会发展的交互作用下,经过不断地继承与创新性发展,逐步形成了当前具有中国特色的思想政治课程体系与内容框架。

(二)西方思想政治课程历史渊源

一直以来,西方并没有专门的德育课程,而是把德育内容隐匿在其他教育内容之中,通过潜隐德育内容的方式达到德育教育的目的。"古埃及学校要求学生尊日神、忠国君、敬长官、孝双亲。"③在古希腊时期,西方的德育教育主要潜隐在"七艺"(文法、修辞、逻辑学、算术、几何、天文、音乐)课程内容中,这种同步推进的教育模式既保障了知识体系的建构,又强化了价值观念的引导,最终达成全人教育的理想境界。欧洲中世纪时期,宗教课程占据学校教育的"半壁江山",德育内容潜隐在宗教教义和活动之中,旨在培养学生的向善能力。不过,值得注意的是,此时的宗教教育把宗教教义置于个人经验和理性活动之上,禁锢了学生的思维,不是真正意义上

---

① 张志建.中学思想政治课发展史[M].北京:北京师范大学出版社,1994:11.
② 张志建.中学思想政治课发展史[M].北京:北京师范大学出版社,1994:86.
③ 顾明远.教育大辞典:第 1 卷[M].上海:上海教育出版社,1990:97.

的教育。到了近现代,由于社会生产力的提高和科学技术的发展,西方学校的德育教育逐渐演化为具体的课程形态,逐步设立了专门的道德科目课程,如"宗教""公民""社会""历史"等。

三、思想政治课程的创立和发展

若从思想教育课程的学术谱系考察,其历史源流呈现出双元演进特征:东方文明可追溯至中华文明的先秦时期,西方传统则肇始于雅典城邦时代。需要说明的是,这种溯源分析主要基于课程内容的核心要素,而非现代学科建制意义上的体系化研究。就思想政治课程作为课程本身而言,我国现行思想政治课程起源于中国共产党创立后领导的新民主主义革命时期。在这个时期,中小学思想政治课和高等学校思想政治课开始萌芽,但这个时期的思想政治课的课程形态尚不完善,课程内容与教材具有主观随意性,课程目标和任务带有明显的"政治化"倾向。新中国成立以后,真正意义上的思想政治课程才被创立。

(一)思想政治课程的创立

思想政治课程的创立并不是一蹴而就的,而是在实践过程中分层次、分阶段逐步确立起来的,这里主要探讨中学思想政治课程的创立。

"1949 年中华人民共和国成立不久,人民政府便开始有计划、有步骤地改造旧时代的教育制度和教育内容,将国民政府设立的公民、社会、党义等学科彻底清除出社会主义学校,在中学设立了政治课。"①但此时的思想政治课并没有统一的大纲和明确的要求,在教学内容、课时安排、授课方式等方面都存在较大的随意性。1959 年 7 月,教育部印发了新中国成立后的第一份中学思想政治课程教学大纲,即《中等学校政治课教学大纲(试行草案)》(简称"59《大纲》")。"59《大纲》"第一次对思想政治课程的任务、课程设置和时间安排、教材编写原则、教学注意事项、成绩考查和操行评定等做出了原

"59《大纲》"

---

① 沈晓敏,赵孟仲,程力,等.道德与法治学科核心素养研究[M].上海:华东师范大学出版社,2022:6.

则性的规定,并附有各年级的课程目录。① 此后,中学思想政治课程设置大体沿用这一框架。1960 年教育部召开中学思想政治课教材研究会,"会议提出教材修订要以毛泽东思想为指导,贯彻理论联系实际的方针;要按中学生的特点,阐述马列主义和毛泽东著作的基本理论观点,批判资产阶级思想,反对帝国主义,反对现代修正主义"②。1964 年中共中央批转《中共中央宣传部、高等教育部党组、教育部临时党组关于改进高等学校、中等学校政治理论课的意见》(简称"64《意见》"),进一步调整了政治课程设置,并首次使用了全国统编教材。这两个文件的颁布规定了思想政治课以马克思

"64《意见》"

主义基本知识为主要内容,以培养学生思想政治品质为课程目标,标志着中等学校思想政治课正式创立。

(二)思想政治课程的发展

思想政治课创立以后,其发展主要经历了三个时期,即 1966—1977 年的破坏时期、1978—1985 年的恢复时期、1985 年至今的改革创新时期。

1. 破坏时期:1966—1977 年

1966 年 6 月 13 日,中共中央、国务院批转教育部党组《关于 1966—1967 学年度中学政治、语文、历史教材处理意见的请示报告》,中央批示指出:"目前中学所用教材,没有以毛泽东思想挂帅,没有突出无产阶级政治,违背了毛主席关于阶级和阶级斗争的学说,违背了党的教育方针,不能再用。教育部应该积极组织力量,根据党中央和毛主席有关教育工作的指示,重新编辑中学各科教材。"③之后,"以前出版的初中政治课通用教材被视作'封、资、修大杂烩'加以批判,中学政治课基本停开(尤其是 1966—1971 年间)"④。1977 年 9 月,教育部再次发出通知,要求"清除中小学教材中的'四人帮'及其余党言论、文章、形象,以及'四人帮'控制的写作班子,

---

① 《中华人民共和国学校思想政治理论课重要文献选编》编写组. 中华人民共和国学校思想政治理论课重要文献选编:上册[M]. 北京:人民出版社,2022:311-312.

② 冯刚,沈壮海. 中华人民共和国学校德育编年史[M]. 北京:中国人民大学出版社,2010:153.

③ 《中华人民共和国学校思想政治理论课重要文献选编》编写组. 中华人民共和国学校思想政治理论课重要文献选编:上册[M]. 北京:人民出版社,2022:376.

④ 汪青松,陈宁,等. 新中国大中小学思政课程的历史发展[M]. 上海:上海科学院出版社,2020:16.

肃清其流毒和影响"①,并于 1980 年在"中学先后开设了'社会发展简史''科学社会主义常识''辩证唯物主义常识''政治经济学常识'四门课,统一编写了教材"②,思想政治课才得到初步恢复。

2. 恢复时期:1978—1985 年

恢复时期
文件

1979 年,教育部在北京召开了全国中小学思想政治教育工作座谈会,要求通过"认真总结建国 30 年政治课的经验教训,改革课程设置,编出一套适合中小学生用的较好的教材"来有效应对"中小学政治课长期处于'课程不稳定,教材不理想,领导不重视,教师不愿教,学生不愿学'的局面"③。以此为遵循,1980 年,教育部印发《改进和加强中学政治课的意见》规范了初、高中思政课程的具体开设科目,即在初中开设"青少年修养""政治常识""社会发展简史",在高中开设"政治经济学常识""辩证唯物主义常识"。1982 年 2 月,教育部按照分科设置课程的方式分别印发了《初级中学青少年修养教学大纲(试行草案)》《初级中学社会发展简史教学大纲(试行草案)》《高级中学政治经济学常识教学大纲(试行草案)》《高级中学辩证唯物主义常识教学大纲(试行草案)》,这是新中国成立以后第二次统一印发中学思想政治课程教学大纲,对中学思想政治课程的"教学目的和要求、处理教学问题的原则、教学中应注意的问题、教学内容要点"④再次进行了说明。

3. 改革创新时期:1985 年至今

从 1985 年开始,我国进入中学思想政治课程改革创新期,其标志是 1985 年 8 月中共中央发出的《关于改革学校思想品德和政治理论课程教学的通知》(简称"85《通知》")。针对中学思想政治课程存在的问题,"85《通知》"指出:"在它的教学中必须面向现代化,面向时代,面向未来;同时必须紧密联系青少年不同时期的思想、知识、心理发展的特点,循序渐进,由浅入深,从具体到抽象,

"85《通知》"

---

① 冯刚,沈壮海.中华人民共和国学校德育编年史[M].北京:中国人民大学出版社,2010:351.

② 《中华人民共和国学校思想政治理论课重要文献选编》编写组.中华人民共和国学校思想政治理论课重要文献选编:上册[M].北京:人民出版社,2022:524.

③ 吴履平.20 世纪中国中小学课程标准·教学大纲汇编:思想政治卷[M].北京:人民教育出版社,1999:231-232.

④ 吴履平.20 世纪中国中小学课程标准·教学大纲汇编:思想政治卷[M].北京:人民教育出版社,1999:238.

从现象到本质,引导他们逐步树立正确的人生观和世界观,运用正确的观点和方法去积极地思考并回答自己所面临的重大问题,认清和履行我国青年一代的崇高责任。"[①]并就各级党委和政府部门如何领导中学思想政治课程围绕主要内容、教学方法、考试制度、教材编写、师资队伍建设等方面进行改革作出要求。以"85《通知》"为起点,中学思想政治课程的改革创新主要经历了五个阶段。

第一个阶段是1986—1991年,是中学思想政治课程改革的实验阶段,在这个阶段颁布了新中国成立以来的第三个中学思想政治课程教学大纲,即1986年6月,国家教育委员会颁发的《中学思想政治课改革实验教学大纲(初稿)》(简称"86《大纲》")。紧密联系青少年不同时期的思想、知识、心理发展的特点,"86《大纲》"将中学思想政治课看作"是在马克思主义

"86《大纲》"

指导下对学生进行思想品德和社会科学基础知识教育的重要课程,改革中学思想政治课的关键,是认真和正确地贯彻执行理论联系实际的方针"[②],又在此基础上明确规定中学思想政治课改革实验的课程设置依年段顺序为"公民""社会发展简史""中国社会主义建设常识""科学人生观""经济常识""政治常识",并要求安排一定时间对初三和高三进行毕业前的思想教育。[③]

第二个阶段是1992—1995年,是中学思想政治课程改革的继续阶段。1992年3月,原国家教育委员会在总结"86《大纲》"实施经验的基础上,重新制定并于1993年相继颁发了新中国成立以来的第四个中学思想政治课程教学大纲,即《九年义务教育全日制初级中学思想政治课教学大纲(试用)》和《全日制高级中学思想政治课教学大纲(试用稿)》(简称"93《大纲》")。"93《大纲》"规定,"全日制中学各年级不再分列课名,统称'思想政治'课,以通盘规划教学内容"[④]。与86《大纲》相比,93《大纲》既强调中学思想政治课程的整体设计,强调教材的可读性和基本事实的引入,从而更生动活泼地

"93《大纲》"

① 《中华人民共和国学校思想政治理论课重要文献选编》编写组.中华人民共和国学校思想政治理论课重要文献选编:上册[M].北京:人民出版社,2022:612.

② 吴履平.20世纪中国中小学课程标准·教学大纲汇编:思想政治卷[M].北京:人民教育出版社,1999:271.

③ 《中华人民共和国学校思想政治理论课重要文献选编》编写组.中华人民共和国学校思想政治理论课重要文献选编:上册[M].北京:人民出版社,2022:644.

④ 《课程标准(实验)解读》编写组.普通高中思想政治课程标准(实验)解读[M].北京:人民教育出版社,2005:4.

"对学生进行马列主义、毛泽东思想基本常识和社会主义政治、思想、道德教育,为其逐步树立科学的世界观、人生观打下基础"①。

第三个阶段是 1996—2011 年,是中学思想政治课程改革的深化阶段。在这个阶段,不仅"第一次将九年义务教育作为一个有机的系统进行整体的综合设计,而且用'课程标准'取代了原有的'教学大纲'的称谓"②。按照高中思想政治课作为一个教学阶段、九年义务教育小学思想品德和初中思想政治课作为一个教学阶段划分,1996 年 6 月,国家教育委员会印发《全日制普通高级中学思想政治课课程标准(试行)》,"规定了普通高级中学思想政治课的性质和对高中思想政治课教学工作的基本要求"③。1997 年 4 月,国家教育委员会编制颁发的《九年义务教育小学思想品德课和初中思想政治课程标准(试行)》以六三学制为基准,按小学一至二年级、三至五年级、六年级,初中一至三年级,将九年义务教育划分为四个学段并统筹安排教学内容。

为加强和改进对学生的思想品德和思想政治教育,教育部在 2001 年印发《九年义务教育小学思想品德课和初中思想政治课程标准(修订)》之后,结合在北京、重庆、广东、宁夏四省、市、自治区的抽样调查,2003 年 5 月、2004 年 3 月又相继印发了全日制义务教育《思想品德课程标准(实验稿)》和《普通高中思想政治课程标准(实验)》,对中学思想政治课程内容作了调整。其中初中学段围绕"成长中的我""我与他人的关系""我与集体、国家和社会的关系"展开;④高中学段采取模块式的组织形态,分为必修和选修两部分,各课程模块的内容相对独立,实行学分管理⑤。为深化基础教育课程改革、贯彻落实《国家中长期教育改革和发展规划纲要(2010—2020 年)》,教育部于 2006 年末启动义务教育课程标准修订工作,修订后的初中思想政治课程标准,即《义务教育思想品德课程标准(2011 年版)》(简称"11《课

第三阶段
文件

① 吴履平. 20 世纪中国中小学课程标准·教学大纲汇编:思想政治卷[M]. 北京:人民教育出版社,1999:300.

② 汪青松,陈宁,等. 新中国大中小学思政课程的历史发展[M]. 上海:上海科学院出版社,2020:60.

③ 《中华人民共和国学校思想政治理论课重要文献选编》编写组. 中华人民共和国学校思想政治理论课重要文献选编:上册[M]. 北京:人民出版社,2022:883.

④ 《中华人民共和国学校思想政治理论课重要文献选编》编写组. 中华人民共和国学校思想政治理论课重要文献选编:下册[M].北京:人民出版社,2022:1041-1045.

⑤ 《中华人民共和国学校思想政治理论课重要文献选编》编写组. 中华人民共和国学校思想政治理论课重要文献选编:下册[M].北京:人民出版社,2020:1066.

标》"），有机整合初中学段思想政治课程中的道德、心理健康、法律和国情等内容，形成"成长中的我""我与他人和集体""我与国家和社会"三大内容板块。①

第四个阶段是 2012 年至今，以习近平同志为核心的党中央高度重视思想政治课程建设，围绕如何加强思想政治课程建设作出了全面部署和系统安排。为贯彻落实党的十八届四中全会关于在中小学设立法治知识课程的要求，2016 年，教育部将小学品德与生活、品德与社会和初中思想品德课程统一改为义务教育道德与法治课程。以"11《课标》"为主要依据，

第四阶段
文件

体现新时代以来"党和国家对青少年爱国主义教育、道德教育、法治教育的新要求，同时按照 2016 年印发的《青少年法治教育大纲》要求，把八年级下册教材设置为法治教育专册"②。2016 年 9 月，"以'全面发展的人'为核心，分为文化基础、自主发展、社会参与三个方面，综合表现为人文底蕴、科学精神、学会学习、健康生活、责任担当、实践创新六大素养"③的中国学生发展核心素养总体框架发布，基于此研究成果，2017 年教育部颁布《普通高中思想政治课程标准（2017 年版）》，明确高中思想政治课程要培育学生的政治认同素养、科学精神素养、法治意识素养和公共参与素养，也对课程结构进行了相应的调整改革。之后，根据"2018 年全国教育大会、2019 年学校思想政治理论课教师座谈会和党的十九届四中全会对高中思想政治课程提出的新要求"④，于 2020 年 6 月印发《普通高中思想政治课程标准（2017 年版 2020 年修订）》（简称"20 版《课标》"），2022 年 3 月印发《义务教育道德与法治课程标准（2022 年版）》（简称"22 版《课标》"），明确初中思想政治课程要注重培育学生的政治认同素养、道德修养素养、法治观念素养、健全人格素养和责任意识素养。我国中学思想政治课程在改革中逐步发展和完善。

①　教育部基础教育课程教材专家工作委员会.义务教育思想品德课程标准解读:2011 年版[M].北京:北京师范大学出版社,2012:60.

②　韩震,万俊人.义务教育道德与法治课程标准（2022 年版）解读[M].北京:高等教育出版社,2022:3.

③　核心素养研究课题组.中国学生发展核心素养[J].中国教育学刊,2016(10):1-3.

④　教育部基础教育课程教材专家工作委员会.普通高中思想政治课程标准（2017 年版 2020年修订）解读[M].北京:高等教育出版社,2020:22.

第二节　思想政治课程的性质与特点

　　思想政治课程的性质与特点是其育人实践的根本遵循。本节以不同时期中学思想政治《教学大纲》《课程标准》为遵循，系统梳理其性质与特点的演变脉络与核心要义。

一、思想政治课程的性质

　　思想政治课程在学校教育中有着特殊的地位和作用，要彰显思想政治课程的地位、发挥思想政治课程在教育中的作用，首先要认识什么是思想政治课程，即了解思想政治课程的性质。下文将依据新中国成立以来中学思想政治课程标准，对初、高中思想政治课程性质进行回顾与分析。

（一）初中思想政治课程性质

1. 中华人民共和国成立以来初中思想政治课程性质规定回顾

　　1959 年《中等学校政治课教学大纲（试行草案）》将中学思想政治课看作"是党在学校中的思想政治工作的重要组成部分。中等学校政治课是思想政治教育和道德品质教育的重要课程"，并指出"中等学校政治课的任务，是以共产主义道德和社会发展常识、政治常识、经济常识、辩证唯物主义常识、党的方针政策等内容教育学生，培养学生的共产主义道德品质、工人阶级的阶级观点、群众观点和集体观点、劳动观点即脑力劳动和体力劳动结合的观点、辩证唯物主义观点，提高学生的思想政治觉悟，清除资产阶级思想的影响，发展独立思考、明辨是非的能力，并为进一步学习马克思列宁主义打下初步基础"。[①]

　　1980 年《改进和加强中学政治课的意见》将中学思想政治课规定为"中学教育计划中主要课程之一，是对学生进行马列主义、毛泽东思想基础知识教育的课程，是思想政治教育的重要途径之一，是贯彻德、智、体全面发展的教育方针的重要方面，是区分社会主义教育和资本主义教育的重要标志"，课程的任务"是以马列主义、毛泽东思想的基础知识武装学生，提高学

---

　　① 吴履平. 20 世纪中国中小学课程标准·教学大纲汇编：思想政治卷［M］. 北京：人民教育出版社，1999：205.

生认识问题的能力和政治觉悟,培养学生的共产主义道德品质,教育学生坚持又红又专的方向,逐步树立无产阶级世界观和人生观,立志为人民服务,为实现祖国的社会主义现代化而献身"。①

1986年《中学思想政治课改革实验教学大纲(初稿)》将中学思想政治课看作是"适应我国社会主义现代化建设的需要,适应现代科学技术和现代经济政治的巨大发展变化,适应新时期青少年心理发展的具体情况,以及各方面改革的需要,在马克思主义指导下对学生进行思想品德和社会科学基础知识教育的重要课程",并要求按照理论联系实际的方针对中学思想政治课进行改革,鼓励将思想政治课"与学校的日常思想政治教育紧密结合,与政教处、班主任、团队工作以及家庭、社会教育密切配合,引导学生把所学知识、观点运用到自己的思想和行动中,努力做到言行一致"。②

1993年《九年义务教育全日制初级中学思想政治课程教学大纲(试用)》规定初级中学思想政治课"是对学生进行马列主义、毛泽东思想基本常识和社会主义政治、思想、道德教育的课程",旨在"逐步培养学生的阶级观点、群众观点、劳动观点、辩证唯物主义观点和社会主义的国家观念、民主法制观念、道德观念。培养学生学习运用马克思主义的立场、观点、方法观察和分析问题的能力、参加社会实践的能力,提高学生的政治素质和思想道德素质,为其逐步树立科学的世界观、人生观打下基础","它的设置是我国学校社会主义性质的一个重要标志"。③

1997年《九年义务教育小学思想品德课和初中思想政治课课程标准(试行)》规定中学思想政治课"以马列主义、毛泽东思想和邓小平建设有中国特色社会主义理论为指导,紧密联系实际",旨在"对学生系统进行公民的品德教育和初步的马克思主义常识教育,以及有关社会科学常识教育的必修课程,是学校德育工作的重要途径,是我国学校社会主义性质的重要标志之一。它对学生确立正确的政治方向,培养良好的道德品质,养成文明的行为习惯和形成正确的世界观、人生观,起着重要的指导作用"。④

---

① 吴履平.20世纪中国中小学课程标准·教学大纲汇编:思想政治卷[M].北京:人民教育出版社,1999:235.

② 吴履平.20世纪中国中小学课程标准·教学大纲汇编:思想政治卷[M].北京:人民教育出版社,1999:271-272.

③ 吴履平.20世纪中国中小学课程标准·教学大纲汇编:思想政治卷[M].北京:人民教育出版社,1999:300.

④ 中华人民共和国国家教育委员会.九年义务教育小学思想品德课和初中思想政治课课程标准(试行)[S].北京:人民教育出版社,1997:1.

2003 年全日制义务教育《思想品德课程标准（实验稿）》将中学思想政治课看作"是为初中学生思想品德健康发展奠定基础的一门综合性的必修课程"，旨在"以加强初中学生思想品德教育为主要任务，帮助学生提高道德素质，形成健康的心理品质、树立法律意识，增强社会责任感和社会实践能力，引导学生在遵守行为规则的基础上，追求更高的思想道德目标，弘扬民族精神，树立中国特色社会主义共同理想，逐步形成正确的世界观、人生观、价值观，为使学生成为有理想、有道德、有文化、有纪律的好公民奠定基础"。①

2011 年《义务教育思想品德课程标准》将中学思想政治课看作是"一门以初中学生生活为基础、以引导和促进初中学生思想品德发展为根本目的的思想性、人文性、实践性和综合性课程"②，旨在"以初中学生逐步扩展的生活为基础，以学生成长过程中需要处理的关系为线索"，从而通过精准引导，为初中学生在道德品质、健康心理、法律意识以及公民意识方面的全面发展提供有效支持，也更有效地协助他们形成乐观向上的生活态度，逐步树立正确的世界观、人生观和价值观。

2.新时代初中思想政治课程性质规定

"积极回应新时代的新要求，面对百年未有之大变局的新挑战"③，为全面落实习近平总书记关于培养担当民族复兴大任时代新人的要求，《义务教育道德与法治课程标准（2022 年版）》从课程定位、课程宗旨及课程特点三个方面对初中思想政治课程性质进行了说明："思政课是落实立德树人根本任务的关键课程，道德与法治课程是义务教育阶段的思政课，旨在提升学生思想政治素质、道德修养、法治素养和人格修养等，增强学生做中国人的志气、骨气、底气，为培养以实现中华民族伟大复兴为己任的有理想、有本领、有担当的时代新人打下牢固的思想根基。课程具有政治性、思想性和综合性、实践性。"④

自中华人民共和国成立以来，初中思想政治课程便肩负着培养学生品

① 冯刚，沈壮海.中华人民共和国学校德育编年史[M].北京:中国人民大学出版社,2010:924.

② 中华人民共和国教育部.义务教育思想品德课程标准(2011 年版)[S].北京:北京师范大学出版社,2011:1-2.

③ 韩震,万俊人.义务教育道德与法治课程标准(2022 年版)解读[M].北京:高等教育出版社,2022:17.

④ 中华人民共和国教育部.义务教育道德与法治课程标准(2022 年版)[S].北京:北京师范大学出版社,2022:1.

德、塑造学生正确价值观的重要任务,成为学生成长的指南针。随着时代的变迁,虽然该课程的内容和教学要求经历了多次调整,但其核心宗旨始终未变,那就是引导学生在成长过程中逐步形成正确的世界观、人生观和价值观,"坚定不移听党话、跟党走,怀抱梦想又脚踏实地,敢想敢为又善作善成,立志做有理想、敢担当、能吃苦、肯奋斗"①的时代好青年。

(二)高中思想政治课程性质

1. 中华人民共和国成立以来高中思想政治课程性质规定回顾

自新中国成立初期至 1996 年,我国初高中思想政治课程的《教学大纲》《课程标准》基本保持统一,因此,对课程性质的规定也大致相同。1994 年,《中共中央关于进一步加强和改进学校德育工作的若干意见》指出:"要遵循青少年学生思想品德形成的规律和社会发展的要求,根据德育工作的总体目标,科学地规划各教育阶段的德育课程、教学大纲、教材、读物,防止简单重复或脱节。"②以此为遵循,自 1996 年起,初、高中思想政治课的课程性质表述开始出现差异,呈现出不同的特点和侧重点。

《中共中央关于进一步加强和改进学校德育工作的若干意见》

1996 年《全日制普通高级中学思想政治课课程标准(试用)》指出,"思想政治课是对中学生系统进行公民品德教育和马克思主义常识教育的必修课程,是中学德育工作的主要途径,是我国学校社会主义性质的重要标志之一",旨在通过"以邓小平建设有中国特色社会主义理论为中心内容,简明扼要地讲授马克思主义经济学、哲学和政治学的基本观点,以及我国社会主义现代化建设常识;帮助学生初步形成观察社会、分析问题、选择人生道路的科学世界观、人生观和价值观,逐步提高参加社会实践的能力;使其成为具有良好政治、思想、道德素质的公民"。③

2004 年《普通高中思想政治课程标准(实验)》从"核心价值、基本内容和培养目标"④三方面着手规定高中思想政治课的课程性质,指出:"高中思

---

① 习近平.习近平著作选读(第一卷)[M].北京:人民出版社,2023:58.
② 吴履平.20 世纪中国中小学课程标准·教学大纲汇编:思想政治卷[M].北京:人民教育出版社,1999:362.
③ 吴履平.20 世纪中国中小学课程标准·教学大纲汇编:思想政治卷[M].北京:人民教育出版社,1999:367.
④ 《课程标准(实验)解读》编写组.普通高中思想政治课程标准(实验)解读[M].北京:人民教育出版社,2005:13.

想政治课进行马克思列宁主义、毛泽东思想、邓小平理论和'三个代表'重要思想的基本观点教育,以社会主义物质文明、政治文明、精神文明建设常识为基本内容,引导学生紧密结合与自己息息相关的经济、政治、文化生活,经历探究学习和社会实践的过程,领悟辩证唯物主义和历史唯物主义的基本观点和方法,切实提高参与现代社会生活的能力,逐步树立建设中国特色社会主义的共同理想,初步形成正确的世界观、人生观、价值观,为终身发展奠定思想政治素质基础。"①

2. 新时代高中思想政治课程性质规定

2018 年《普通高中思想政治课程标准(2017 年版)》指出:"高中思想政治以立德树人为根本任务,以培育社会主义核心价值观为根本目的,是帮助学生确立正确的政治方向、提高思想政治学科核心素养、增强社会理解和参与能力的综合性、活动型学科课程。高中思想政治课程紧密结合社会实践、讲授马克思主义基本原理,特别是马克思主义中国化最新成果,引导学生经历自主思考、合作探究的学习过程,理解中国特色社会主义进入新时代的历史方位,了解新时代中国特色社会主义经济、政治、文化、社会、生态文明建设和党的建设进程,培育政治认同、科学精神、法治意识和公共参与等核心素养,逐步树立共产主义远大理想和中国特色社会主义共同理想,坚定中国特色社会主义道路自信、理论自信、制度自信、文化自信,基本形成正确的世界观、人生观、价值观。高中思想政治课程具有学科内容的综合性、学校德育工作的引领性和课程实施的实践性等特征。它与初中道德与法治、高校思想政治理论等课程相互衔接,与时事政治教育相互补充,与高中其他学科教学和相关德育工作相互配合,共同承担思想政治教育立德树人的任务。"②

2020 年《普通高中思想政治课程标准(2017 年版 2020 年修订)》仍然沿用旧版本对高中思想政治课程性质的规定,从"学科分析的意义、课程目标与内容的整合以及课程实施的要求三个视角出发去确定、阐释、把握高中思想政治学科本质的规定性",并要求既能"始终把意识形态教育的使命置于首要位置,并将其贯穿于课程实施的全过程",又能"立足于中国特色社会主义新时代的实践,不断丰富德育内涵、拓展德育途径、划分德育层次"。③

———————————

① 中华人民共和国教育部.普通高中思想政治课程标准(实验)[S].北京:人民教育出版社,2004:1.

② 中华人民共和国教育部.普通高中思想政治课程标准:2017 年版[S].北京:人民教育出版社,2018:1.

③ 普通高中思想政治课程标准(2017 年版 2020 年修订)解读[M].北京:高等教育出版社,2020:28-29.

二、思想政治课程特点

思想政治课程特点是思想政治课程性质的重要组成部分,不同的性质规定呈现出不同的特点表现。本部分主要依据新时代的初、高中《课程标准》对思想政治的课程特点进行分析。

(一)初中思想政治课程特点

《义务教育道德与法治课程标准(2022年版)》对初中思想政治课程的特点做出了如下规定。

1. 政治性

政治性是对初中思想政治课程内容的规定。"政治引导是思政课的基本功能"[①],道德与法治课程是义务教育阶段的思政课,必须"以立德树人为根本任务,发挥课程的思想引领作用"[②]。这一课程功能决定了初中思想政治课程必须坚持马克思主义的指导地位,体现中国化时代化的马克思主义理论成果,尤其是习近平新时代中国特色社会主义思想,引导学生运用马克思主义的立场、观点、方法理解认识和改造世界的意义,形成正确的世界观、人生观、价值观,坚定正确的政治方向,初步树立共产主义远大理想和中国特色社会主义共同理想,成为德智体美劳全面发展的社会主义建设者和接班人。

2. 思想性

思想性是由政治性决定的,是指"有明确的政治方向、立场、原则,以一定世界观指导的思想状态和特征"[③],同样体现在初中思想政治课程的内容中。初中思想政治课程内容既"以习近平新时代中国特色社会主义思想为指导,引导学生明确中国共产党的领导地位,知道中国共产党领导是中国特色社会主义最本质的特征和最大优势"[④],也"以'成长中的我'为原点,将学生不断扩大的生活和交往范围作为建构课程的基础"[⑤],旨在遵循学生身心发展特点和成长规律,分阶段、分层次对初中学生进行爱祖国、爱人民、

---

① 习近平. 论教育[M]. 北京:中央文献出版社,2024:193.
② 义务教育道德与法治课程标准(2022年版)[S]. 北京:北京师范大学出版社,2022:2.
③ 顾明远. 教育大辞典:第1卷[M]. 上海:上海教育出版社,1990:101.
④ 冯建军. 义务教育道德与法治课程性质[J]. 思想政治课教学,2022(5):9.
⑤ 义务教育道德与法治课程标准(2022年版)[S]. 北京:北京师范大学出版社,2022:2.

爱劳动、爱科学、爱社会主义的教育,"使他们分清真善美、假恶丑,帮助他们扣好人生的第一粒扣子,树立积极正确的世界观、人生观、价值观,为学生健康成长提供精神指引"①。

教资考试链接

2023(下)道德与法治学科知识与教学能力(初级中学)

参考答案

【简答题】

32.道德与法治课程如何充分突出思想性。

3.综合性

综合性主要体现在以下几个方面。首先,初中思想政治课程的性质具有综合性。初中思想政治课程并不是一门单纯的德育课,也不是一门简单的智育课,而是一门"德智共生"的课程,在这门课程中,学生不仅要学习生活经验和理论知识,还要不断提升道德情感,形成正确的世界观、人生观和价值观;其次,初中思想政治课程的内容具有综合性。初中思想政治课程有机整合了道德、心理健康、法律和国情、中国特色社会主义文化等多方面的学习内容,构成了初中思想政治中"成长中的我""我与自然""我与他人和社会""我与国家和人类文明"六大板块的内容;最后,初中思想政治课程的功能具有综合性。初中思想政治课程有育人功能(即把初中学生培养成为有良好品德的个人)、社会发展功能(即把初中学生培养成符合社会主义发展要求的社会主义建设者和接班人)、文化传承功能等。

4.实践性

基于对"马克思主义是在实践中形成并不断发展"的深刻理解,初中思想政治课程强调紧密联系学生的实际生活。课程旨在融合思想政治教育、道德教育、中华优秀传统文化教育、革命文化教育、法治教育、生命安全与健康教育、劳动教育等多学科知识,与学生日常生活紧密连接。通过这种融合,"把思政小课堂同社会大课堂结合起来,在理论和实践的结合中",既通过"做中学"引导学生学会处理与自然、与他人、与社会、与国家、与人类文明的关系,逐步形成正确的价值观、必备品格和关键能力,更"教育引导

① 韩震,万俊人.义务教育道德与法治课程标准(2022年版)解读[M].北京:高等教育出版社,2022:51.

学生把人生抱负落实到脚踏实地的实际行动中来，把学习奋斗的具体目标同民族复兴的伟大目标结合起来，立鸿鹄志，做奋斗者"[①]。

📖 **教资考试链接**

2020(下)道德与法治学科知识与教学能力(初级中学)

【材料分析题】

参考答案

33.某老师在教学"我与社会"这一课时，组织学生去敬老院进行义务劳动。这不仅帮助学生理解和掌握了课程内容，而且培养了学生关注社会、服务社会的能力，还增强了学生的奉献意识和社会责任感。

问题：结合材料，分析上述教学活动中所体现的道德与法治课的特点。

(二)高中思想政治课程特点

1.综合性

综合性主要体现在课程性质、知识结构、课程目标方面。首先，从课程性质来说，高中思想政治课程是一门综合性、活动型课程；其次，从知识结构来说，高中思想政治课程以陈述性知识为主，包含了经济、政治、文化、法律、道德、科技、历史、地理等内容。例如，在《中国特色社会主义》(统编版)必修1第二课"只有社会主义才能救中国"中，以新民主主义革命的胜利到社会主义制度的建立的历史时期为主线，涉及新民主主义革命时期的"三大改造"、1954年宪法等经济、法律内容，体现了知识内容的综合性；最后，从课程目标来说，2017年版的高中思想政治课程标准把高中思想政治课程中的三维目标凝练成新时代的四个核心素养，即"政治认同""科学精神""法治意识""公众参与"，这四个核心素养是对高中思想政治课程三维目标的提升，是对思想政治课程要达到的效果要求的综合。以"政治认同"为例，在2017年版课程标准中是这样描述的："具有政治认同素养的学生，应能够：认同走中国特色社会主义道路是历史的必然，坚信中国特色社会主义是国家富强、民族振兴、人民幸福的根本保障，坚定中国特色社会主义道路自信、理论自信、制度自信、文化自信；拥护党的领导，领会中国特色社会

---

① 习近平.论教育[M].北京:中央文献出版社,2024:195.

主义最本质的特征是中国共产党领导,中国特色社会主义制度的最大优势是中国共产党领导,党是最高政治领导力量;明确社会主义核心价值观是公民最基本的价值标准,自觉践行社会主义核心价值观,树立共产主义远大理想和中国特色社会主义共同理想。"①这个目标描述既体现了中国特色社会主义制度、共产主义理想及中国特色社会主义共同理想等知识目标,又用"认同""坚定""领会"等行为动词体现高中思想政治课程应完成的情感目标,还从"自觉践行""树立"等方面体现了高中思想政治课程的能力目标。综上,高中思想政治课程目标也具有综合性。

2. 理论性

相较于初中思想政治课程,高中思想政治课程在设计上更强调理论深度,以适应高中生的认知和心理发展需求。特别是《哲学与文化》(统编版)必修 4 所涵盖的哲学内容,其编排体系严格依照哲学的基本原理和方法论构建,体现了高中思想政治课程内容的理论性。同时在高中政治课程教材中,对于每个框题所要学习的内容,基本上都选取了学生比较熟悉或容易理解的事实材料和知识材料进行辅助教学,通过深入浅出、通俗易懂的表述,准确地反映理论的实质,使概念或原理自然地被抽象出来。在学生初步掌握理论知识之后,教材注重引导学生运用相关理论,去分析说明与教材内容相关的重大社会实际和学生中带倾向性的思想行为问题,旨在通过"把思政小课堂同社会大课堂结合起来,在理论和实践的结合中,教育引导学生把人生抱负落实到脚踏实地的实际行动中来,把学习奋斗的具体目标同民族复兴的伟大目标结合起来,立鸿鹄志,做奋斗者"②。

3. 开放性

高中思想政治课程的开放性体现在多个方面。首先是高中思想政治课程内容的开放性,在高中思想政治课程内容的结构设置中,设有必修课程、选择性必修课程和选修课程,其中在选择性必修课程中设置了"当代国际政治与经济"模块,是对必修课中"经济与社会""政治与法治"模块的延伸,旨在引领学生立足国际视野认识和了解我国经济社会和政治社会情况,体现了思想政治课程内容的开放性。其次,高中思想政治课程的教学具有开放性,在新课程改革背景下,高中思想政治课程教学方式也在不断改变,议题式教学的出现对高中思想政治课程教学提出了更高的要求,最

---

① 中华人民共和国教育部.普通高中思想政治课程标准(2017 年版)[S].北京:人民教育出版社,2018:7.

② 习近平.论教育[M].北京:中央文献出版社,2024:195.

重要的一点要求便是高中思想政治课程教学方式、教学过程等要具有开放性。最后,高中思想政治课程的评价方式也具有开放性,无论是对学生"学"的评价还是对教师"教"的评价,都不再局限于对"教"和"学"结果的评价。对教师"教"的评价不仅包含教师对所教学生取得的成绩的评价,还包含了学校对教师专业能力、社会对教师的师德、学生对教师的教学过程等诸条评价。在学生的"学"上,不仅评价学生的智育结果,还包含了对学生德育方面的过程性评价。

4.引领性

高中思想政治课程是对我国青少年进行国家主流意识形态教育的主要渠道,是学校德育工作的主阵地。从一定意义上来说,高中思想政治课程就是国家思想和政治的课程,政治引领是该课程的基本功能。强调高中思想政治课程的"政治引导功能,并不是要把课讲成简单的政治宣传",而是要借助高中思想政治课程的教学,"以透彻的学理分析回应学生,以彻底的思想理论说服学生,用真理的强大力量引导学生"[1]更深入地"理解中国特色社会主义进入新时代的历史方位,了解新时代中国特色社会主义经济、政治、文化、社会、生态文明建设和党的建设进程,培育政治认同、科学精神、法治意识和公共参与等核心素养,逐步树立共产主义远大理想和中国特色社会主义共同理想,坚定中国特色社会主义道路自信、理论自信、制度自信、文化自信"[2],"树牢社会主义核心价值观,立报国强国大志向,努力成为堪当强国建设、民族复兴大任的栋梁之材"[3]。

第三节　思想政治课程的基本理念

何谓基本理念? 何谓思想政治课程基本理念?

"基本"一词出自《汉书·谷永传》,含有根本之意,后引申为基地、凭借的条件。在现代,我们多用其根本、主要、大部分的含义。理念,顾名思义就是理性的概念,是上升到理性高度的观念,可作为道理、真理。它是指人们在用语言诠释事物或现象时,归纳和总结出的思想、观念、概念和法则,具有区域性、概括性、客观性、间接性等特点,如我们常讲的人生理念、哲学

---

[1]　习近平.论教育[M].北京:中央文献出版社,2024:193.

[2]　中华人民共和国教育部.普通高中思想政治课程标准(2017年版)[S].北京:人民教育出版社,2018:5.

[3]　习近平.论教育[M].北京:中央文献出版社,2024:49.

理念、办学理念等。由此,基本理念是指大部分人根本上、大体上所认可的思想、观念和概念,能够指导我们的生活。

　　思想政治课程基本理念是指从思想政治课程中归纳出来的最为重要且能够被大多数人所接受和认可的思想、观念和概念。这些理念"是对课程设计的顶层思考,它不是具体的操作,而是说明了为什么这样设计,以及设计背后的依据和遵循"①,能够指导教师的"教"和学生的"学"。思想政治课程的基本理念通常被明确纳入《课程标准》。在基础教育阶段,初中与高中的思想政治课程理念各具特色,分别适应不同学段学生的认知水平和成长需求。

一、初中思想政治课程基本理念

　　"基于课程所要培养的核心素养,从核心素养出发,进行课程设计,最终实现这些核心素养。因此,素养本位是义务教育道德与法治课程设计的基本遵循。"②根据素养本位要求,《义务教育道德与法治课程标准(2022年版)》从课程功能、课程结构、课程内容、课程实施和课程评价五方面出发对初中思想政治课程的基本理念进行了概括。

(一)课程功能:以立德树人为根本任务,发挥课程的思想引领作用

　　鉴于初中思想政治课程所具备的政治性和思想性特点,该理念深入探讨了课程的职能,旨在明确其在时代新人培养过程中,应承担的立德树人、铸魂育人的关键作用。作为义务教育阶段落实立德树人根本任务的关键课程,道德与法治课程在塑造学生思想观念和价值取向方面发挥着不可或缺的作用。道德与法治课程的思想引领功能,不只表现在课程内容的选择上,更突出表现在对学生的发展的影响上,这就要求道德与法治课程教师在教学过程中必须坚持马克思主义的指导地位,逐步引领学生了解社会、参与公共生活、珍爱生命、感悟人生,并在这个过程中坚定"对马克思主义的信仰、对中国特色社会主义的信念、对中华民族伟大复兴中国梦的信心"③,发挥好道德与法治课程在时代新人培育过程中的思想引领作用。

　　① 韩震,万俊人.义务教育道德与法治课程标准(2022年版)解读[M].北京:高等教育出版社,2022:56.
　　② 冯建军.义务教育道德与法治课程理念[J].课程.教材.教法,2022,42(6):20.
　　③ 习近平.论党的青年工作[M].北京:中央文献出版社,2022:209.

（二）课程结构：遵循育人规律和学生成长规律，强化课程一体化设计

这一理念旨在探讨课程结构，除了回答道德与法治课程内容之间是如何通过特定的逻辑关系组织起来的这一问题之外，也要求观照相邻学段。道德与法治课程内容立足于学生生活，既坚持以"成长中的我"为原点、以"成长中的我"及其关系为主线建构课程，也以"在大中小学循序渐进、螺旋上升地开设思政课非常必要，是培养一代又一代社会主义建设者和接班人的重要保障"①为根本遵循，依据初中学段学生"独立思考能力和判断能力进一步增强，情绪波动大，可塑性强"②等特点，通过生命安全与健康教育、法治教育、中华优秀传统文化教育、革命传统教育、国情教育等五个主题，以"打牢思想基础，引导学生把党、祖国、人民装在心中，强化做社会主义建设者和接班人的思想意识"③。

（三）课程内容：以社会发展和学生生活为基础，构建综合性课程

这一理念旨在探讨课程内容，具体解决的是道德与法治课程内容遵循哪些原则进行选择的问题。一是，聚焦学科核心素养。"学科核心素养既是一门学科对人的核心素养发展的独特贡献和作用，又是一门学科独特教育价值在学生身上的体现和落实。学科核心素养是学科本质观和学科教育价值观的反映。"④这就要求道德与法治课程要从利于学生核心素养培育的角度出发筛选课程内容及其编排范式。二是，体现社会发展要求。习近平总书记强调"要从坚持和发展中国特色社会主义、建设社会主义现代化强国、实现中华民族伟大复兴的高度来对待"⑤思政课。以此为根本遵循，初中道德与法治课程以道德教育与法治教育为基本内容，既突出强调中华民族传统美德、革命传统和法治教育等时代主题，又有机整合中国特色社会主义文化、国家安全、生命安全与健康、劳动等相关教育主题。三是，反映学生真实生活。"真实的生活不只有真善美，也有假恶丑；真实的生活不

①　习近平.论教育[M].北京:中央文献出版社,2024:186.

②　中华人民共和国教育部.义务教育道德与法治课程标准(2022年版)[S].北京:北京师范大学出版社,2022:34.

③　《中华人民共和国学校思想政治理论课重要文献选编》编写组.中华人民共和国学校思想政治理论课重要文献选编(下册)[M].北京:人民出版社,2022:1531.

④　余文森.从三维目标走向核心素养[J].华东师范大学学报(教育科学版),2016,34(1):12.

⑤　习近平.论教育[M].北京:中央文献出版社,2024:185-186.

是一帆风顺的,也有坎坷曲折"①,因此,道德与法治课程内容突出问题导向,旨在"教育引导学生正确看待、辩证认识、理性分析现实问题,辨明大是大非、真假黑白"②,并在这个过程中,强化学生的规则、纪律、秩序意识,逐渐成为一个有理性、有道德的人。

(四)课程实施:坚持教师价值引导和学生主体构建相统一,建立校内与校外相结合的育人机制

这一理念旨在探讨课程实施,具体解决的是如何使道德与法治课程内容入脑入心并转化为具体行动的问题。第一,坚持教师主导与学生主体相统一。在学校教育中,学生是学习的主体,课程作为学校教育的一个部分,其形成与发展离不开学生的思考和实践。因此,坚持正确的价值观念,引导学生独立思考、积极实践是初中思想政治课程的基本原则。在初中道德与法治课程教学中,教师要"运用小组研学、情景展示、课题研讨、课堂辩论等方式教学,让学生来讲"③等方式唤起学生的主体意识,引导学生对教学内容进行思考,并把教学内容里的价值观念运用于实际生活,解决生活中的实际问题。只有当价值观念得到实践的检验时,学生才会真正认可教师在教学中传授给他们的价值观念。第二,坚持校内教育和校外教育相结合。道德与法治课程内容源于生活,只有回到生活中,才能得到检验和践行。因此,道德与法治课程不应局限于"小课堂",而应主动打破"小课堂"与"大课堂""云课堂"之间的界限,引导学生走出教室,走出校园,积极参与社会实践和志愿服务等活动。这样,可以增强学生的直接体验和切身感悟,使他们能够将人生抱负转化为实际行动,实现知行合一。

(五)课程评价:综合运用多种评价方式,促进知行合一

"教育评价事关教育发展方向,有什么样的评价指挥棒,就有什么样的办学导向。"④评价问题深刻关系到人才培育的规格与质量标准,其核心在于明确"培养什么人、怎样培养人、为谁培养人"这一教育的根本问题,实际上是立德树人根本任务在评价领域的具体化与深化,旨在对教育评价的准则进行细致的阐述与精确的界定。2020 年,中共中央、国务院印发《深化新

---

①　韩震,万俊人. 义务教育道德与法治课程标准(2022 年版)解读[M]. 北京:高等教育出版社,2022:68.

②　习近平. 论教育[M]. 北京:中央文献出版社,2024:194.

③　习近平. 论教育[M]. 北京:中央文献出版社,2024:195.

④　中共中央,国务院. 深化新时代教育评价改革总体方案[M]. 北京:人民出版社,2020:1.

时代教育评价改革总体方案》，提出了 22 条重点改革任务，搭建起了新时代教育评价改革的"四梁八柱"。以此为遵循，道德与法治课程应立足关键课程定位，既要确立基于学科核心素养的发展性评价方向，又要改进结果评价，强化过程评价，探索增值评价，健全综合评价，探索"从育分转向育人"的学生评价模式，从而"全面反映学生核心素养发展状况，全方位反映影响学生核心素养形成与发展的因素，全程反映学生核心素养的发展过程"①。

📖 **教资考试链接**

2023(上)道德与法治学科知识与教学能力(初级中学)

参考答案

【材料分析题】

33.下面是某教师在执教"对不良诱惑说'不'"中关于"如何战胜不良诱惑"的教学片段。

教学环节	教师活动	学生活动
学习新课	1. 播放视频《4 岁小孩吃棉花糖》 提问：为什么小孩可以坚持 15 分钟不吃掉他喜爱的棉花糖？引导学生得出战胜诱惑的关键因素——自制力。 追踪调查结果进一步证明：自制力强的孩子长大后能更好地抗拒不良诱惑。 2. 展示四种常见的诱惑 (1)写作业时总是忍不住发短信或刷朋友圈,利用上网查资料的机会挂 QQ、玩游戏。 (2)作业没有完成时,早上到校想把同学的作业拿来"参考"。 (3)下决心少吃垃圾食品,可每次总忍不住再吃"最后一口"。 (4)同学躲在厕所里吸烟,递给你一根,你没有拒绝。 提出问题：你遇到过上述诱惑吗？当时你是怎么想的？ 小组讨论：分别针对其中的情况给出具体的抗拒诱惑的方法。 观点汇集：通过各组给出的具体方法,引导学生归纳出战胜不良诱惑的一般方法。 3. 教师归纳提升 (1)明确危害,提高认识。 (2)掌控自己,学会自制。 (3)充实生活,适度好奇。 (4)主动请求他人监督。	仔细观看,积极思考。 参与讨论,思考问题,更深入地理解自制力的作用。 学生按教师要求的活动步骤进行小组讨论,积极参与,分享自己的自制力情况。 分组讨论面对诱惑的不同反应,以及应对办法。 交流结论,明确观点,深入思考,发表感悟,形成认识。

① 韩震,万俊人.义务教育道德与法治课程标准(2022 年版)解读[M].北京:高等教育出版社,2022:73.

续　表

教学环节	教师活动	学生活动
总结深化	1. 出示两则名人名言 要求:仿写一则给自己的话。 2. 组织学生交流收获、感悟	分享启示,尝试仿写,总结本节课内容。
拓展思考	根据今天所学内容,结合自己某一方面的实际情况写一则战胜不良诱惑的承诺书	认真思考,调整自己。

问题:请分析该教学片段在贯彻思想品德课程的基本理念方面有哪些值得借鉴的地方。

二、高中思想政治课程基本理念

《高中思想政治课程标准(2017 年版 2020 年修订)》基于对高中思想政治课程设置的深层次期望,综合考量课程目标、内容、课程设计、实施与评价等多个维度,提炼出高中思想政治课程的四大基本理念。

(一)了解马克思主义中国化新成果,坚持正确的思想政治方向

这一理念构成了高中思想政治课程在目标和内容层面的核心追求。在"世界百年未有之大变局加速演进,新一轮科技革命和产业变革深入发展,国际力量对比深刻调整,我国发展面临新的战略机遇"[①]的宏观大背景下,"只有开好高中思想政治课,我们才能真正把下一代的政治立场、民族情怀、家国意识引导好、教育好、培养好"[②]。基于这一认识,《普通高中思想政治课程标准(2017 年版 2020 年修订)》对课程结构进行了创新性设计,将其分为必修、选择性必修和选修三大模块。这一创新性设计旨在更好地贯彻落实理论与实践相结合的原则,提升对学生进行马克思主义基本理论教育的效果,进而提升用习近平新时代中国特色社会主义思想铸魂育人的实效,使他们理解马克思主义中国化就是坚持把马克思主义基本原理同中国具体实际相结合、同中华优秀传统文化相结合,习近平新时代中国特色社

① 习近平.习近平著作选读(第一卷)[M].北京:人民出版社,2023:21.
② 韩震.教材 15 讲[M].北京:北京师范大学出版社,2023:33.

会主义思想是马克思主义中国化的最新成果。在这一过程中,既教会学生用历史的眼光、国情的眼光、辩证的眼光、文化的眼光和国际的眼光看待当前社会变革和实践创新中的新挑战、新问题,也引领他们通过观察、辨析、反思和实践,真学真懂真信真用马克思主义,在人生成长的道路上树立正确的思想政治方向。

(二)构建活动型学科课程

这一理念构成了高中思想政治课程在课程设计层面的核心追求。高中思想政治课程致力于构建活动式学科模式,该模式强调将思想政治学科的理论逻辑与实践逻辑紧密结合,同时融合理论知识与学生的生活实际。这一课程设计实质上"是对'灌输型''说教型'学科课程的反拨,它旨在让思政学科课程回归真实生活和现实世界的关切点,回归学习者的真实学习场景,回归育人的教育原点"[1]。在构建活动型学科课程时,教师需采用思维活动和社会实践活动相结合的方式呈现学科内容。这意味着,通过一系列精心设计的活动,教师要将"课程内容活动化",同时将"活动内容课程化",使学生能够在社会实践活动的历练中、在自主辨析的思考中更深刻地感悟"中国特色社会主义进入新时代以来我国发生的'最为广泛而深刻的社会变革''最为宏大而独特的实践创新'"[2],"衷心拥护党的领导和我国社会主义制度,形成做社会主义建设者和接班人的政治认同""把爱国情、强国志、报国行自觉融入坚持和发展中国特色社会主义事业、建设社会主义现代化强国、实现中华民族伟大复兴的奋斗之中"[3]。

📖 教资考试链接

2022(下)思想政治学科知识与教学能力(高级中学)

参考答案

【材料分析题】

33.下面是某思想政治课教师为讲授"中国特色社会主义进入新时代"这一内容而设计的教学片段。

情境:"回看今朝"

---

① 余国志.问对与求解:高中思想政治活动型学科课程之审思[J].中国教育学刊,2023(1):82.

② 韩震.教材15讲[M].北京:北京师范大学出版社,2023:33.

③ 《中华人民共和国学校思想政治理论课重要文献选编》编写组.中华人民共和国学校思想政治理论课重要文献选编(下册)[M].北京:人民出版社,2022:1530-1531.

课前,学生分小组搜集党的十八大以来,我国在国内和国际方面取得的辉煌成就,课堂上由小组长汇报学习成果,通过视频、图片和数据来分析我国经济社会发展的特点。

任务:说一说

(1)用一个字概括我国在综合国力、人民生活、科技、生态方面的变化特点。

(2)我国为世界贡献的中国智慧和中国方案。

(3)我国在世界舞台上角色的变化。

评价:以小组为单位进行等级评价,主要维度如下表:

维度	等级(A、B、C、D)
小组活动目标明确	
小组成员参与资料搜集、整理,搜集的信息充分、精当	
小组成员间配合默契、交流充分	
汇报者能准确表达小组成员的观点,并能提供例证	

问题:从"活动型学科课程"角度分析,该教学片段设计的可取之处。

(三)采用符合学生身心发展规律的教学方式

这一理念构成了高中思想政治课程在课程实施层面的核心追求。只有"针对高中学生思想活动和行为方式的多样性、可塑性,着力改进教学方式和学习方式"[①],才能让高中思想政治课程内容打动心灵,感动学生,入脑入心。这就要求高中思想政治课教师:第一,在课程实施中更充分利用现代信息技术,借助新媒体新技术让课堂活起来,推动高中思想政治传统课堂优势与信息技术高度融合,增强课堂教学的时代感和吸引力。第二,采用议题式教学方式,通过引入教学知识、引导和启发学生思考和讨论议题,使教学在师生互动、开放民主的氛围中进行,师生之间相互依赖、平等沟通,学生之间乐于分享、寻求共赢,促进学生学会在学习中合作、在合作中发展。第三,引导学生通过问题情境的创设和社会实践活动的参与转变学习方式,使学生真正成为学习活动的主体,进而推动学生积极主动地探究,体会知识获取的过程,享受获取知识的乐趣,在合作学习和探究学习的过

---

① 中华人民共和国教育部.普通高中思想政治课程标准(2017年版2020年修订)[S].北京:人民教育出版社,2020:2.

程中,培养创新精神,提高实践能力。

📖 教资考试链接 ————————————————————————

2021(下)思想政治学科知识与教学能力(高级中学)

参考答案

【材料分析题】

33. 材料:下面是教学"市场资源配置"课程内容时的教学片段。

探究活动:小吃店经营过程的启示。

教师:你们在学校旁的小吃店吃过饭吗?

学生:吃过!(情绪很高涨)

教师:大家知道这几年我们学校门口的小吃店发生的变化吗?

学生:(很疑惑)不知道。

教师:几年前,我们学校门口的这家小吃店,生意非常红火,小吃店经常被同学们挤得水泄不通,其主要原因是这家店的小吃好吃。老师也去吃过,哎呀,现在想起来都流口水。(学生笑)见到这个情况,附近卖水果的大叔就想,既然小吃店生意这么红火,还卖什么水果啊,我也开小吃店算了。于是,学校门口出现第二家小吃店,后来呢,卖烧饼的、卖盒饭的大爷也都放弃了原来的生意转行开起了小吃店。(老师做不可思议的表情,学生大笑。)

现在,大家针对我讲的情况,结合你获得的信息,思考并回答下列问题。

教师:为什么众多商家会转向经营小吃店?

学生争相回答,得出答案:由于利润的吸引,商家纷纷转行。

教师:大量商家转向经营小吃店会出现什么情况?

学生回答:这些商家之间会展开激烈的竞争。

教师:他们会采取什么样的竞争方式?

(学生们积极举手回答,答案五花八门,有答会降价的,有答会搞各种各样的促销活动的,等等。)

教师:很好,那么经过激烈的竞争,会产生什么样的结果呢?(学生进行讨论,思考。)

学生1:最后应该是优胜劣汰吧。

学生2:今天学校门口只有一家小吃店,其他的都转行了。(大家笑)

教师:这就是市场调节的实例,那么其中的杠杆是什么呢?这个例子中,什么在起主要作用?

（有几个学生回答"价格"。）

教师:对,价格,就是市场调节的杠杆。

在剩下的时间里,老师和同学们一起就这个例子分析了市场调节的好处以及局限性。

问题:请运用思想政治课程的教学知识,分析该课程的优点与不足。

(四)建立发展性评价机制

这一理念构成了高中思想政治课程在课程评价层面的核心追求。"课程评价是课程建设与发展的引领性力量,是课程变革的先导"[①],因此,要持续"强化高考对学生学习思政课的指挥棒作用,将思政课学习实践情况等作为重要内容纳入综合素质评价体系,探索记入本人档案,作为学生评奖评优重要标准,作为学生加入中国共产主义青年团的重要参考"[②]。基于此,高中思想政治课强调围绕核心素养的形成与发展,建立能够激励学生不断进步的发展性评价机制。发展性评价机制是一种动态的评价机制,是一种将学生学业和成长记录相结合的评价方式,强调通过多元化的评价主体、多样化的评价方式,既考查学生掌握和运用相关知识的水平和能力,更考查他们在劳动和社会实践活动中的行为表现,把形成性评价和终结性评价结合起来,动态地、全面地反映学生思想政治学科核心素养的发展状况。

[①] 韩震,万俊人.义务教育道德与法治课程标准(2022年版)解读[M].北京:高等教育出版社,2022:255.

[②] 《中华人民共和国学校思想政治理论课重要文献选编》编写组.中华人民共和国学校思想政治理论课重要文献选编(下册)[M].北京:人民出版社,2022:1536.

第二章　思想政治课程的目标

📹 **学习要点：**

1.课程目标设置的基本依据。

2.基础教育课程目标的演变。

3.思想政治课程的素养目标及其关系。

4.思想政治课程目标的表述方式。

5.初中、高中思想政治课程的总目标和分类目标。

第一节　课程目标概述

课程目标作为教育活动的核心导航系统，始终是课程设计与教学实践的逻辑起点。因此，需要在明确课程目标的含义及其历史演变的基础上，总结课程目标的功能，掌握课程目标设置的基本依据。

一、课程目标的含义与演变

课程目标是教育活动的出发点和归宿，为课程设计、实施与评价提供方向指引。随着时代发展、社会需求演变及教育理念更新，课程目标始终保持着对动态演进的特征。从20世纪中期侧重知识传授的教学范式，到20世纪末对能力培养的强调，直至当前以核心素养培育为导向的课程改革，我国基础教育阶段的课程目标体系经历了三次重大迭代更新。这种演变轨迹既彰显了教育哲学从工具理性向育人本位的价值转向，也折射出知识经济时代对复合型人才的需求。

(一)课程目标的含义

课程目标是课程设计与实施的核心和灵魂,它不仅为教学活动提供了明确的方向和标准,而且构成了课程编制的基础与前提。"确定课程目标,不仅有助于明确课程与教育目的的衔接关系,从而明确课程编制工作的方向,而且有助于课程内容的选择和组织。"[①]因此,课程目标的精准定位在课程设计中扮演着极其重要的角色。目前,尽管理论界对课程目标概念的理解仍存在一定争议,但普遍观点趋于一致。一般认为,课程目标是在课程设计与开发过程中,课程本身要实现的具体要求,是对一定阶段的学生在发展品德、智力、体质、素养等方面所要达到的程度的期望。《教育大辞典》进一步将课程目标划分为认知、技能、情感、应用四个主要类别,并在此基础上概括出课程目标的整体性、连续性、层次性和积累性等特征。[②] 关于课程目标含义问题的讨论,主要集中在课程目标与其他相关概念的关系,以及课程目标自身的内容构成方面,具体分析如图 2-1 所示:

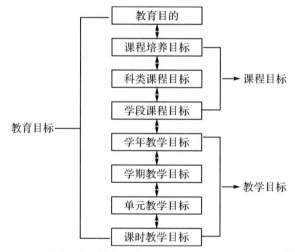

图 2-1 教育目标、教育目的、课程目标、教学目标关系图[③]

通过分析上图中所示内容,我们可以得出以下结论:首先,课程目标作为教育目的的具体化,位于教学目标之上,起到连接教育目的与教学目标的桥梁作用,确保教育理念在教学实践中得到落实。其次,课程目标在内

① 施良方.课程理论:课程的基础、原理与问题[M].2 版.北京:教育科学出版社,2020:77.
② 顾明远.教育大辞典(简编本)[M].上海:上海教育出版社,1999:281.
③ 韩和鸣.课程目标问题探讨[J].教育理论与实践,2006(1):64.

容上分为三个层次:课程培养目标、科类课程目标、学段课程目标,这一结构使得课程目标成为一个涵盖广泛、指导性强的宏观概念。再次,课程目标是对课程本身应当达到的具体的、制度化的要求,既对课程编制具有指导意义,也是课程内容设计、实施过程安排以及评价标准制定的重要参考。最后,教学目标是课程目标的下位概念,"是课程目标的进一步具体化,是指导、实施和评价教学的基本依据"[1],因此,必须明确区分课程目标与教学目标的界限,以确保教学实践的顺利进行。

(二)基础教育课程目标的演变

在不同的历史时期,社会发展的需求对课程目标的设定提出了不同的要求,从而形成了具有时代特色的课程目标表述。自中华人民共和国成立以来,我国基础教育课程目标大体上可划分为以下五个阶段:1949—1965年的"双基"目标,强调基础知识和基本能力;1966—1977年的"阶级斗争"目标,突出政治意识形态;1978—2000年的"二基一能"目标,关注基础知识、基本技能和学习能力;2001—2013年的"三维"目标,强调知识与技能、过程与方法、情感态度与价值观的统一;2014年至今的"核心素养"目标,注重学生必备品格和关键能力的培养。

1.1949—1956年:"双基"目标

新中国成立后,中国共产党领导全国人民展开全面改造旧社会、建设社会主义新中国的伟大事业。在教育方面,以《共同纲领》为教育发展总纲,遵循"以老解放区教育经验与基础,吸收旧教育的有用经验,借助苏联经验,建设新民主主义教育"[2]的原则对旧教育进行改造,旨在培养又红又专的社会主义建设者。1952年3月,教育部颁布了《中学暂行规程(草案)》和《小学暂行规程(草案)》,首次明确了基础教育的"双基"课程目标。其中规定,中学教育应使"学生得到现代科学的基本知识和技能,养成科学的世界观"[3];而小学教育应使"儿童具有读、写、算的基本能力和社会、自然的基本知识"[4],这是"双基"课程目标在我国基础教育政策中的首次明确表述。"1958年中苏关系破裂促使我国基础教育课程改革走上自主探索之路"[5],

---

① 施良方.课程理论:课程的基础、原理与问题[M].2版.北京:教育科学出版社,2020:88.

② 何东昌.中华人民共和国重要教育文献(1949—1975)[M].海口:海南出版社,1998:7.

③ 何东昌.中华人民共和国重要教育文献(1949—1975)[M].海口:海南出版社,1998:139.

④ 何东昌.中华人民共和国重要教育文献(1949—1975)[M].海口:海南出版社,1998:142.

⑤ 靳玉乐,罗生全.新中国课程论70年[M].北京:人民出版社,2020:22.

从 1961 年开始,根据"调整、巩固、充实、提高"八字方针,尝试创立和发展新中国的基础教育课程理论。1963 年,《全日制小学暂行工作条例(草案)》指出"使学生具有初步的阅读、写作和计算能力,具有初步的自然常识和社会常识"①是全日制小学的学生培养目标之一;《全日制中学暂行工作条例(草案)》要求全日制中学学生"在小学教育的基础上,进一步掌握语文、数学、外国语等课程的基本知识和基本技能"②。紧接着,教育部颁发的《全日制中小学新教学计划(草案)》再次明确"中小学在文化教育方面的主要任务,是使学生掌握基本的文化工具和基本的科学知识"③。至此,以"双基"为目标的本土化课程体系初步形成。

"双基"目标
文件

2.1966—1977 年:"阶级斗争"目标

1966 年开始的"文化大革命","否定了建国十七年大量的正确方针政策和成就"④,不仅没能巩固初步形成的以"双基"为基本目标的本土化课程体系,还在很大程度上破坏了已取得的成绩。《中国共产党中央委员会关于无产阶级文化大革命的决定》要求"改革旧的教育制度,改革旧的教育方针和方法,彻底改变资产阶级知识分子统治我们学校的现象,课程设置要精简,教材要彻底改革。学生不但要学文,也要学工、学农、学兵,也要随时参加批判资产阶级的文化革命的斗争"⑤,在这样的教育理念导向下,课程的政治意识形态属性不断强化,基础教育的"双基"课程目标"名存实亡"。1971 年,"四人帮"反动派在其炮制的《全国教育工作会议纪要》中更是给新中国成立十七年以来的教育战线贴上"两个估计"的标签,认为"解放后 17年,毛主席的无产阶级教育路线基本上没有得到贯彻执行,教育制度、教学方针和方法几乎全是旧的一套。在教育战线上,这种资产阶级专了无产阶

---

① 何东昌.中华人民共和国重要教育文献(1949—1975)[M].海口:海南出版社,1998:1152.

② 何东昌.中华人民共和国重要教育文献(1949—1975)[M].海口:海南出版社,1998:1155.

③ 何东昌.中华人民共和国重要教育文献(1949—1975)[M].海口:海南出版社,1998:1202.

④ 中国共产党中央委员会关于建国以来党的若干历史问题的决议[M].北京:人民出版社,1981:23.

⑤ 何东昌.中华人民共和国重要教育文献(1949—1975)[M].海口:海南出版社,1998:1408.

级的政的严重现象,引起了全国广大工农兵的强烈不满"[1]。在粉碎"四人帮"之后,虽然教育领域开始逐步恢复秩序,但"极左"的教育路线并未迅速得到根本纠正。特别是 1977 年颁布的《学好文件抓住纲》,错误地提出了"两个凡是"的指导方针,导致基础教育课程目标的构建陷入新的困境。

"阶级斗争"
目标文件

3.1978—2000 年:"二基一能"目标

以 1978 年 1 月教育部发布的《全日制十年制中小学教学计划试行草案》(以下简称"78《草案》")为起点,我国开始着手构建新时期的基础教育课程目标。"78《草案》"指出:新时期,要"教育学生学好先进的文化科学基础知识,理论联系实际,逐步具有自学能力和分析问题、解决问题的能力,具有一定的工农业生产知识和技能"[2]。这不仅是有意识地重塑基础教育的"双基"课程目标,同时也注重提升学生的问题解决能力,特别是中学阶段的学生。此后,无论是小学阶段要求"加强基础知识教学和基本技能训练,培养学生能力"[3],还是对中学阶段学生"基础知识、基本技能和学习能力"强化培养[4]与考核[5],都反映出基础教育课程正在追求"二基一能"的课程目标,并在此后得到深入发展。随着我国社会政治、经济改革的不断深入,我国开启了基础教育课程改革与发展的新阶段。1985 年 5 月,中共中央颁发了《中共中央关于教育体制改革的决定》,1986 年 4 月,全国人大通过了《中华人民共和国义务教育法》,这两项法规的颁布标志着第七次课程改革序幕的拉开,也使"二基一能"课程目标开始走向法治化轨道。在接下来的十年中,"二基一能"不仅在基础教育阶段的课程体系构建中起到了指导作用,而且促使基础教育学段教师们不断审视课程内容与现实社会需求之间的联系。据国家教委基础教育司于 1996 至 1998 年期间对九年义务教育课程实施情况的调研显示,绝大多数校长和教师都认为"二基一

"二基一能"
目标文件

---

① 何东昌.中华人民共和国重要教育文献(1949—1975)[M].海口:海南出版社,1998:1479.

② 何东昌.中华人民共和国重要教育文献(1976—1990)[M].海口:海南出版社,1998:1593.

③ 何东昌.中华人民共和国重要教育文献(1976—1990)[M].海口:海南出版社,1998:2207.

④ 何东昌.中华人民共和国重要教育文献(1976—1990)[M].海口:海南出版社,1998:1927.

⑤ 何东昌.中华人民共和国重要教育文献(1976—1990)[M].海口:海南出版社,1998:2114.

能"更能体现所要达到的目标。

4.2001—2013年:"三维"目标

在21世纪初,随着新一轮基础教育课程改革的启动,我国基础教育课程目标的制定也迎来了新的发展阶段,既更加注重面向全体学生,也强调赋能学生全面发展。2001年,教育部颁布《基础教育课程改革纲要(试行)》,明确要求"改变课程过于注重知识传授的倾向,强调形成积极主动的学习态度,使获得基础知识和基本技能过程同时成为学会学习和形成正确价值观的过程"[①]。这是"三维"目标首次在教育政策中正式提出。因其强调知识目标、能力目标和情感态度价值观目标,我们称之为"三维"目标。其中,知识包括感性知识和理性知识,如事实、概念、观点、原理等;能力包括思维能力、学习能力、操作能力等;情感态度是指对人、对事、对集体的态度,价值观就是对价值问题的观点和看法。在三维目标中,知识目标是基础,能力目标是中心,情感态度价值观目标是根本。唯有这三维目标相互融合并得到全面实施,教学方能促进学生全面而和谐的发展。若教学过程中忽视了任何一个维度的目标,学生的成长都将受到影响。显然,"三维"目标较之于"双基"目标既有继承更有超越。然而,围绕"三维"目标导向的新课程改革,在理论与实践的发展过程中始终伴随着诸多争议。为此,对这一改革举措的总结与反思工作从未间断。自2004年起,教育部便开始着手策划基础教育各学段、各学科《课程标准》的修订工作,旨在为我国基础教育提供更为明确和具体的课程目标指引。

《基础教育课程改革纲要(试行)》

5.2014年至今:"学科核心素养"目标

教育部于2014年3月颁发的《关于全面深化课程改革落实立德树人根本任务的意见》(教基二〔2014〕4号),首次以官方文件的形式提出要"研究制订学生发展核心素养体系和学业质量标准",为以核心素养为目标深化教育教学课程改革指明了方向。2016年,以"文化基础、自主发展、社会参与"[②]为主要内容的中国学生发展核心素养总体框架正式发布。随着核心素养研究的深入,也为更好地应对核心素养内涵过于宽泛且缺乏针对性和操作性的难题,中共中央办公厅、国务院办公厅于2017年印发《关于深化教育体制机制改革的意见》,并在其中明确提出"要注重培养支撑终身发展、适应时代要求的关键能力。在培养学生基础知识和基本技能的过程

---

①　何东昌.中华人民共和国重要教育文献(1998—2002)[M].海口:海南出版社,2003:907.
②　核心素养研究课题组.中国学生发展核心素养[J].中国教育学刊,2016(10):1.

中,强化学生关键能力培养",并进一步指出,"要培养四种关键能力,即认知能力、合作能力、创新能力、职业能力"①。随着 2018 年 1 月教育部《普通高中课程方案和语文等学科课程标准(2017 年版)》的颁布,各学科需要落实的核心素养得到了进一步明确。自此,基础教育学段课程目标改革进入培育核心素养的新时代。"学科核心素养是个体在知识经济和信息化时代,面对复杂的、不确定的情境时,综合应用学科的知识、观念与方法解决现实问题所表现出来的关键能力与必备品格,来自三维目标又高于三维目标。"②

"学科核心素养"目标文件

二、课程目标的功能

课程目标的功能是指课程目标对课程与教学活动可能产生的作用和影响。一般认为课程目标的功能主要包括四个方面:

(一)评价功能

课程目标是课程与教学的出发点和归宿,是判断教学活动是否达到结果及要求的重要标准,是学生应当达成的水平及程度的标准,即师生在教学活动中应共同努力达成的标准。因而,课程目标具有评价的功能,调整着教师的教学进程和学生的学习活动。

(二)激励功能

课程目标对学生具有激励的作用,对教师具有管理的作用。一堂成功的课是目标明确、结构合理的课;一个优秀的教师是善于确定有效目标,能够高效完成课程目标,并用课程的目标来展开教学、激励学生的教师。

(三)导向功能

课程导向功能指向课程最后所要达到的结果这一方向。当教学活动偏离了课程目标所指向的方向时,教师也会自觉地反思并予以纠正,既能

---

① 转引自靳玉乐,罗生全. 新中国课程论 70 年[M]. 北京:人民出版社,2020:180.

② 余文森. 从三维目标走向核心素养[J]. 华东师范大学学报(教育科学版),2016,34(1):12.

够最大限度地确保教学活动的科学性、完整性与连贯性，亦能指引教师在教学全程保持明确的方向。

（四）调控功能

调控功能"是指课程目标对教师选择的教学内容和教学方案，具有指导、协调、支配、控制的作用"①，也就是要求教师在教学时，必须按一定的目标选择教学内容，用最合适、最恰当的教与学的方案去完成教学任务，实现课程目标。

三、课程目标设置的基本依据

设置课程目标是一项充满创造性的任务，它并不仅仅是教育目的或培养目标的直接延伸。"关于课程目标的依据或来源的问题，在整个 20 世纪里有过许多争论。但就一般而言，大家比较认同的课程目标的依据主要有三个方面：对学生的研究，对社会的研究，对学科的研究。"②换言之，在确立课程目标的过程中，我们必须全面考虑学习者的实际需要、学科知识的发展以及社会生活的具体需求。

（一）学习者的需要

学习者的需要是设置课程目标的直接依据。学生的发展有赖于课程的引导，课程的设计与实施必须符合学生的发展满足水平。这是因为：其一，课程的设计与实施只有依据学生的需要、满足学生的需要，课程目标和要求才能最终通过学生的学习和实践变成现实。其二，学生的需要制约着课程目标的方向和课程内容的选择。学生的需要包括健康的需要、审美的需要、交往的需要、自我认知的需要、心理发展的需要、升学就业的需要等。学生多样化的需要决定了课程目标和内容必须具有高度的综合性，统筹处理好知识与能力、个人需要与社会需要、直接经验与间接经验等关系。其三，学生身心发展水平和个性差异制约着课程内容的深度和教材的难度。所以说，学习者的需要是课程目标设置的首要的、基本的来

---

① 邝丽湛，王卫平，谢绍熹，等.思想政治（品德）新课程教学论[M].广州：广东高等教育出版社，2005：36.

② 施良方.课程理论：课程的基础、原理与问题[M].2版.北京：教育科学出版社，2020：91.

源和依据。

(二)学科知识的发展

学科知识的发展是设置课程目标的重要依据。知识是人类直接经验和间接经验的总和,表现为一系列的概念、原理、观点、感受、体验和技能等要素。知识对课程的决定作用体现为:其一,知识是课程的主要内容。课程的编制就是对一定知识内容的选择、计划和安排,课程实施就是对一定知识内容的传授与学习,衡量课程效果的一个重要标准就是学生对知识内容的掌握和熟练程度。其二,知识的性质和发展的程度决定课程内容的形式和广度。课程发展的历史实际上就是人类社会的知识发展史。因此,课程编制时,要处理好科学文化知识的增长与课程内容的扩展和更新之间的问题。其三,知识的门类结构和分化的状况制约课程类型的划分。总之,学科知识是课程内容的主体部分,课程是学科知识的载体和传承方式,因此,学科知识也是课程目标设计的重要来源与依据。

(三)社会生活的需求

社会生活的需求是设置课程目标的最终依据。这是因为社会是一个有机结构,这个有机结构是在劳动的基础上,由生产力、生产关系和经济基础上层建筑等基本要素构成的复杂的有机整体。其中,生产力、生产关系和经济基础上层建筑是一个社会最基本的要素,它们的矛盾运动是推动社会变化和发展的最终决定力量,也是课程变化和发展的最终决定力量。也可以说:生产力是课程不断演变和发展的最终动力和基本条件;生产关系决定课程的性质;上层建筑决定课程的指导思想。因此,课程最终是由社会发展的需要决定的,课程要为社会发展服务,社会的需要就必然成为课程设计的来源与依据。

第二节 思想政治课程目标

思想政治课程目标就是学生学习思想政治课程最终所要达到的结果或目的。具体说来,思想政治课程是以社会主义核心价值观为导向,旨在培养学生适应未来发展的正确价值观、必备品格和关键能力,"引导学生立德成人、立志成才,树立正确世界观、人生观、价值观,坚定对马克思主义的信仰,坚定对社会主义和共产主义的信念,增强中国特色社会主义道路自信、理论自信、制度自信、文化自信,厚植爱国主义情怀,把爱国情、强国志、报国行自觉融入坚持和发展中国特色社会主义事业、建设社会主义现代化强国、实现中华民族伟大复兴的奋斗之中"[1]。遵循循序渐进、螺旋上升的原则,初中阶段思想政治课程"重在打牢思想基础,引导学生把党、祖国、人民装在心中,强化做社会主义建设者和接班人的思想意识",而高中阶段思想政治课程"重在提升政治素养,引导学生衷心拥护党的领导和我国社会主义制度,形成做社会主义建设者和接班人的政治认同"[2]。

一、初中思想政治课程目标

《义务教育道德与法治课程标准(2022年版)》指出,初中思想政治课的课程目标是在综合考虑学科核心素养、课程性质和课程理念的基础上确立的,该课程目标旨在满足社会发展和学生成长的需要,通过正确的政治思想、道德规范和法治观念,对学生进行系统的、循序渐进的教育。

(一)初中思想政治课程总目标[3]

初中思想政治课程的总目标是政治认同、道德修养、法治观念、健全人格、责任意识五大学科核心素养在课程中的转化与落实,"通过两种思路对'三维'目标进行整合:一是通过活动即实践活动进行整合;二是通过过程即学习过程进行整合"[4]。在内容上具体表现为:

1. 在政治认同上,培养有立场、有理想的中国公民

学生能够初步了解中国的基本国情、中华优秀传统文化的主要代表性成果,了解中国共产党的历史和革命传统、改革开放和中国特色社会主义的伟大成就,汲取党史、新中国史、改革开放史、社会主义发展史所蕴含的精神力量,热爱伟大祖国、中华民族、中华文化、中国共产党和中国特色社会主义,为自己是中国人而自豪;具有维护民族团结的意识,能够把个人发

---

① 《中华人民共和国学校思想政治理论课重要文献选编》编写组. 中华人民共和国学校思想政治理论课重要文献选编(下册)[M]. 北京:人民出版社,2022:1530.

② 《中华人民共和国学校思想政治理论课重要文献选编》编写组. 中华人民共和国学校思想政治理论课重要文献选编(下册)[M]. 北京:人民出版社,2022:1531.

③ 韩震,万俊人. 义务教育道德与法治课程标准(2022年版)解读[M]. 北京:高等教育出版社,2022:94-95.

④ 韩震,万俊人. 义务教育道德与法治课程标准(2022年版)解读[M]. 北京:高等教育出版社,2022:94.

展和国家命运联系起来,维护国家利益和安全;能够理解社会主义核心价值观的内涵及其重要意义,并在社会生活中自觉践行;能够以实现中华民族伟大复兴为己任,增强做中国人的志气、骨气、底气,不负时代,不负韶华,不负党和人民的殷切期望;关心时事,热爱和平,初步具有国际视野和人类命运共同体意识。

2. 在道德修养上,培养有道德、有品格的中国公民

学生能够了解个人生活和公共生活中基本的道德要求和行为规范,能够在日常生活中践行诚实守信、团结友爱、尊老爱幼等基本的道德要求;形成初步的道德认知和判断,能够明辨是非善恶;通过体验、认知和践行,养成良好的道德品质。

3. 在法治观念上,培养有自尊、守规则的中国公民

学生能够具有基本的规则意识和安全意识,理解宪法的意义,知道与学生生活密切相关的法律,能够初步认识到法律对个人生活、社会秩序和国家发展的规范和保障作用;形成宪法法律至上、法律面前人人平等观念和权利义务相统一观念;遵守规则和法律规范,提高自我防范意识,掌握基本的自我保护方法,预防意外伤害,养成自觉守法、遇事找法、解决问题靠法的思维习惯和行为方式,初步具备依法参与社会生活的能力。

4. 在健全人格上,培养有自信、求进取的中国公民

学生能够正确认识生命的意义和价值,珍爱生命,热爱生活;初步具有自尊自强、坚韧乐观的心理素质和道德品质;具有理性平和的心态,能够建立良好的同伴关系、师生关系和家庭关系,树立正确的合作与竞争观念,具有团队意识和互助精神;具备积极向上、锐意进取的人生态度,能够适应变化,不怕挫折。

5. 在责任意识上,培养有责任、有担当的中国公民

学生能够关心集体、社会和国家,具有主人翁意识、责任感和集体主义精神,主动承担对自己、家庭、学校和社会的责任,自觉维护祖国统一和国家安全;能够主动参与志愿者活动、社区服务活动,具有为人民服务的奉献精神,勇于担当;能够遵守社会规则和社会公德,依法依规有序参与公共事务,具有公共意识和公共精神;敬畏自然,保护环境,形成人与自然生命共同体的意识。

课堂思考

依据《义务教育道德与法治课程标准(2020 年版)》的规定,道德与法治学科核心素养主要包括政治认同、道德修养、法治观念、健全人格和责任意识。请简要阐述五者之间的关系。

参考答案

(二)初中思想政治课程分类目标①

初中思想政治课程分类目标的确立遵循科学严谨的建构逻辑:既基于对青少年身心发展规律的分析,对学科总目标进行阶梯式分解,又统筹规划课程维度,有机整合"生命安全与健康教育""法治教育""中华优秀传统文化教育""革命传统教育""国情教育"五大核心主题。

1.政治认同素养

(1)初步了解党史、新中国史、改革开放史、社会主义发展史,知道党的百年奋斗重大成就和历史经验,领悟伟大建党精神的内涵,能够以恰当的方式弘扬爱国主义精神,开展中国共产党人的精神谱系教育;了解我国决胜全面建成小康社会取得的决定性成就和全面建设社会主义现代化强国的新征程;理解中国梦的内涵,树立为中华民族伟大复兴而奋斗的理想。

(2)体会中华文化的源远流长与博大精深;理解中华优秀传统文化的核心思想理念、人文精神和传统美德,弘扬民族精神,具有强烈的中华民族自豪感;学习和理解社会主义先进文化和革命文化,坚定文化自信。

(3)了解中国共产党带领中国人民进行革命、建设、改革的历史性成就,认识中国共产党在国家独立、人民解放、国家富强、民族复兴进程中的领导作用;积极加入中国共产主义青年团。

(4)了解中国特色社会主义制度的优越性,坚定道路自信、理论自信、制度自信、文化自信,能够在生活和学习中自觉维护国家主权、尊严和利益。

(5)理解社会主义核心价值观的内涵及其重要意义,在日常生活和社会活动中自觉践行。

---

① 中华人民共和国教育部.义务教育道德与法治课程标准(2022 年版)[S]. 北京:北京师范大学出版社,2022:5-8.

2.道德修养素养

(1)形成健康、文明的生活方式,懂得生命的意义,热爱生活。

(2)遵守基本的社交礼仪,理性维护社会公德;理解诚信是做人的基本要求,做到言行一致;团结同学,宽容友爱。

(3)感念父母养育之恩、长辈关爱之情,能够以感恩的心与父母和长辈沟通,能够为父母分忧解难,尊重师长。

(4)维护公共秩序,讲社会公德,爱护公共财物,在公共生活中做一个文明的社会成员。

(5)感知劳动创造的成就感、幸福感,领会劳动对个人和社会的价值,形成诚实劳动、劳动创造美好生活的意识;初步了解职业道德规范,立志做未来的好建设者。

3.法治观念素养

(1)了解法律对个人生活、社会秩序和国家发展的作用,理解法治的本质及特征。

(2)了解宪法的主要内容,明确宪法的地位与作用,认识国家基本制度和国家机构,知道中国共产党领导是中国特色社会主义最本质的特征,是中国特色社会主义制度的最大优势。

(3)了解以民法典为代表的、与日常生活相关的法律,理解法律是实现和维护公平正义的基本途径。

(4)认识违法行为及其法律责任,理解犯罪的特征及后果,主动预防未成年人犯罪。

(5)了解法律对国家安全的保障作用,自觉履行维护国家安全的义务。

4.健全人格素养

(1)懂得生命的意义和价值,热爱生活,确立正确的人生观。

(2)正确认识自己,能够自我反思,不断完善自我,保持乐观的态度,学会合作,树立团队意识。

(3)能够自主调控自身的情绪波动,具有良好的沟通能力,主动建立良好的人际关系。

(4)养成自尊自信的人生态度,在生活中磨炼意志,形成良好的抗挫折能力。

(5)能够清楚表达自己的感受和见解,善于倾听他人的意见,自我改进。

(6)理解个人与社会、国家与世界的关系,积极适应社会发展变化。

(7)认识青春期的身心特征,建立同学间的友谊,把握与异性交往的尺度。

5.责任意识素养

(1)自觉分担家庭责任,体会敬业精神的重要性,具有较强的责任感。

(2)关心社会,知道我国全过程人民民主制度的优越性,了解时政,主动参与社会公益活动和志愿者活动;在团队合作互动中增强合作精神和领导力。

(3)具备国家利益高于一切的观念,能够以实际行动维护民族团结,捍卫国家主权。

(4)敬畏自然,具有绿色发展理念,初步形成环保意识和生态文明观;能够在日常生活中自觉践行生态文明的理念。

二、高中思想政治课程目标①

《普通高中思想政治课程标准(2017年版2020年修订)》明确要求,高中思想政治课程目标以学科核心素养为引领,在初中阶段"打牢思想基础,强化做社会主义建设者和接班人的思想意识"的基础上,通过聚焦政治认同、科学精神、法治意识、公共参与四大核心素养的体系化培育,提升学生的"政治素养,形成做社会主义建设者和接班人的政治认同"②。因此,课程目标始终贯穿着"铸魂育人"的主线:总目标立足国家战略需求,凝练学生终身发展的必备品格与关键能力;分类目标则以政治认同为统领,在科学精神、法治意识、公共参与维度设计进阶性要求,既体现对初中阶段价值认知的逻辑延伸,又回应高中生辩证思维发展、社会角色转换的成长需求,最终实现课程"知—信—行"一体化的育人功能。

(一)高中思想政治课程总目标

基于落实立德树人的根本任务和培养担当民族复兴大任的时代新人的目标,高中思想政治课程总目标以政治认同、科学精神、法治意识和公共

---

① 中华人民共和国教育部.普通高中思想政治课程标准(2017年版2020年修订)[S].北京:人民教育出版社,2020:4-7.

② 中华人民共和国学校思想政治理论课重要文献选编(下册)[M].北京:人民出版社,2022:1531.

参与四大核心素养为纲,三位一体进行整合和呈现①,具体表现为:

1.在政治认同素养上,培养有信仰、有情怀的中国公民

认同走中国特色社会主义道路是历史的必然,坚信中国特色社会主义是国家富强、民族振兴、人民幸福的根本保障,坚定中国特色社会主义道路自信、理论自信、制度自信、文化自信;拥护党的领导,领会中国特色社会主义最本质的特征是中国共产党领导,中国特色社会主义制度的最大优势是中国共产党领导,党是最高政治领导力量;明确社会主义核心价值观是公民最基本的价值标准,自觉践行社会主义核心价值观,树立共产主义远大理想和中国特色社会主义共同理想。

教资考试链接

2022(下)思想政治学科知识与教学能力(高级中学)

参考答案

【简答题】

32.政治认同是我国思想政治课程标准确定的学科核心素养要素和重要学习目标。请简述学生具有政治认同素养的表现。

2.在科学精神素养上,培养有思想、求进取的中国公民

用马克思主义基本立场、观点和方法,观察事物、分析问题、解决矛盾;解放思想、实事求是,对经济、政治、文化、社会和生态文明建设的实践,做出科学的解释、正确的判断和合理的选择;感悟人生智慧,过有意义的生活;以锐意进取的态度和负责任的行动促进社会和谐。

教资考试链接

2023(上)思想政治学科知识与教学能力(高级中学)

参考答案

【简答题】

32.科学精神是思想政治学科核心素养的重要组成部分,请根据思想政治课程标准的相关要求,阐述学生具有科学精

---

① 胡田庚,高鑫.高中思想政治课程标准与教材分析[M].北京:北京大学出版社,2021:38.

神素养的具体表现。

3.在法治意识素养上,培养有尊严、守规则的中国公民

理解法治是人类文明演进中逐步形成的先进的国家治理方式,全面依法治国是国家治理的一场深刻革命,明确建设社会主义法治国家的基本要求;树立宪法法律至上、法律面前人人平等的法治理念;懂得权利与义务的关系,养成依法办事、依法行使权利、依法履行义务的习惯;拥有法治使人共享尊严,让社会更和谐、生活更美好的认知和情感。

4.在公共参与素养上,培养有担当、有责任的中国公民

具有集体主义精神;遵循规则,有序参与公共事务;热心公益事业,践行公共道德,乐于为人民服务;积极参与民主选举、民主协商、民主决策、民主管理、民主监督的实践,体验人民当家作主的幸福感;具备善于对话协商、沟通合作、表达诉求和解决问题的能力,勇于担当社会责任。

 课堂思考

依据《普通高中思想政治课程标准(2017 年版 2020 年修订)》的规定,思想政治学科核心素养主要包括政治认同、科学精神、法治意识和公共参与。请简要阐述四者之间的关系。

参考答案

(二)高中思想政治课程分类目标①

高中思想政治课程分类目标以核心素养为纲,围绕政治认同、科学精神、法治意识、公共参与四大维度设置分层进阶要求,既将总目标具化为可操作的育人路径,又紧扣高中生辩证思维提升、使命意识深化的阶段性特征。通过知识习得与价值浸润的有机统一,引导学生在理性思辨中坚定立场,在社会参与中践行担当,最终实现素养培育的知行转化。

1.政治认同素养

水平 1:能够面对简单情境问题,引证走中国特色社会主义道路的成功

---

① 中华人民共和国教育部.普通高中思想政治理论课程标准(2017 年版 2020 年修订)[S].北京:人民教育出版社,2020:56-59.

事例；表述马克思列宁主义、毛泽东思想、邓小平理论、"三个代表"重要思想、科学发展观、习近平新时代中国特色社会主义思想是中国共产党的行动指南；叙述宪法对我国根本制度的规定；认同中国共产党是中国特色社会主义事业的领导核心，认同伟大祖国、中华民族、中华文化、中国共产党和中国特色社会主义；解释国家层面的价值目标。

水平2：能够面对一般情境问题，用中国近现代史史实证实只有社会主义才能救中国；明确马克思主义中国化的最新成果；分析具体事例表明中国特色社会主义制度的显著优势；运用具体事例展现中国共产党依宪执政、依法执政的方式；结合奋斗历程，解释中国特色社会主义道路自信、理论自信、制度自信、文化自信的价值表达。

水平3：能够面对复杂情境问题，比较世界各国发展道路，论证只有中国特色社会主义才能发展中国；结合改革开放的实践，阐述马克思主义中国化最新成果的时代特征；对照西方主要国家说明中国绝不能照搬其政治制度模式；着眼于中国共产党的先进性和纯洁性，阐述全面从严治党的意义；论述社会主义核心价值观体现文化自信的意义。

水平4：能够面对具有挑战性的复杂情境问题，回应各种封闭僵化或改旗易帜的主张，阐述走中国特色社会主义道路的坚定信念；辨析各种错误思潮的影响，阐述马克思主义中国化最新成果；跟进全面深化改革的进程，坚持中国特色社会主义制度不动摇；立足新时代、新征程，阐述中国共产党是最高政治领导力量；洞察不同价值观的影响，揭示其根源，阐明社会主义核心价值观是当代中国精神的集中体现，凝结着全体人民共同的价值追求。

2.科学精神素养

水平1：能够面对简单情境问题，懂得用马克思主义哲学的基本原理，观察和理解经济、政治、文化、社会和生态等现象，解释当前的发展理念；用相关学科方法，说明有关制度运行的意义和基本原则；意识到个人在社会生活中的角色，冷静面对各式各样的矛盾争端；识别当前各种文化现象，进行恰当的文化选择。

水平2：能够面对一般情境问题，运用辩证唯物主义的基本观点和方法，解释当前社会现象中的突出问题，并对相关信息和推理进行检验和评价；理性评估个人成长或社会发展面临的各种问题，阐述承担社会责任、促进社会和谐的意义；立足于中华优秀传统文化，理解并理性对待区域、民族和国家间存在的文化差异。

水平3：能够面对复杂情境问题，坚持历史唯物主义的基本观点，阐释社会变迁的原因,把握社会发展的趋势;用开放而敏锐的眼光,辨识和分析不同信息和观点;在公共生活和私人生活领域辨识各种限制性条件,进行有理有据的研判,做出正确抉择,提出实现目标的合理方案;着眼于中华优秀传统文化的创造性转化、创新性发展,表达传承和弘扬中华文化的积极态度。

水平 4:能够面对具有挑战性的复杂情境问题,把握社会历史发展的阶段性特征;用辩证思维与历史思维独立思考,以建设性批判的态度,回应社会转型的复杂变化,有所作为;针对突发事件,理性澄清有关信息和观点,回应各种不确定性,创造性地提出解决方案;在全球视野下,针对各种思想文化的交流交融交锋,表现强大的文化理解力和国际传播力。

3. 法治意识素养

水平 1:能够面对简单情境问题,讲述法治使社会更和谐的故事,表达法治是先进的国家治理方式;列举科学立法、严格执法、公正司法、全民守法的事例,描述社会主义法治国家的图景;采用生活中的实例,警示法律是不可逾越的红线;秉持自由、平等、公正、法治的价值取向,解释依法行使权利、依法履行义务的行为;引用自身的经验,表达法律的温情与威严。

水平 2:能够面对一般情境问题,着眼于人类文明演进的历程,说明法治是先进的国家治理方式;阐明宪法法律至上、法律面前人人平等的法治理念;剖析多个实例,阐释权利与义务相统一的道理;联系依法治理的实际,表达法治使生活更美好的感悟;比较不同的行为方式,证实依法办事、依法维权、依法解决纠纷的好处。

水平 3:能够面对复杂情境问题,列举现实生活中的多种实例,阐述依法治国,建设社会主义法治国家的基本方式;阐述宪法法律至上的道理、法律面前人人平等的意义;剖析公共参与活动中的不当行为,阐释行使权利、履行义务的正确方式;针对经济、政治、文化和社会生活中的错误行为,澄清法律规范与自由的关系、法治保障与生活品质的关系。

水平 4:能够面对具有挑战性的复杂情境问题,结合中国特色社会主义的实践,阐释全面依法治国对国家治理体系和治理能力现代化的意义;选用立法、执法、司法和守法的实例阐述法治思维的表现;结合法治国家、法治政府、法治社会一体化建设的经验,阐明建设中国特色社会主义法治体系的总目标;以维护公平正义和法律尊严的自觉行动,投身于法治中国建设。

4. 公共参与素养

水平 1:能够面对简单情境问题,识别不同领域、不同层面的公共事务;

运用实例说明通过民主协商解决问题的好处；描述自己所在社区公共事务管理的经验，表现村民自治或居民自治的方式；引用经过核实的报道，表达民主决策、民主管理、民主监督的好处；基于爱国、敬业、诚信、友善的价值准则，表达乐于参与公益活动的态度。

水平2：能够面对一般情境问题，举例说明公民与各领域、各层面公共机构的关系；针对受到关注的公共事务，说明政府所持有的观点；识别政府的职能和权力，解释社会治理的方式，阐述公民直接行使民主权利的意义；从国家治理和社会治理两个层面，说明协商民主的特点和优点；分享自己公共参与的经历，表达关注公共利益的感受，展示公共精神的美好。

水平3：能够面对复杂情境问题，剖析若干实例，阐释公民参与公共事务的意义和价值，解析公民参与国家立法、政府决策、社会治理、公共服务的途径和方式；针对公共利益与私人利益发生的矛盾，阐述协商民主的意义和价值；比较公民政治参与和社会参与的角色行为，展现公共参与的理性行动能力；着眼于人民当家作主的意义，论述公共参与的责任担当精神。

水平4：能够面对具有挑战性的复杂情境问题，回应各种指向公共机构的质疑，解释公民在公共参与过程中与各领域、各层面公共机构的相互作用，阐述公民有序参与的意义和价值；回应社会上各种冷漠的表现和议论，剖析导致冷漠的思想根源；回应不同群体之间的利益冲突，揭示其历史和现实根源，并提出管控冲突、解决矛盾的办法或方案。

三、思想政治课程目标的表述方式

思想政治课程标准对课程目标的表述一般采用"行为性目标表述方式"，其行为主体是学生。具体表现为：每一条课程目标一般都由四个基本部分构成："（1）行为主体——谁学；（2）行为表现（行为动词＋核心概念）——学什么；（3）行为条件（学习环境）——怎么学，学习成果如何呈现；（4）行为程度（表现程度）——学到什么程度。学习目标的叙写句式通常为'通过什么学习方式（行为条件）……学到什么（行为动词＋核心概念）……达到什么程度（表现程度）……'"①。"行为程度"体现为学科核心素养目标时需要注意：行为主体必须是学生，不能是教师；目标表述应简洁、清晰，各

①　素养书系编委会.核心素养学科教学专题培训系列·初中道德与法治[M]. 南昌：江西教育出版社，2023：43-44.

目标之间要有关联;既有学习过程与方法,又有学习结果。

 课堂思考

感悟亲情

每个人的内心都有一份对家人割舍不断的情感。这份情感的产生,或是因为他们给了我们生命,或是因为他们为我们的生活操劳,或是因为他们分享了我们的喜悦、分担了我们的

参考答案

忧伤,或是因为他们是我们生命中重要的影响者,或是因为他们是我们成长的陪伴者和见证者……这种情感就是家庭中的亲情之爱。

每个家庭的亲情表现不尽相同,有的温馨和睦,有的磕磕绊绊,有的内敛深沉,有的自然随和……有时我们可能因为它的平常而忽略它,有时我们似乎感受不到自己渴望的亲情,甚至因此否认亲情的存在。但是,只要我们用心感悟就会发现,家中的亲情仍在,尽管它的表现形式可能会发生变化。

孝亲敬长

在中国的家庭文化中,"孝"是重要的精神内涵。《论语·学而》中说:"孝弟也者,其为仁之本与!"孝亲敬长是中华民族传统美德,也是每个中国公民的法律义务。尽孝在当下。孝敬双亲长辈,关爱家人,不仅仅是长大成人以后的事,从现在开始,我们就应该用行动表达孝敬之心。

要求:请写出该教学内容的教学目标。

第三节　思想政治课程目标的定位

思想政治课程目标的定位是根据初、高中课程标准的不同呈现形式来设计的。初中阶段注重主题式内容组织,通过贴近生活的学习活动培养基础价值观念;高中阶段则采用模块化架构,在系统知识学习中深化政治素养与担当能力。两个学段虽形式有别,但始终围绕学科核心素养,共同为学生成长为社会主义合格建设者和接班人奠定根基。

一、初中思想政治课程目标的定位

初中思想政治课程目标的定位严格遵循《义务教育道德与法治课程标准（2022年版）》要求，以"生命安全与健康教育""法治教育""中华优秀传统文化教育""革命传统教育""国情教育"五大主题为载体，将"政治认同""道德修养""法治观念""健全人格""责任意识"五大核心素养的学段要求分解到具体主题教育内容中。

（一）"生命安全与健康教育"主题目标定位

道德修养素养：第一，形成健康、文明的生活方式，懂得生命的意义，热爱生活。第二，遵守基本的社交礼仪，理性维护社会公德；理解诚信是做人的基本要求，做到言行一致；团结同学，宽容友爱。第三，感念父母养育之恩、长辈关爱之情，能够以感恩的心与父母和长辈沟通，能够为父母分忧解难，尊重师长。

健全人格素养：第一，懂得生命的意义和价值，热爱生活，确立正确的人生观。第二，正确认识自己，能够自我反思，不断完善自我，保持乐观的态度，学会合作，树立团队意识。第三，能够自主调控自身的情绪波动，具有良好的沟通能力，主动建立良好的人际关系。第四，养成自尊自信的人生态度，在生活中磨炼意志，形成良好的抗挫折能力。第五，能够清楚表达自己的感受和见解，善于倾听他人的意见，自我改进。第六，理解个人与社会、国家和世界的关系，积极适应社会发展变化。第七，认识青春期的身心特征，建立同学间的友谊，把握与异性交往的尺度。

责任意识素养：关心社会，主动参与社会公益活动和志愿者活动；在团队合作互动中增强合作精神和领导力。

（二）"法治教育"主题目标定位

政治认同素养：了解中国特色社会主义制度的优越性，坚定道路自信、理论自信、制度自信、文化自信，能够在生活和学习中自觉维护国家主权、尊严和利益。

法治观念素养：第一，了解法律对个人生活社会秩序和国家发展的作用，理解法治的本质及特征。第二，了解宪法的主要内容，明确宪法的地位与作用，认识国家基本制度和国家机构，知道中国共产党领导是中国特色社会主义最本质的特征,是中国特色社会主义制度的最大优势。第三,了解以民法典为代表的、与日常生活相关的法律,理解法律是实现和维护公平正义的基本途径。第四,认识违法行为及其法律责任,理解犯罪的特征及后果,主动预防未成年人犯罪。第五,了解法律对国家安全的保障作用,自觉履行维护国家安全的义务。

责任意识素养:第一,关心社会,知道我国全过程人民民主制度的优越性,了解时政,主动参与社会公益活动和志愿者活动。第二,具备国家利益高于一切的观念,能够以实际行动维护民族团结,捍卫国家主权。第三,敬畏自然,具有绿色发展理念,初步形成环保意识和生态文明观;能够在日常生活中自觉践行生态文明的理念。

📖 **教资考试链接**

2022(上)道德与法治学科知识与教学能力(初级中学)

参考答案

【教学设计题】

35.请根据下面材料内容,按要求完成教学设计。

人格尊严不受侵犯。公民都有自我尊重和受人尊重的需要,都应当享有受他人和社会尊重的权利。我国宪法规定,公民的人格尊严不受侵犯,禁止用任何方法对公民进行侮辱、诽谤和诬告陷害。公民的人格尊严权包括名誉权、荣誉权、肖像权、姓名权、隐私权等。

《中华人民共和国民法典》第一百零九条规定,自然人的人身自由、人格尊严受法律保护。第一千一百八十三条规定,侵害自然人人身权益造成严重精神损害的,被侵权人有权请求精神损害赔偿。

《中华人民共和国刑法》第二百四十六条规定,以暴力或者其他方法公然侮辱他人或者捏造事实诽谤他人,情节严重的,处三年以下有期徒刑、拘役、管制或者剥夺政治权利。

《中华人民共和国民法典》第九百九十五条规定,人格权受到侵害的,受害人有权依照本法和其他法律的规定请求行为人承担民事责任。

要求:请根据上述教材内容制订教学目标。

(三)"中华优秀传统文化教育"主题目标定位

政治认同素养:第一,体会中华文化的源远流长与博大精深;理解中华优秀传统文化的核心思想理念、人文精神和传统美德,弘扬民族精神,具有强烈的中华民族自豪感;学习和理解社会主义先进文化和革命文化,坚定文化自信。第二,了解中国特色社会主义制度的优越性,坚定道路自信、理论自信、制度自信、文化自信,能够在生活和学习中自觉维护国家主权、尊严和利益。第三,理解社会主义核心价值观的内涵及其重要意义,在日常生活和社会活动中自觉践行。

道德修养素养:第一,遵守基本的社交礼仪,理性维护社会公德;理解诚信是做人的基本要求,做到言行一致;团结同学,宽容友爱。第二,感念父母养育之恩、长辈关爱之情,能够以感恩的心与父母和长辈沟通,能够为父母分忧解难,尊重师长。

健全人格素养:第一,懂得生命的意义和价值,热爱生活,确立正确的人生观。第二,正确认识自己,能够自我反思,不断完善自我,保持乐观的态度,学会合作,树立团队意识。第三,能够自主调控自身的情绪波动,具有良好的沟通能力,主动建立良好的人际关系。第四,养成自尊自信的人生态度,在生活中磨炼意志,形成良好的抗挫折能力。

(四)"革命传统教育"目标定位

政治认同素养:第一,初步了解党史、新中国史、改革开放史、社会主义发展史,知道党的百年奋斗重大成就和历史经验,领悟伟大建党精神的内涵,能够以恰当的方式弘扬爱国主义精神,开展中国共产党人的精神谱系教育;了解我国决胜全面建成小康社会取得的决定性成就和全面建设社会主义现代化强国的新征程;理解中国梦的内涵,树立为中华民族伟大复兴而奋斗的理想。第二,学习和理解社会主义先进文化和革命文化,坚定文化自信。第三,了解中国共产党带领中国人民进行革命、建设、改革的历史性成就,认识中国共产党在国家独立、人民解放、国家富强、民族复兴进程中的领导作用;积极加入中国共产主义青年团。第四,了解中国特色社会主义制度的优越性,坚定道路自信、理论自信、制度自信、文化自信,能够在生活和学习中自觉维护国家主权、尊严和利益。第五,理解个人与社会、国家和世界的关系,积极适应社会发展变化。

(五)"国情教育"目标定位

政治认同素养:第一,了解我国决胜全面建成小康社会取得的决定性成就和全面建设社会主义现代化强国的新征程;理解中国梦的内涵,树立为中华民族伟大复兴而奋斗的理想。第二,了解中国特色社会主义制度的优越性,坚定道路自信、理论自信、制度自信、文化自信,能够在生活和学习中自觉维护国家主权、尊严和利益。

道德修养素养:感知劳动创造的成就感、幸福感,领会劳动对个人和社会的价值,形成诚实劳动、劳动创造美好生活的意识;初步了解职业道德规范,立志做未来的好建设者。

健全人格素养:第一,懂得生命的意义和价值,热爱生活,确立正确的人生观。第二,理解个人与社会、国家和世界的关系,积极适应社会发展变化。

责任意识素养:第一,关心社会,知道我国全过程人民民主制度的优越性,了解时政,主动参与社会公益活动和志愿者活动。第二,具备国家利益高于一切的观念,能够以实际行动维护民族团结,捍卫国家主权。第三,敬畏自然,具有绿色发展理念,初步形成环保意识和生态文明观;能够在日常生活中自觉践行生态文明的理念。

二、高中思想政治课程目标的定位

高中思想政治课程目标的定位依据《普通高中思想政治课程标准(2017年版2020年修订)》,以"中国特色社会主义""法律与生活""哲学与文化"等模块为载体,将政治认同、科学精神、法治意识、公共参与四大核心素养融入学科知识体系与实践活动中。需特别说明的是,核心素养的培育并非孤立对应单一模块,而是通过模块间的协同渗透实现交叉融合落实。

(一)《中国特色社会主义》的目标定位

政治认同素养:懂得中国特色社会主义是科学社会主义的成功实践,是中国近代历史发展的必然选择;理解坚持和发展中国特色社会主义是实现中华民族伟大复兴中国梦的必由之路;展现中国特色社会主义道路自信、理论自信、制度自信、文化自信;坚定中国特色社会主义共同理想,树立共产主义远大理想。

科学精神素养:能够结合社会实践活动,了解人类社会发展的一般过程和基本规律;确信社会主义终将代替资本主义是不可抗拒的历史趋势。

(二)《经济与社会》的目标定位

政治认同素养:了解社会主义基本经济制度的优越性;理解坚持社会

主义市场经济和深化经济体制改革的意义;明确加快建设现代化经济体系的必要性;树立以人民为中心的发展思想。

科学精神素养:能够结合社会实践活动,初步运用中国特色社会主义政治经济学的基本观点,观察和分析经济社会现象;了解社会主义基本经济制度的优越性;理解坚持社会主义市场经济和深化经济体制改革的意义;明确加快建设现代化经济体系的必要性;树立以人民为中心的发展思想。

法治意识素养/公共参与素养:尝试对促进社会公正、实现共同富裕、营造良好社会风尚、完善社会保障的政策提出建议。

(三)《政治与法治》的目标定位

政治认同素养:学生能够结合社会实践活动,了解中国共产党的性质、宗旨和指导思想,明确党的执政地位是历史和人民的选择;阐释中国特色社会主义政治制度的基本内容、鲜明特点和主要优势。懂得走中国特色社会主义政治发展道路,必须坚持党的领导、人民当家作主、依法治国有机统一,理解推进国家治理体系和治理能力现代化的重要性。

科学精神素养:学生能够结合社会实践活动,了解中国共产党的性质、宗旨和指导思想,明确党的执政地位是历史和人民的选择;阐释中国特色社会主义政治制度的基本内容、鲜明特点和主要优势。懂得走中国特色社会主义政治发展道路,必须坚持党的领导、人民当家作主、依法治国有机统一,理解推进国家治理体系和治理能力现代化的重要性。

法治意识素养/公共参与素养:了解全面依法治国的总目标,知道科学立法、严格执法、公正司法和全民守法的基本要求。懂得走中国特色社会主义政治发展道路,必须坚持党的领导、人民当家作主、依法治国有机统一,理解推进国家治理体系和治理能力现代化的重要性。

(四)《哲学与文化》的目标定位

政治认同素养:了解马克思主义哲学的基本原理;形成正确的世界观、人生观和价值观。

科学精神素养:运用辩证唯物主义和历史唯物主义观点认识自然界、人类社会、人类思维,确信实践是检验真理的唯一标准。

法治意识素养:实事求是、与时俱进地观察和分析经济、政治、文化、社会现象,在生活中做出理性的价值判断和行为选择。

公共参与素养:传承中华优秀传统文化、尊重世界文化多样性、发展中国特色社会主义文化的文化自觉和自信。

 课堂思考

永恒的中华民族精神

中华民族之魂

中华文化的力量,集中表现为民族精神的力量。中华民族精神,深深植根于绵延数千年的优秀传统文化之中,始终是维系中华各族人民共同生活的精神纽带,支撑中华民族生存、发展的精神支柱,推动中华民族走向繁荣、强大的精神动力,是中华民族之魂。

参考答案

中华民族精神的基本内涵

在五千多年的发展中,中华民族形成了以爱国主义为核心,团结统一、爱好和平、勤劳勇敢、自强不息的伟大民族精神。

永远高扬爱国主义的旗帜

爱国主义是中华民族精神的核心,它贯穿民族精神的各个方面。在当代中国,爱祖国与爱社会主义本质上是一致的。发展中国特色社会主义,拥护祖国统一,是新时期爱国主义的主题。

要求:请为本课设计教学目标。

(五)《当代国际政治与经济》的目标定位

政治认同素养:学生能够在全球视野中观察不同国家的政治制度,坚定中国特色社会主义道路自信、理论自信、制度自信、文化自信。明确国家利益和国家实力是决定国际关系的主要因素;具有融入国际社会的积极意愿和开放态度,自觉维护国家主权、安全、发展利益。

科学精神素养:解析当今世界多极化和经济全球化进程,理解国际组织在国际事务中的作用。明确国家利益和国家实力是决定国际关系的主要因素;具有融入国际社会的积极意愿和开放态度,自觉维护国家主权、安全、发展利益。

法治意识素养/公共参与素养:理解各国相互联系的程度空前加深,全球越来越成为相互依存的命运共同体,懂得和平与发展是时代主题、合作共赢是时代潮流。

(六)《法律与生活》的目标定位

科学精神素养：更为理性地看待生活中的矛盾和纠纷,理解调解、仲裁、诉讼等不同的纠纷解决机制。

法治意识素养：学生能够结合生活实际,更加全面地认识公民的民事权利与义务,更为具体地理解婚姻家庭中的法律责任,以及与创业和就业相关的法律制度。进一步提高主动学法的意愿、自觉用法的能力。

(七)《逻辑与思维》的目标定位

科学精神素养：能够经历探究过程,明确科学思维的重要意义。学会遵循逻辑思维的规律。把握辩证思维的方法。提高创新思维的能力,提升自己的思维品质。正确运用科学思维方法观察和理解社会,处理学习和生活中遇到的问题。

公共参与素养：学会遵循逻辑思维的规律。把握辩证思维的方法。提高创新思维的能力,提升自己的思维品质。正确运用科学思维方法观察和理解社会,处理学习和生活中遇到的问题。

第三章　思想政治课程的内容

学习要点：

1. 课程内容的概念；教材内容的概念；教学内容的概念。
2. 课程内容的取向。
3. 选择课程内容的标准。
4. 初中思想政治课程内容。
5. 高中思想政治课程内容。

第一节　课程内容概述

课程内容是课程目标最直接的体现，是实现课程目标的手段，解决的是"应该教什么"的问题。深刻认识中学思想政治课程的内容，既有助于学校思想政治课程改革的理论研究，以及学校思想政治课程资源的发掘、选择、开发与利用，也对学校思想政治教学的实践有重要的意义。

一、课程内容的含义

什么是课程内容？课程内容与教材内容、教学内容有什么关系？

一般认为课程内容是课程目标的体现和具体化，是联系教师与学生的重要纽带，是确定教学形式与方法的重要依据。明确的课程目标在一定程度上指导着课程内容的选择与组织。通俗地说，课程内容就是回应"教什么"的问题。

对于课程内容与教材内容、教学内容的关系，许多人有着错误的认识。很多人误以为教材内容就是课程内容，或者课程内容就是教学内容。其实，课程内容、教材内容和教学内容有着明显的区别。

课程内容是指"各门课程中特定的事实、观点、原理和问题,以及处理它们的方式"①。课程内容往往是以课程标准的形式规定下来的,课程内容具有法定的地位,是相对稳定且不能轻易改变的。教材内容则是师生教学活动的中介,是课程内容的具体化。教材内容实际上说的是"用什么教"的问题,它包括一切有效传递、体现课程内容和承载课程价值的文字与非文字材料。教学内容是教师在教学过程中根据具体的教学目标和教学情境对教材内容进行方法化处理后,形成的具体有效的教学设计。也就是说,教材内容进入教学过程,经由教师的加工处理和"教学化"过程转变成为教学内容。教学内容不仅是开放的,还是动态的,是在教学过程中创造的。或者说教材内容是教学内容的重要部分,但不是全部。

二、课程内容的取向

课程内容的取向解决的是课程内容以什么为中心的问题。"自课程作为一个独立的研究领域以来,对课程内容的解释大多是基于三种不同的取向而展开的:(1)课程内容即教材;(2)课程内容即学习内容;(3)课程内容即学习经验。"②

(一)课程内容就是教材内容的观点

课程内容就是教材内容,持这一观点的主要代表人物是夸美纽斯。夸美纽斯是捷克伟大的民主主义教育家,西方近代教育理论的奠基者,也是公共教育最早的拥护者。他在他所著的《大教学论》中提出"把一切知识教给一切人"的理念,抨击中世纪的学校教育,主张统一学校制度、普及初等教育、采用班级授课制度、扩大学科的门类和内容,并强调从事物本身获得知识等。在课程上,夸美纽斯从其"把一切知识教给一切人"的泛智教育论出发,提出百科全书式课程的观点,认为课程内容就是教材内容,课程内容就是学生要学习的知识,而知识的载体就是教材。因而,课程内容也就是上课所用的教材,是一种以学科为中心的教育目的观的体现。这种观点认为,"体系是以学科逻辑组织的,内容是社会选择和社会意志的体现,形态是既定的、先验的、静态的,外在于教育者和学习者,并且基本上是凌驾于

①　施良方.课程理论:课程的基础、原理与问题[M].2版.北京:教育科学出版社,2020:98.
②　施良方.课程理论:课程的基础、原理与问题[M].2版.北京:教育科学出版社,2020:98.

学习者之上。地位是至高无上的,教学必须服从教材,师生在教材面前永远是接受者的角色"①。这种观点的优点是会考虑各门学科知识的逻辑性、系统性,即在课程内容的教材取向下,教师与学生有明确的教与学的内容,容易把握和评价,从而使课程教学工作有据可依;但其缺点是容易忽视学生的需求,把课程内容看作是事先规定好了的东西。

(二)课程内容就是学习活动内容的观点

持课程内容就是学习活动内容观点的主要代表人物是杜威。杜威是美国著名哲学家、教育家、心理学家,是实用主义的集大成者,也是机能主义心理学和现代教育学的创始人之一。他的思想对 20 世纪前期的中国教育界、思想界产生过重大影响。他认为课程内容就是学习活动,认为课程的最大流弊是与儿童生活不相沟通,学科科目相互联系的中心点是儿童本身的社会活动。他主张"从做中学"。将课程内容等同于学习活动内容的优点是:主张学生通过参与活动习得知识,要求课程与社会活动密切联系,这样学习才有意义,才能激发学生的兴趣,是一种探究式的发现式的教学。杜威的课程理论思想突破了以学科课程为中心的传统课程结构,引入了经验性、活动性课程,拓展了教育的空间,促进了个体认知、情感等多方面的发展。但是,课程内容的活动取向,往往只注重学生外显的活动,而无法看到学生是如何内化课程内容的,也无法看到学生的经验是如何产生的。轻视系统学科知识,仅关注外显的活动,忽略深层次的研究学习,活动容易流于形式,从而导致教学质量的下降。

(三)课程内容就是学习经验的观点

持课程内容就是学习经验观点的主要代表人物是泰勒。泰勒是美国著名的教育理论家,被誉为"现代课程理论之父",其代表作为《课程与教学的基本原理》。在泰勒看来,课程内容就是学习经验,学习经验形成于学生与外部环境的相互作用。他认为,学习是通过学生的主动行为发生的,学生的学习取决于他自己做了些什么,而不是教师呈现了什么内容或要求做什么。学习经验取向的优点是:强调学生是一个主动参与者,认为学生是学习活动的主体,学习的质和量取决于学生而不是课程;强调学生与外部环境的互相作用。教师的职责是构建适合学生能力与兴趣的各种情境,以

---

① 邝丽湛,王卫平,谢绍熹,等.思想政治(品德)新课程教学论[M]. 广州:广东高等教育出版社,2005:66.

便为每个学生提供有意义的经验。把课程内容视为学生的学习经验,是一种建构主义的观点,其认为学生是否真正理解课程内容,取决于学生的心理建构,取决于学生已有的认知结构和情感特征是否对课程内容起支配作用。知识只能是"学"会的,而不是"教"会的。但是,它加剧了内容选择的难度。因为学生的心理体验,只有他自己了解,教育者没法了解学生的心理是如何受特定环境影响的。

三、课程内容的选择标准

课程内容的不同取向反映了不同的价值观念体系,影响着课程内容的选择。泰勒在论述课程内容的选择原则时,主要关注学生方面的因素,认为学生应该是学习的积极参与者,而不是被动的接收者。施良方综合了"教材""学习活动"和"学习经验"这三种课程内容取向,提出了选择课程内容的三个准则:"注意课程内容的基础性、课程内容应贴近社会生活、课程内容要与学生和学校教育的特点相适应。"[①]我们认为,现代社会课程内容的选择主要应遵循以下准则。

(一)体现课程目标与超越课程目标的统一

课程内容是为课程目标服务的,所以课程内容的选择要以课程目标为导向,既要体现课程目标,又要超越课程目标。课程目标是所有学生必须达到的最低标准,学生潜能的充分发展还要依靠更丰富的内容。此外,课程目标的制定总是以一定的价值判断为基础,这种价值判断受当时社会条件的影响,会有一定的局限性,因此,在选择课程内容时,既要遵循课程目标,又要适当超越课程目标,实现体现与超越的统一。

(二)体现学科知识与经验知识的统一

从知识与社会生活的关系上看,学科知识是对客观世界较为抽象的分析和概括,而经验知识则与社会生活、学习者的经验更为贴近。经验知识的积累有利于提高解决实际问题的能力,起到联系学科知识与现实世界的桥梁作用。初中思想政治课程是一门以初中学生生活为基础,以引导和促

---

① 施良方.课程理论:课程的基础、原理与问题[M]. 2 版.北京:教育科学出版社,2020:103-105.

进初中学生形成正确价值观、必备品格和关键能力为根本目的的综合性课程。因而,在课程内容的选择上,必须要贴近初中学生的生活,即贴近学生的现实生活和社会生活。

(三)体现共性与个性的统一

社会的发展需要一些共同机制的制约。个体必须具备特定的知识技能和心理素质,形成亲社会行为,才能在社会中立足和生存,社会才能发展。同时,个体本身也有自我发展的需要。所以在选择课程内容时,要平衡共性知识与个性知识,确保学生向"社会人"和"个体人"统合的方向发展,而不是千人一面地发展。

(四)体现知识教学与价值观教育的统一

在课程内容的选择方面,要把知识教学与价值观教育结合起来,即文理科并重,以正确的价值观来指导科学知识的应用,确保所传授的知识为人类造福。不能仅关注知识学习,而要把知识学习与正确价值观、必备品格与关键能力的培养有机结合起来。中学思想政治课程内容选择的一个大前提就是政治导向要正确,内容要科学,即要旗帜鲜明地以中国化时代化的马克思主义为指导。

(五)体现世界性与民族性的统一

世界各国大部分课程内容的趋向化日益明显,世界性问题、全球达成一致的价值观念以及促进世界融合的内容越来越多地进入课程中。但同时课程内容要保持民族特色,传承民族文化。例如,在中华优秀传统文化教育方面,应介绍传统节日、民歌民谣、传统美德、民族精神、古代辉煌科技成就等内容,培养学生对中华优秀传统文化的亲切感,增强其对中华优秀传统文化的理解和认同,坚定民族自信。

总之,课程内容的选择应体现课程的性质,体现社会主义核心价值观,遵循学生身心发展的规律,遵循学生认知结构形成与发展的规律。同时,课程内容的选择还要注意难度问题,太难学生接受不了,太易学习过程轻松,都不利于学习兴趣的保持,导致学习成效降低,最适合的难度是"跳一跳,摘到桃子"的水平。

第二节　初中思想政治课程的内容

初中年级段"是小学高年级段的延续,与高中阶段相衔接,是培育道德品格,形成世界观、人生观、价值观的重要时期。本学段学生正处于青春期,独立思考能力和判断能力进一步增强,情绪波动大,可塑性强"[①],在道德与法治的发展上迫切需要得到有效帮助和正确指导。因此初中思想政治课程内容的选择与编写就显得极为重要。

一、初中思想政治课程内容的设计

初中思想政治课程以学生逐渐拓展的生活经验为基础,以他们在成长过程中需要处理的个人与家庭、他人、社会、国家以及人类文明之间的关系为线索,通过关联生命安全与健康教育、法治教育、中华优秀传统文化教育、革命传统教育和国情教育等内容,进行了科学的设计。具体而言,初中学生逐步扩展的生活,尤其是处在青春期的初中学生的身心发展特点是设计初中思想政治课程内容的基础。课程强调从学生的生活实际出发,直面他们成长中遇到的问题,满足他们发展的需要。初中阶段的学生需要进一步学习如何正确处理与自我、与自然、与家庭、与他人和社会,以及与国家和人类文明的关系,这构成了初中思想政治课程的内容主线及相应的内容板块。每个内容板块都涉及道德、生命安全与健康、法治、中华优秀传统文化、革命传统和国情等方面的具体内容。换句话说,初中思想政治课程按照"成长中的我""我与自然的关系""我与家庭的关系""我与他人和社会的关系""我与国家和人类文明的关系"这一逻辑线索,组织了生命安全与健康、法治、中华优秀传统文化、革命传统和国情五个方面的学习内容。

教材内容是课程内容的重要体现,"包含各课程目标确定的基础知识与基本技能训练内容、智能训练内容、品德教育内容"[②]。初中《道德与法治》教材设计就是对初中思想政治课程内容结构的最好体现。

---

① 中华人民共和国教育部.义务教育道德与法治课程标准(2022年版)[S].北京:北京师范大学出版社,2022:34.

② 顾明远.教育大辞典(简编本)[M].上海:上海教育出版社,1999:177.

（一）《道德与法治》教材内容的统一编写

统一编写
文件

　　2014年10月，《中共中央关于全面推进依法治国若干重大问题的决定》提出："把法治教育纳入国民教育体系，从青少年抓起，在中小学设立法治知识课程。"①为贯彻落实党的十八届四中全会关于在中小学设立法治知识课程的要求，2016年6月，教育部、司法部、全国普法办联合颁发《青少年法治教育大纲》，对义务教育阶段的法治教育目标、内容和要求都作出了明确的规定。随后，教育部办公厅发布了《关于2016年中小学教学用书有关事项的通知》（教基二厅函〔2016〕12号），将义务教育小学和初中起始年级"品德与生活""思想品德"教材名称统一更改为"道德与法治"，强调德法兼修，并要求全国小学和初中起始年级从2017年秋季学期开始统一使用《道德与法治》统编教材，2019年实现全国覆盖。新教材在价值引领上更加突出社会主义核心价值观和中华优秀传统文化进教材等新方式。同时，更加重视法治教育，宪法、民法、刑法、程序法等法律法规在新版统编教材中得到很多体现。

教资考试链接

2022（上）道德与法治学科知识与教学能力（初级中学）

【简答题】

32. 课程内容：

　　知道法律是由国家制定或认可，由国家强制力保证实施 参考答案
的一种特殊行为规范。理解我国公民在法律面前一律平等。

　　活动建议：

　　结合本地实际情况，用与学生生活密切相关的案例，讨论说明法律面前人人平等。

　　问题：请从法律的角度解读上述课程标准内容。

---

　　①　中共中央文献研究室.十八大以来重要文献选编（中）[M]. 北京:中央文献出版社,2016:172.

(二)《道德与法治》教材内容的总体设计

初中《道德与法治》教材在总体设计上,体现《义务教育道德与法治课程标准》(2022 年版),通过"聚焦学生成长主题,以不断扩展的生活圈(家庭—学校—社会—国家—世界)架构起每个学生独特的外部生命时空,通过将道德、心理健康、法律、国情作为内容轴,将学生需要学习处理的与自我、与他人和集体、与国家和社会的关系作为形式轴,并使两者彼此交织,形成不同的学习主题域"①,统筹安排各年级的学习。

(三)《道德与法治》教材内容的呈现方式

为了进一步改变简单、枯燥的德育课程方式,探索道德价值观学习、法治意识形成、品德和人格形成的规律与机制,使教材不再成为学生用来记诵、应对考试的工具,《道德与法治》教材在呈现方式上超越知识传递性的学习,改变简单告知对错和成人单方面说教的方式,通过设计与青少年生活贴近、青少年喜爱的活动,在探究体验、反思与分享中展开思维和情感过程,涵养品格,形成正确的价值认同。

在教材呈现方式上,《道德与法治》遵循的逻辑结构:一是经验导入,即设置情境或活动导入,与较为典型的学生生活经验相联系;二是聚焦主题,正面陈述有一定知识支撑的观点、原则;三是揭示矛盾、深入分析,并在相关行动上给予方法的指导。具体来说,每一课内容的展开都包含一条引领生活经验的线索:以"生活观察"(2024 年版教材新设栏目,替换了上一版教材中的"运用你的经验")开始,以学生的个体生活经验作为学习起点,运用"探究与分享""相关链接""阅读感悟""方法与技能"等活动设计,在不同层面促使学生个体生活经验得以表达、分享、交流,进而引导个体对自身经验的反思,通过师生经验、生生经验的冲突、碰撞、共认等促进学生个体经验的调整、扩展;以"启思导行"(2024 年版教材新栏目,替换了上一版教材中的"拓展空间")结束,将教材从课堂延伸到学生更广阔的生活领域。

新版教材增设"单元思考与行动"栏目,以《义务教育道德与法治课程标准(2022 年版)》"做中学""用中学"理念为指引,通过鲜活情境创设与阶梯式实践任务设计,搭建知识迁移与价值体认的桥梁。该栏目聚焦"问

---

① 韩震,万俊人.义务教育道德与法治课程标准(2022 年版)解读[M].北京:高等教育出版社,2022:10.

题链引导—思辨探究—行动验证"逻辑链,在真实议题分析中激活学生主体意识,推动知识习得向行为转化,实现"学思行合一"。其根本指归在于引导学生将家国情怀、责任担当等核心素养转化为具体行动,使人生抱负在实践中扎根生长,彰显思想政治课程"知行互促、终身发展"的育人理念。

二、初中思想政治课程内容

初中思想政治课程以发展学生的核心素养为目标,以道德与法治教育为基本框架,有机融入生命安全与健康教育、中华优秀传统文化教育、革命传统教育以及国情教育等相关主题。课程强调从真实的社会情境出发进行道德教育,强化学生的道德体验和道德实践,目的是引导学生正确认识自我,理解个人与家庭、他人、社会、国家和人类文明之间的关系,从而深入了解国家与世界的发展趋势,增强社会责任感和担当意识,立志成为社会主义的建设者和接班人。课程内容采用主题形式呈现[①]:

学习主题	内容要求
生命安全与健康教育	• 了解青春期的生理和心理变化,体会青春期的美好,学会克服青春期烦恼;掌握青春期性心理知识,正确对待两性关系;提高预防性骚扰和性侵害的能力。 • 客观认识和对待自己,形成正确的自我认同,提高自我管理能力;理解不同的社会角色,形成亲社会的行为;能正确认识和处理自己与同学、朋友的关系,个人和集体的关系,在团队活动中增强合作精神。 • 正确认识顺境和逆境的关系,学会情绪调控,能够正确看待生活中的挫折,具备迎接挑战的能力。 • 树立正确的人生观和价值观,尊重和敬畏生命,热爱生活,追求生命高度,成就幸福人生。 • 遵守基本的社交礼仪,恪守诚信,理性维护社会公德,维护公共秩序,做文明的社会成员。

---

① 中华人民共和国教育部. 义务教育道德与法治课程标准(2022年版)[S]. 北京:北京师范大学出版社,2022:34-41.

续 表

学习主题	内容要求
法治教育	• 了解习近平法治思想,理解坚持中国特色社会主义法治道路就要坚持党的领导、坚持以人民为中心。 • 了解宪法基本知识,明确宪法的地位与作用,树立宪法法律至上观念。 • 懂得公民的基本权利和义务,正确行使公民权利,自觉履行公民义务。 • 初步认识法治的内涵,理解法治是治国理政的基本方式。 • 认识国家统一是实现中华民族伟大复兴的历史前提和基本保证,理解"和平统一、一国两制"的重要意义,自觉维护国家统一。 • 了解人民代表大会制度是我国的根本政治制度,理解全过程人民民主的制度优势。 • 了解中国共产党领导的多党合作和政治协商制度。 • 了解民族区域自治制度对维护和发展平等团结互助和谐的社会主义民族关系的意义。 • 认识基层民主制度对保障人民知情权、参与权、表达权、监督权的作用。 • 认识主要国家机关,理解权力是由人民授予的,行使权力必须受法律的约束。 • 认识民法典对保护人身权、财产权的意义。 • 认识犯罪的基本概念,了解刑罚的主要类型;认识未成年人违法犯罪行为的危害,培育和提高自我保护的意识和能力,自觉抵制校园欺凌和违法犯罪行为。 • 辨别媒体中的不良信息,了解网络环境中如何保护未成年人隐私等合法权益。 • 了解环境保护的法律规定,树立生态文明观念。 • 认识国家主权的内涵,树立国家利益至上的观念,理解总体国家安全观,知道维护国家安全是每个公民的义务,自觉维护国家安全。 • 了解主要国际组织,理解维护以联合国为核心的国际体系的意义。
中华优秀传统文化教育	• 弘扬中华优秀传统文化讲仁爱、重民本、守诚信、崇正义、尚和合、求大同的核心理念。 • 理解中华民族孝悌忠信、礼义廉耻的荣辱观念,崇德向善、见贤思齐的社会风尚。 • 践行中华民族自强不息、敬业乐群、脚踏实地、实事求是的思想。 • 了解中华优秀传统文化修齐治平的理想追求,锤炼高尚人格。 • 感悟天下兴亡、匹夫有责的担当意识,厚植爱国主义情怀。

续　表

学习主题	内容要求
革命传统教育	• 了解中国产生了共产党,这是开天辟地的大事变,理解伟大建党精神的内涵,领悟伟大建党精神是中国共产党的精神之源。 • 了解中国共产党领导人民浴血奋战、百折不挠,创造了新民主主义革命的伟大成就,实现了从几千年封建专制政治向人民民主的伟大飞跃,理解中国人民从此站起来了,中国发展从此开启了新纪元。 • 了解中国共产党领导人民自力更生、发愤图强,创造了社会主义革命和建设的伟大成就,实现了一穷二白、人口众多的东方大国大步迈进社会主义社会的伟大飞跃,理解只有社会主义才能救中国,只有社会主义才能发展中国。 • 了解中国共产党领导人民解放思想、锐意进取,创造了改革开放和社会主义现代化建设的伟大成就,实现了人民生活从温饱不足到总体小康、奔向全面小康的历史性跨越,推进了中华民族从站起来到富起来的伟大飞跃,理解中国特色社会主义道路是指引中国发展繁荣的正确道路。 • 了解中国共产党领导人民自信自强、守正创新,创造了新时代中国特色社会主义的伟大成就,中华民族迎来了从富起来到强起来的伟大飞跃,理解确立习近平新时代中国特色社会主义思想的指导地位,对新时代党和国家事业发展、对推进中华民族伟大复兴历史进程具有决定性意义。
国情教育	• 了解中国特色社会主义新时代是我国发展新的历史方位,中国社会的主要矛盾发生了新变化,理解中国发展的历史方位。 • 了解世界正处于百年未有之大变局,了解全人类共同价值的内涵,领悟构建人类命运共同体的意义。 • 了解我国以国内大循环为主体、国内国际双循环相互促进的新发展格局,推动高质量发展,知道统筹推进经济建设、政治建设、文化建设、社会建设、生态文明建设的"五位一体"总体布局。 • 以实现中华民族伟大复兴为己任,树立"劳动光荣、创造伟大"的观念,进行合理的生涯规划,坚定为实现远大理想而奋斗的信念。

　　依据初中生身心发展规律和五大教育主题要求,初中思想政治教材体系构建呈现渐进式知识拓展特征。七年级阶段重点夯实基础认知,上册以"生命安全与健康教育"和"道德教育"为核心,下册在深化前者的基础上,新增"中华优秀传统文化教育"与"法治教育"主题内容。八年级教材内容聚焦社会认知构建,以培养社会责任感与家国情怀为主线,上册在原有主题框架下融入"国情教育"主题内容,下册则设为"法治教育"专册,系统推进初中学生的法律知识体系构建。九年级教材内容突出价值引领功能,上册围绕社会主义核心价值观国家层面价值目标,整合"革命传统教育""国情教育""法治教育"及"中华优秀传统文化教育"四大主题内容;下册通过立体化呈现"生命安全与健康教育""法治教育"和"国情

教育"主题内容,帮助学生建立多维认知框架,确立正确的世界观、人生观、价值观。

📖 **教资考试链接** ————————————————

2023(上)道德与法治学科知识与教学能力(初级中学)

【简答题】

31. 近日,某地法院审结的一起高空抛物案件引发各方关注,因无法查清行为人,18名涉诉楼栋的业主被判共同承担责任。

参考答案

《中华人民共和国民法典》第一千二百五十四条规定,"禁止从建筑物中抛掷物品。从建筑物中抛掷物品或者从建筑物上坠落的物品造成他人损害的,由侵权人依法承担侵权责任;经调查难以确定具体侵权人的,除能够证明自己不是侵权人的外,由可能加害的建筑物使用人给予补偿。可能加害的建筑物使用人补偿后,有权向侵权人追偿……发生本条第一款规定的情形的,公安等机关应当依法及时调查,查清责任人"。

问题:根据材料,运用道德与法治的相关知识,简析如何治理高空抛物行为?

第三节　高中思想政治课程的内容

总体上说,高中思想政治课程以马克思列宁主义、中国化时代化的马克思主义,特别是习近平新时代中国特色社会主义思想为指导,"全面贯彻新时代党的教育方针,落实立德树人根本任务,以课程标准为依据,突出思想政治关键课程的作用,系统有机融入社会主义核心价值观,充分体现马克思主义中国化最新成果,紧密结合中国特色社会主义伟大实践,贴近学生学习、生活、思想实际,引导学生爱党、爱国、爱社会主义,坚定'四个自信',形成正确的世界观、人生观、价值观"①。为了实现这一目标,高中思想政治课程设置为必修课程、选择性必修课程以及选修课程三大类。其中,必修课程设置的四个模块分别为"中国特色社会主义""经济与社会""政治

————————————————

① 韩震.教材15讲[M].北京:北京师范大学出版社,2023:36.

与法治""哲学与文化";选择性必修课程包括"当代国际政治与经济""法律与生活""逻辑与思维"三个模块;选修课程分别为"财经与生活""法官与律师""历史上的哲学家"。

一、必修课程内容[①]

模块	内容概述	主题	具体内容
中国特色社会主义	着眼于人类社会的发展历程,立足于中国特色社会主义的伟大实践,明确中国特色社会主义是科学社会主义理论逻辑与中国社会发展历史逻辑的辩证统一,中国特色社会主义已进入新时代,帮助学生树立为共产主义远大理想和中国特色社会主义共同理想而奋斗的信念	人类社会发展的进程与趋势	• 描述不同社会形态的本质特征;解释人类社会发展的一般过程,阐明社会发展的历史进程取决于社会基本矛盾的运动。 • 分析资本主义社会的历史地位,概述社会主义从空想到科学、从理论到现实的历史轨迹,阐明人类社会发展的趋势。
		中国特色社会主义的开创与发展	• 阐述新民主主义革命的性质和特点,理解新中国确立社会主义制度的历史必然性。 • 阐明中国特色社会主义道路、理论、制度、文化是党和人民长期奋斗、创造、积累的根本成就。 • 论证中国特色社会主义是当代中国发展的根本方向,坚定坚持和发展中国特色社会主义的自信。 • 阐明中国特色社会主义进入新时代,我们比历史上任何时期都更接近、更有信心和能力实现中华民族伟大复兴的目标,明确把爱国情、强国志、报国行自觉融入坚持和发展中国特色社会主义事业、建设社会主义现代化强国、实现中华民族伟大复兴的奋斗之中。

---

① 中华人民共和国教育部.普通高中思想政治课程标准(2017年版2020年修订)[S].北京:人民教育出版社,2020:11-23.

模块	内容概述	主题	具体内容
经济与社会	依据习近平新时代中国特色社会主义经济思想的基本原理,讲述我国社会主义基本经济制度,解析社会主义市场经济的基本特征,阐释指导我国经济社会发展的新理念,帮助学生理解全面深化改革的意义,提升在新时代参与社会主义现代化建设的能力	经济制度与经济体制	• 理解公有制为主体、多种所有制经济共同发展,按劳分配为主体、多种分配方式并存,社会主义市场经济体制等社会主义基本经济制度,既体现了社会主义制度优越性,又同我国社会主义初级阶段社会生产力发展水平相适应,是党和人民的伟大创造。 • 了解各种所有制经济的地位与作用,阐释公有制经济与非公有制经济相互促进、共同发展,明确坚持毫不动摇巩固和发展公有制经济,毫不动摇鼓励、支持、引导非公有制经济发展。 • 阐述建设高标准市场体系的意义,辨析经济运行中政府与市场的关系,解析宏观调控的目标与手段。
		经济发展与社会进步	• 阐释以人民为中心的发展思想和创新、协调、绿色、开放、共享的新发展理念,解释经济发展方式的转变和供给侧结构性改革,评析经济发展中践行社会责任的实例。 • 了解我国个人收入的方式与合法途径,解释个人收入分配政策的完善;评析实现共同富裕、促进社会公平正义的收入分配与社会保障政策,列举完善社会保障体系的措施。 • 阐明劳动对社会发展和进步的意义,弘扬劳动精神,树立崇尚劳动、热爱劳动的观念。
政治与法治		中国共产党的领导	• 引述宪法序言,说明没有共产党就没有新中国,阐明中国共产党成为执政党的必然性。 • 引述党章规定,明确党的性质、宗旨和指导思想。 • 理解坚持党对一切工作领导的意义,阐述中国共产党依宪执政、依法执政的道理、方式和表现。

续　表

模块	内容概述	主题	具体内容
政治与法治	以党的领导、人民当家作主、依法治国有机统一为主线,讲述党的领导是人民当家作主和依法治国的根本保证,人民当家作主是社会主义民主政治的本质特征,依法治国是党领导人民治理国家的基本方式,奠定学生政治立场与法治思维的基础	人民当家作主	• 列举宪法有关人民主体地位的规定,说明我国是人民民主专政的社会主义国家,人民代表大会制度是我国的根本政治制度。 • 阐明中国共产党领导的多党合作和政治协商制度是具有中国特色的基本政治制度。 • 阐述民族区域自治制度是符合我国国情的基本政治制度,铸牢中华民族共同体意识;解释公民享有宗教信仰自由的含义。 • 领悟基层群众自治制度是我国人民依法直接行使民主权利的基本政治制度。
		依法治国	• 简述我国法治建设的成就;明确全面推进依法治国的总目标是建设中国特色社会主义法治体系,建设社会主义法治国家。 • 搜集材料,阐述科学立法、严格执法、公正司法、全民守法的基本要求。 • 列举事例,阐明建设法治国家、法治政府、法治社会的意义。
哲学与文化	阐明马克思主义哲学是科学的世界观和方法论,讲述辩证唯物主义和历史唯物主义基本观点,坚持实践的观点、历史的观点、辩证的观点、发展的观点,在实践中认识真理、检验真理、发展真理;讲述社会生活及个人成长中价值判断、行为选择和文化自信的意义;为培育学生思想政治学科核心素养,奠定世界观、人生观、价值观基础	探索世界与追求真理	• 比较哲学思维与日常思维的异同;理解哲学是时代精神的精华,阐明马克思主义哲学是科学的世界观和方法论。 • 了解人的实践活动的特性和作用,理解社会生活的实践本质;阐明实践是认识的基础,是检验真理的唯一标准;阐述认识运动的辩证发展过程。 • 说明思维和存在的关系问题,阐释世界的统一性在于它的物质性;表达无神论立场;表明坚持一切从实际出发、实事求是的态度。 • 描述世界是普遍联系、永恒运动的,领会全面地、发展地看问题的意义,学会运用矛盾分析法观察和处理问题。
		认识社会与价值选择	• 领悟社会存在决定社会意识,理解价值观的形成与时代和环境密切相关;解析价值观差异与冲突产生的社会根源,能够进行合理的价值判断和行为选择。 • 理解价值观对人们行为的导向作用,探寻实现人生价值的条件和途径,践行社会主义核心价值观。

续　表

模块	内容概述	主题	具体内容
哲学与文化		文化传承与文化创新	• 辩证地看待传统文化,领会对中华优秀传统文化进行创造性转化、创新性发展的重要意义,弘扬民族精神。 • 感悟世界文化的多样性,理解文化多样性的价值,明确文化交流互鉴的途径和意义。 • 辨识各种文化现象,领悟优秀文化作品的影响力和感召力;展示中国特色社会主义文化自信。

高中思想政治 4 本必修教材采用总分式编写结构。其中必修 1 作为总论部分,系统梳理中国特色社会主义的形成脉络与发展逻辑,帮助学生建立整体认知;必修 2 至必修 4 则采取分论形式,分别从经济、政治、文化等不同实践领域展开深入阐释,指导学生具体掌握坚持和发展中国特色社会主义的方法路径。从教学目标维度分析,必修 1—3 着重培育学生的道路自信、理论自信和制度自信,必修 4 则聚焦强化理论自信与文化自信。

📖 教资考试链接

2023(上)思想政治学科知识与教学能力(高级中学)

参考答案

【材料分析题】

31. 材料:全国脱贫攻坚总结表彰大会于 2021 年 2 月 25 日上午在北京人民大会堂隆重举行,习近平总书记向全国脱贫攻坚楷模荣誉称号获得者颁授奖章、证书、奖牌。云南省丽江市华坪女子高级中学党支部书记、校长张桂梅是其中一员。她胸怀梦想、矢志不渝,扎根边疆教育一线 40 余年,推动创建了中国第一所公办免费女子高中。她身患绝症,却拖着病体坚守三尺讲台,建校 12 年来帮助 1800 多名女孩走出大山,走进大学。

问题:联系思想政治学科的哲学知识,谈谈张桂梅先进事迹对当代青年实现人生价值的启示。

2024(上)思想政治学科知识与教学能力(高级中学)

参考答案

【材料分析题】

34.材料

综合探究:经济全球化与中国

探究活动目标:第一,针对新世纪新阶段经济全球化深入发展的新形势下所面临的机遇与挑战,提出合理的建议与对策。第二,培养理论联系实际、运用理论解决实际问题的能力。第三,培养实际本领和责任感。第四,培养合作与探究的能力。

探究活动建议:第一,将活动分为若干个专题,以小组为单位,分专题探讨。第二,收集相关资料。第三,结合实际,提出建议与对策。第四,各小组交流成果,全班形成一个完整的方案。

探究路径参考:在经济全球化进程中……近年来,许多外国企业纷纷在中国投资建厂……

问题:请简要分析综合探究"经济全球化与中国"的个体结构与功能。

二、选择性必修课程内容①

模块	内容概述	主题	内容要求
当代国际政治与经济		各具特色的国家	• 了解国体和政体的关系,揭示国家的本质,理解国家管理形式的多样性。 • 解析国家的结构形式,理解维护国家统一、捍卫国家主权的意义。 • 引用实例,比较不同国家的特点及其发展状况,阐明我国的总体国家安全观。

---

① 中华人民共和国教育部.普通高中思想政治课程标准(2017 年版 2020 年修订)[S]. 北京：人民教育出版社,2020:24-32.

续 表

模块	内容概述	主题	内容要求
当代国际政治与经济	围绕当今世界多极化与经济全球化趋势,解析不同的国家性质和国家形式,说明国际关系的主要影响因素和世界经济发展的基本特点,介绍国际组织的主要类型及其作用,引导学生在拓展国际视野的过程中,坚持总体国家安全观,坚定不移地走中国特色社会主义道路,积极贡献中国智慧和力量,推动构建人类命运共同体	世界多极化	• 引用国家之间合作、竞争、冲突的实例,印证国家利益和国家实力是决定国际关系的主要因素。 • 引述有关资料,全面阐述和平与发展是当今时代的主题,描述世界多极化趋势;解释我国独立自主的和平外交政策,阐述合作共赢的理念,认识构建人类命运共同体的意义。 • 阐明霸权主义、强权政治的危害,了解共商共建共享的全球治理观,理解国际关系民主化的意义。
		经济全球化	• 辨识国际经济中的比较优势,描述当代国际经济发展的基本特点和趋势。 • 分析经济全球化的机遇和挑战,坚持正确义利观,阐释推动建设开放型世界经济的意义。 • 引用实例,说明中国如何推动经济全球化朝着更加开放、包容、普惠、平衡、共赢的方向发展。
		国际组织	• 阐释联合国宪章倡导的国际关系基本准则,评析联合国在国际事务中发挥的作用;分析世界贸易组织、世界银行、国际货币基金组织在国际经济事务中发挥的作用。 • 识别主要的区域性国际组织,评价区域性国际组织在国际事务中发挥的作用。
法律与生活	聚焦公民依法维护合法权益的法律行为,介绍公民一般的民事权利和义务,了解婚姻家庭中的法律关系和法律责任、劳动关系的法律保障、社会纠纷的解决机制和法律程序,为学生进一步发展思想政治学科核心素养、增强法治意识,提供日常生活中的法律常识	民事权利与义务	• 了解我国民法的基本原则,识别我国公民的民事权利和民事责任。 • 列举物权法的基本原则和物权的主要类型,懂得维护物权的途径。 • 简述合同的含义和价值,理解合同的主要内容和违约责任,了解合同订立的程序,熟悉解决合同纠纷的途径。 • 理解侵权责任的内容,树立依法承担责任的观念。
		家庭与婚姻	• 熟知监护、抚养、扶养、赡养、继承等民事关系,培育家庭责任意识。 • 理解婚姻法律关系,阐释正确的婚姻家庭观念。

续　表

模块	内容概述	主题	内容要求
法律与生活		就业与创业	• 了解劳动法的基本原则,理解劳动者的权利和义务,解释劳动合同的主要内容,熟悉劳动者依法维权的途径和方式。 • 列举与创业有关的企业登记、企业信息公示、税收和知识产权保护等基本法律制度,评述市场竞争的基本规则,说明依法经营的必要性。
		社会争议解决	• 识别人民调解、行政调解等不同的调解方式,明确调解制度的特点和程序。 • 列举劳动人事争议仲裁、经济仲裁等仲裁形式,明确仲裁制度的特点和程序。 • 解析民事诉讼、刑事诉讼、行政诉讼的特点和程序,说明不同诉讼中的举证规则,树立证据意识。 • 概述公民的诉讼权利,熟悉公民获得法律援助的渠道。
逻辑与思维	通过科学思维的训练,引导学生掌握科学思维的基本要求,把握逻辑思维和辩证思维的方法,提高创新思维能力,学会运用科学思维探索世界、认识世界	学会科学思维	• 描述常见的思维活动,体会思维是人类所特有的属性,了解思维的基本形态和特征;懂得正确思维的基本条件。 • 区分抽象思维和形象思维;掌握科学思维的特点,体悟学会科学思维的意义。
		遵循逻辑思维要求	• 知道概念是反映事物本质属性的思维形式;理解任何概念都是内涵和外延的统一。 • 知道判断的基本特征;了解形成恰当判断的条件;学会正确运用判断;结合具体的判断活动,区分判断的不同类型。 • 了解推理的类型;掌握演绎推理的方法;学会归纳推理、类比推理;评析常见的推理错误。 • 辨析常见的逻辑错误,掌握形式逻辑的三个基本规律。
		运用辩证思维方法	• 结合对复杂事物的把握,体会辩证思维的特征;理解分析与综合的辩证关系。 • 联系事物发展过程中的渐进性和飞跃性,懂得事物的发展过程是量变与质变的统一;理解质量互变规律;把握适度原则。 • 辨析简单肯定一切或否定一切的危害,解析认识经由"感性具体—思维抽象—思维具体"的途径;了解辩证否定观的实质;体会认识不断深化的历程。

续　表

模块	内容概述	主题	内容要求
逻辑与思维		提高创新思维能力	• 体会联想思维中迁移、想象的运用；了解联想思维的方法和特点；知道迁移、想象在创新思维中的作用。 • 了解发散思维中所采取的推测等方法；概括发散思维的特点；知道聚合思维和发散思维的功能。 • 分析逆向思维的依据和优势；发挥正向思维和逆向思维的互补作用。 • 体会超前思维是对常识局限性的突破和超越；把握超前思维的探索性、预测性特点；了解创造性预测事物发展态势的意义。

　　高中思想政治选择性必修的 3 册教材在必修教材内容的基础上，进一步强化了"法治教育""总体国家安全观教育""辩证唯物主义与历史唯物主义世界观与方法论教育"三大主题内容。培养学生运用全球视野分析人类社会发展大势、运用法律手段解决日常问题、运用科学思维探索认知世界，最终达成使学生增强国际视野与法治意识、系统掌握马克思主义方法论的教学目标。

三、选修课程内容①

模块	内容概述	主题	内容要求
财经与生活	本课程模块的目的是帮助学生在中国特色社会主义新时代,更好地立足于社会主义市场经济运行和社会主义现代化建设的需要,了解经济生活的基本概念和原理,提升学生正确理解和积极参与经济生活的能力,帮助学生进一步树立正确的财富观与人生观,坚持公正、法治的价值取向,践行敬业、诚信的价值准则	货币与市场	• 描述货币形态的变迁,了解货币的职能,树立正确的金钱观。 • 知道影响货币供求的主要因素,解析中央银行和商业银行在货币供应中的作用。 • 说明市场供求与价格的关系,解析市场价格如何引导资源合理配置,阐释维护市场竞争与交易秩序的意义。
		收入与支出	• 归纳影响个人收入和消费水平的主要因素,分析消费结构变迁的主要规律。 • 概括影响消费决策的主要因素,解析绿色低碳的生活方式,反对奢侈浪费和不合理消费,坚定走生产发展、生活富裕、生态良好的文明发展道路。 • 说明政府筹集收入的途径,了解政府的主要支出,阐明依法纳税的意义。
		投资与理财	• 运用实例,描述主要的金融市场,分析它们在我国经济生活中发挥的主要功能。 • 比较各种常见的投资理财方式;探讨投资理财风险的管控与规避,合理确定投资理财组合,树立正确的财富积累观念。 • 运用实例,阐释财务管理的基本原则,了解财务管理的根本方法。
		企业与就业	• 对比不同类型的企业,了解公司的组织机构,理解成本、收益和利润。 • 探讨增强企业竞争力的途径,了解企业失信联合惩戒制度措施,剖析企业诚信经营的价值。 • 评述提高就业率的措施,阐发正确的就业观,弘扬劳模精神和工匠精神,营造劳动光荣的社会风尚和精益求精的敬业风气。

---

① 中华人民共和国教育部.普通高中思想政治课程标准(2017 年版 2020 年修订)[S].北京:人民教育出版社,2020:32-35.

续　表

模块	内容概述	主题	内容要求
法官与律师	本课程模块,目的是帮助学生更多地了解法官和律师这两种有代表性的法律职业的不同职责和共同使命;理解法官和律师对于维护公平正义、推动社会进步、满足人民美好生活需要的作用;在建设社会主义法治文化的实践中,不断增强法治意识,进一步提高法治思维和用法、护法能力	法官的职责	• 简述人民法院的机构设置;明确法官的任职条件、主要职责,以及义务和权利。 • 评析法官的职业道德准则。 • 概括法官对维护司法公正的价值。
		审判程序	• 简述民事诉讼的审判程序。 • 简述刑事诉讼的审判程序。 • 简述行政诉讼的审判程序。
		律师的职责	• 简述律师的执业条件、业务范围和权利义务。 • 了解律师的职业道德和执业纪律。 • 评析律师维护社会正义的价值。
		辩护和代理	• 简述律师刑事辩护的基本要求,阅读辩护词。 • 概述律师民事代理的业务范围,阅读代理词。
历史上的哲学家	本课程模块,目的是帮助学生更多地了解中外历史上唯物主义与唯心主义哲学流派的代表人物及其核心思想;通过对不同哲学观点进行比较、鉴别和评价,看到哲学的时代价值及其影响历史进程的作用;每一个时代的理论思维,都是历史的产物,学习哲学史可以帮助我们提高理论思维水平,更加自觉地理解和掌握马克思主义哲学原理。	百家争鸣的时代	• 简述老子的生平和著作,了解道家哲学的思想观点。 • 熟悉孔子的生平和思想,评析儒家哲学的代表人物和思想观点。
		理学与心学的演变	• 知道宋明理学的代表人物及其思想观点。 • 了解陆王心学的代表人物及其思想观点。
		西方哲学的起源	• 简述古希腊哲学从泰勒斯到德谟克利特的发展历程。 • 概述从苏格拉底经柏拉图到亚里士多德的哲学思想发展脉络。
		西方哲学的发展	• 列举经验论和唯理论哲学的代表人物和思想观点。 • 列举十八世纪法国唯物主义的代表人物和思想观点。 • 概述德国古典哲学的发展脉络、代表人物和思想观点。 • 了解德国古典哲学的终结与马克思主义哲学的革命性变革。

　　综合分析高中思想政治课程的三大类,可以发现:必修课程是全体学生必须掌握的学科基础,聚焦学科核心素养培育,着力强化国情认知与价值观框架;选择性必修课程作为必修内容的深化与延伸,主要面向高考选考政治学科的学生,通过强化理论深度与实践能力,实现与高校思想政治理论课的衔接;选修课程则以兴趣拓展为导向,运用跨学科整合与生活化案例拓宽认知视野。三大模块构建出"基础奠基—专业深化—个性拓展"的阶梯式体系,在确保国家课程目标统一性的同时,兼顾学生发展的多样需求;从内容维度分析,必修课程以基础性、综合性内容为核心,帮助学生构建中国特色社会主义理论与实践的知识框架;选择性必修课程在必修基础上纵向深化,聚焦具体领域,突出专业性和系统性;选修课程则实施横向拓展,通过生活化场景和跨学科内容强化应用导向与兴趣培养。三大模块形成"主干—分支—枝叶"的有机结构:必修课程构筑理论根基,选择性必修细化专业脉络,选修课程延伸实践维度,共同覆盖学科核心体系与多元应用场景,共同促进高中学段学生思想政治素养的全面提升。

第四章　思想政治课程的实施建议

学习要点：

1. 课程实施的影响因素。
2. 初中思想政治教学评价要遵循的基本原则。
3. 初中思想政治课程资源开发与利用策略。
4. 高中思想政治教学和评价应注意的问题。
5. 高中思想政治课程资源开发与利用策略。

第一节　课程实施概述

课程实施是将课程设计转化为教学行动的核心环节，也是课程目标具体落实、教育理念转化为育人成效的关键过程。因此，有必要明确课程实施的内涵特征，系统把握课程实施的基本取向及其影响因素。

一、课程实施的含义

课程实施是指把课程计划付诸实践的过程，是达到预期课程目标的基本途径。"由于课程实施近30年来才成为人们广泛注意的课题，人们对它的理解和解释有很大的差异。"[①]《教育大辞典》将课程实施诠释为将课程方案具体化的过程，进而明确指出，课程实施主要分为程序化精确型和适应化修正型两大类。程序化精确型强调在课程实施前制定详尽的计划和评价指标，目的是确保实施结果与既定目标的高度一致。而适应化修正型则

---

① 施良方.课程理论：课程的基础、原理与问题[M].2版.北京：教育科学出版社，2020：119-120.

更为灵活,允许使用者根据实际情况对课程方案进行选择或调整,以增强课程的适应性和实效性。[①] 换言之,程序化精确型的课程实施理念,其核心在于将课程计划视为课程实施的根本逻辑基础,并以教师所教授的课程作为实施过程的起点。在这一理念指导下,课程实施的实践逻辑聚焦于通过系统培训教师,确保他们对课程计划的忠诚执行,从而实现预定目标。与此相对照,适应化修正型课程实施理念则主张超越课程计划的框架,将教学活动的实际过程视为课程实施的起点。这种课程实施类型强调教学活动的创新与生成,鼓励教师和学生变革学习方式,支持他们在遵循课程计划的基础上进行适当的调整与超越。两种理念均认同课程实施是一种实践活动,但在理解理论课程计划与实践教学活动的关系,以及如何处理二者之间的差异上,表现出不同的侧重点。[②]

二、课程实施的基本取向

课程实施取向体现了对课程执行过程本质属性的不同理解,以及这些理解背后所反映的价值观念。在课程实施过程中,由于持不同的教育价值观,相应地会对课程实施产生不同认识,并会以不同的态度和方式参与课程实施。借鉴北美课程改革的实际案例,富兰(M. Fullan)与庞弗雷特(A. Pomfret)提炼出了课程实施的三种主要取向:得过且过取向(muddling through orientation)、适应取向(adaptation orientation)和忠实取向(fidelity orientation)[③]。在此基础上,辛德尔(J. Snyder)等人进一步提炼和拓展,将其概括为"忠实取向""相互适应取向"和"创生取向"[④]。

(一)忠实取向

忠实取向即视课程实施为忠实执行课程方案的过程。这种观点强调课程设计的优先性与重要性,强调事前规划的课程方案具有示范作用,教师应当不折不扣地执行。倘若教师不能忠实地实施课程,则认为投资可观的资源、时间与精力以及规划最佳的学校课程就前功尽弃了。课程实施的

---

① 顾明远.教育大辞典.增订合编版(上)[M].上海:上海教育出版社,1998:2118.
② 王鉴,刘莹.再论课程实施的实践逻辑[J].教育研究,2022,43(10):108.
③ 施良方.课程理论:课程的基础、原理与问题[M].2版.北京:教育科学出版社,2020:122.
④ 转引自张华.课程与教学论[M].上海:上海教育出版社,2001:336.

忠实取向没有给教师留下太多弹性与自由发挥的空间,不鼓励或允许个别教师在自己的课堂情境中修改课程内容。其基本假设是,教师的课程实施选择权愈少,则课程实施的方法愈明确,课程实施就愈"忠实"。

忠实取向的课程实施适用于某些特定的课程情境,特别是课程内容极为复杂、困难且不容易被学生精熟掌握的新课程方案,或是学生的理解有赖于配合课程内容的特定安排,因此,课程实施的顺序有必要在课前加以规定。然而,课程的规范说明与行政命令规定可以规范课程科目知识的最小范围与最低标准,但无法硬性限制师生的最大选择范围与最高成就标准,更不应该限制师生对学习方法的选择。

(二)相互调适取向

相互调适取向即把课程实施视为课程设计人员与课程实施者双方同意进行修正调整,采用最有效的方法以确保课程实施效果的过程。相互调适取向强调课程实施不是单向的传递、接受,而是双向的互动与改变的过程。课程方案有必要根据学校教育的实际情况进行弹性调整。事实上,所有的课程方案在实施过程中都必须经过修正调整,才能适用于特定的课堂情境,也只有这样,教师才能协助学生获得最大的学习效能。

相互调适取向认为,一项课程方案付诸实施之后,可能会发生两方面的变化:一方面,既定的课程方案会发生变化,以适应各种具体实践情境的特殊需要;另一方面,既有的课程实践会发生变化,以适应课程方案的特定要求。课程实施中的相互调适是必要的,也是必然的。相互调适取向倾向于把课程变革视为一种复杂的、非线性的和不可预知的过程,而不是预期目标与规划方案的线性演绎过程。它考虑了具体实践情境,如社区条件、学校情境、师生特点等对课程实施的影响,反映了师生的主动性以及课程实施的复杂性、不确定性和过程性。与忠实取向相比,相互调适取向更符合课程实施的实际情况。

(三)创生取向

课程创生取向即把课程实施视为师生在具体的课堂情境中共同合作、创造新的教育经验的过程。真正的课程并不是在实施之前就固定下来的,而是情境化、人格化的。课程实施本质上是在具体的课堂情境中"创生"新的教育经验的过程。既有的课程方案只是被用以创造教育教学经验的工具。课程创生取向强调"课程是实践",认为课程不是被传递的教材或课表,也不是理所当然的命令与教条,而是需要被质疑、批判、验证和改写的假设。

此外,课程创生取向强调"教师即课程"。教师是决定课程实施成败的关键角色。专家设计的课程仅仅是一种暂时性的假设,教师需要在课堂教学中加以实验,与学生交互作用,与同事讨论对话,经由这种过程建构的结果才是知识。教师和学生是在观察、实验、分析、对话和争论中建构知识的。因此,课程创生取向认为教师必须改变角色,做一个学习者、反思者。学校的每一位教师都应成为课程设计者,每一间教室都应成为课程实验室,每一所学校都应成为教育社区。由于课程创生取向强调教师和学生在课程开发中的创造性,重视教师和学生在课程制定过程中的作用,因此这一取向对教师和学生的要求很高,推行的范围相对有限。

上述三种取向从不同侧面揭示了课程实施的本质,各有其存在的价值。从忠实取向到相互调适取向,再到课程创生取向,体现了教育领域对课程实施的关注,体现了课程变革的发展方向。其观点都有各自的价值判断及合理性,能够帮助我们更清楚地认识课程实施。

三、影响课程实施的基本因素

探讨影响课程实施的因素,提高课程实施的质量,是课程实施研究的重要内容。20世纪60年代以来,关于课程实施的影响因素曾有过大量的研究,归纳起来,主要有以下几个方面:

(一)课程计划的特性

课程计划是根据教育目的和不同类型学校的教育任务,由国家教育主管部门制定的有关教学和教育工作的指导性文件。课程实施旨在将这种具有指导意义的课程计划引入实践,加以施行。因此,课程计划的特性是影响课程实施的一个因素。倘若课程计划是与现实需求和公共认识相吻合的,课程目标与手段之间的关系是明确的,对课程实施者的要求是他们力所能及的,课程质量高且易于使用,那么课程实施的效果就会比较好。

(二)交流与合作

交流可以是课程编制者与实施者的交流,也可以是实施者之间的交流。经常交流有关课程计划方面的情况对成功的课程实施来说是极为重要的。通过交流,课程编制者可以向实施者表达隐含在课程中的基本假设、价值取向，可以提供一些有利于实施的建议，还可以传递其他地区和学校课程实施的一些情况。通过交流，课程实施者之间也可以了解各自实施课程的情况、存在的问题，以及一些值得借鉴的做法等，从而达到取长补短的目的。这些交流有助于课程实施者加深对课程计划的认识和对课程内容的理解，从而促进课程的成功实施。

（三）课程实施的组织和领导

各级教育行政部门和学校领导对课程计划的实施负有领导、组织、安排、检查等职责。各种规章制度固然必不可少，这是课程实施成功的保证。但最重要的还是做好人的思想工作，因为尽管我们开辟了多种渠道让教师有交流的机会，但是如果教师对新的课程计划抱有成见，这些渠道也会失去意义。一般而言，采用新的课程对教师来说，意味着要放弃原本熟悉的一套方法和程序，而且有些曾经是很成功的做法。所以西方有的学者甚至认为："课程实施的最大障碍就是教师的惰性。"这里的"惰性"，我们可以把它理解为"习惯做法"。所以学校领导要在学校里营造一种氛围，让所有教师都感受到他们的意见和建议是受欢迎的，并会尊重他们的各种尝试。

（四）教师的培训

教师是课程实施过程中最直接的参与者。新的课程计划成功与否，教师的素质、态度、适应和提高是关键影响因素。事实表明，一些课程计划没有取得预期效果并不是课程计划本身的问题，而是教师不积极参与或不能适应的缘故。虽然通过各种交流可以提高教师的理解和认识，但课程实施所需要的技能、方法和策略都离不开相应的培训，至少要让年级组长、教研室主任或骨干教师接受正规的培训，以便他们能够发挥表率的作用。

（五）各种外部因素的支持

新的课程计划的实施需要得到社会各界的支持。新闻媒介、社会团体、学生家长的理解和支持，可以成为推动课程改革的无形动力。例如，国家和地方政府政策的倾斜、财政和物质资源、技术支援等，也会对课程实施产生很大的影响。此外，有些课程，尤其是现在日益受到重视的中学职业技术教育方面的课程，需要以一定的政策保障或财力、物力为基础。当然，社会各界的各种协助（包括技术帮助）也会有助于课程实施。

第二节　思想政治课程教学与评价建议

　　基于对三种取向的课程实施的理解，可以认为：中学思想政治课程的实施，既是对课程计划的忠实执行，也是对其内涵的超越与创新，体现为在执行过程中的持续发展与完善。缺乏课程计划，课程实施将陷入盲目无序的困境；若缺失创新，课程实施则可能沦为机械重复的流程。因此，中学思想政治课程教师要充分发挥自身的积极性、主动性和创造性，既能清楚了解本学段思想政治课程计划的意图和课程目标，又能持续拓宽自身的知识视野、国际视野和历史视野，进而"通过生动、深入、具体的纵横比较，把一些道理讲明白、讲清楚"①，确保思想政治课程的有效实施。根据中学思想政治《课程标准》的要求，中学思想政治课程的实施需综合考虑教学、评价、教材编写、课程资源开发利用以及教师培训与教学研究等五个关键领域。

一、初中思想政治课程教学与评价建议

　　《义务教育道德与法治课程标准（2022年版）》深入阐述了初中思想政治课程的核心理念，涵盖铸魂育人的课程功能、一体化设计的课程结构、综合性的课程内容、教师主导与学生主体相结合的课程实施，以及多元化的课程评价体系。基于这五大课程理念，《课程标准》不仅从教学目标、内容安排、教学过程、教学方式四个维度提出了具体的教学建议，还就教学评价的原则、内容、方法与环节四个方面给出了针对性的建议。

（一）教学建议②

　　上好道德与法治课，关键在教师。教师要不断提高自己的理论水平和专业素养，按照政治强、情怀深、思维新、视野广、自律严、人格正的要求，坚持政治性和学理性相统一、价值性和知识性相统一、建设性和批判性相统一、理论性和实践性相统一、统一性和多样性相统一、主导性和主体性相统一、灌输性和启发性相统一、显性教育和隐性教育相统一，增强道德与法治

---

　　①　习近平.论教育[M].北京：中央文献出版社，2024：192.
　　②　中华人民共和国教育部.义务教育道德与法治课程标准（2022年版）[S].北京：北京师范大学出版社，2022：47-49.

课程的思想性、理论性和亲和力、针对性。

1. 立足核心素养,制订彰显铸魂育人的教学目标

教师应从发展学生核心素养的角度制订教学目标,将核心素养的培育作为教学的出发点和落脚点,使教学目标在培育学生核心素养方面起到指引性、规定性的作用。

在确立教学目标时,教师要注意以下几点:第一,政治立场鲜明。符合马克思主义基本要求,符合中国特色社会主义基本立场,对错误的社会思潮旗帜鲜明地加以批判。第二,价值导向清晰。符合社会主义核心价值观,坚持马克思主义国家观、民族观、历史观、文化观、宗教观,符合全人类共同价值。第三,知行要求明确。要根据学生年龄特征和不同学段特点对观念认知与道德品行进行科学设计,制订具体、适切和可操作的目标,在教学中引导学生知行合一。

设计具体的教学目标时,要准确理解课程目标的基础理论、基本知识和价值规范,注意以透彻的学理分析回应学生,以彻底的思想理论说服学生,以真理的强大力量引导学生,以情感激发学生,以文化熏陶学生。

📖 教资考试链接 ————————————————————

2023(下)道德与法治学科知识与教学能力(初级中学)

【材料分析题】

34. 某教师在完成《增强民主意识》这一课教学的基础上,布置了下列作业题。

参考答案

民主在生活中处处可见,有利于促进社会和谐,我们要让民主成为一种生活方式。为了加强民主意识,请同学们行动起来,开展探究活动。

【方案设计】为确保作业顺利完成,请设计本次调查活动方案。

【社会调查】请分小组搜集生活中体现民主的具体政治参与行为并记录下来,形成调查报告。

【问题探究】根据调查结果,针对你发现的问题,提出你的建议。

问题:结合材料分析评分方案包括哪些要素。

————————————————————————————————

2. 及时丰富和充实教学内容,反映党和国家重大实践和理论创新成果

教学要围绕课程内容体系,及时跟进社会发展进程,结合国内外影响

较大的时事进行讲解。要将党和国家重大实践和理论创新成果引入课堂，充分体现马克思主义中国化时代化最新成果。要密切联系社会生活和学生生活实际，用富有时代气息的鲜活内容，以学生喜闻乐见的方式，增强道德与法治教育的时效性、生动性、新颖性，让道德与法治课成为有现实关怀和人文温度的课程。

3.把握思想教育基本特征，实现说理教育与启发引导有机结合

思想政治理论、道德与法律规范都不是自发生成的，必须发挥教师在教学中的主导作用，通过讲解让学生了解基本概念、原理和理论。教师既要深入浅出地把道理讲清楚讲透彻，也要启发学生主动学习，加以领悟和理解。

按照灌输性和启发性相统一的原则，教师应做到"灌中有启""启中有灌"。教师在讲述中要注意用可以激发学生兴趣的素材和问题引导学生自己主动思考领会，不搞填鸭式的"硬灌输"；要在鼓励学生主动学习、积极思考的基础上对政治方向和价值导向加以规范和引导，不能"放任自流"。在灌启结合中辩证地理解教师主导性和学生主体性的统一，正视学生的困惑与疑问，并通过摆事实讲道理，让学生心悦诚服地接受结论、水到渠成地得出结论，真正实现以理服人。

 课堂思考

一位道德与法治课教师，在教学上非常重视教课本知识，却不太关注学生的思想认识问题。学生总感觉在这位老师的课上，自己似乎就是一个知识的容器，而且她的课堂就像是为别人定做的鞋子，总是不合自己的脚。

参考答案

问题：结合道德与法治课程与教学的相关理论，简析该教师在教学方面存在的问题并提出改进建议。

4.丰富学生实践体验，促进知行合一

教学要与社会实践活动相结合，加强课内课外联结，实现隐性课程与显性课程的配合。

注重案例教学，选择、设计和运用个人和社会生活中的典型实例，鼓励学生探究、讨论，提高学生的价值辨析能力。案例选择要关注以下几点：一要坚持正面引导为主；二要紧扣时代主题，反映学生关注的现实问题；三要具有真实性、典型性、可扩展性，能够服务核心素养的培育；四要关注学生

的认知水平和接受能力,具有一定的感染力和说服力,能够引起共鸣。

要积极探索议题式、体验式、项目式等多种教学方法,引导学生参与体验,促进感悟与建构。要采取热点分析、角色扮演、情境体验、模拟活动等方式,引导学生开展自主探究与合作探究,让学生认识社会。

📖 教资考试链接 ────────────────────

2024(上)道德与法治学科知识与教学能力(初级中学)

参考答案

【材料分析题】

33.下面是某教师执教"建设美丽中国——正视发展挑战"时的课堂实录片段。

师:通过上述分析,我们不难发现人口问题、资源问题、环境问题是我们国家经济社会发展过程中遇到的严峻挑战,这些问题从本质上说是什么问题? 如何应对呢?

生:是发展问题,应协调它们之间的关系……

师:让我们看看习近平总书记是怎么说的。(出示图片"绿水青山就是金山银山")你是怎么理解的?

生:环境是经济发展的基础;良好的环境就是财富,我们需要保护环境……

师:我们绝不能以牺牲环境为代价来换取一时的经济增长,发展中出现的问题,只有通过转变发展方式才能得到解决,坚持绿色发展,走生产发展、生活富裕、生态良好的文明发展道路,是我们的必然选择。

师:课前,老师请大家对近几年我市为"节约资源、保护环境"做的实事进行调查,下面请各组分享调查结果。

生:绿色能源公交车、共享单车、垃圾分类……

师:我也了解到,老城区污染企业完成搬迁改造;用水用气实施阶梯收费;改善海域生态环境……这些努力让环境越来越好,让我们为家乡骄傲!

师:光骄傲还不行,我们每个人也应该为改善环境踏踏实实做点事儿。课前布置的"争做环保小达人"作业,要求大家利用家里的废旧物品做一些小物件,下面请同学们展示自己的作品。

生:我们用纸壳、泡沫等做的花篮,用易拉罐做的笔筒,还进行了手绘……

师:大家的作品既美观又实用! 通过这节课的学习,同学们有哪些收获?

生：从自己做起，爱护环境；如果发现污染环境的行为，要及时制止，积极举报……

师：大家说得很好，人不负青山，青山定不负人。让我们为建设美丽中国贡献自己的力量。

要求：依据道德与法治课程教学理论，分析该教学过程有哪些值得肯定之处。

（二）教学评价建议①

评价主要涉及价值观念、学习态度、过程表现、学业成就等多方面，贯穿初中思想政治课程学习的全过程和教学的各个环节，具有以评促教、以评促学、以评育人的功能。

1.教学评价基本原则

第一，坚持素养导向，围绕课程目标，依据课程的内容要求、学业要求和学业质量标准，进行全面、综合的评价，要注重从学生理想信念、爱国情怀、担当精神、品德修养、法治观念、日常品行表现等方面加以考查，引导学生践行社会主义核心价值观，弘扬社会主义先进文化、革命文化和中华优秀传统文化。第二，坚持以评促学，倡导以评价促进学习的理念，关注学生真实发生的进步，捕捉、欣赏、尊重学生有创意的、独特的表现，并予以鼓励，不断加深学生的知行体验，引导学生发现自己的潜能，合理运用评价结果改进学习，知行合一。第三，坚持以评促教，通过对学生的过程评价和学习结果反馈，促进教师反思并改进教学方式，使教能够更好地服务于学，努力实现"教—学—评"一致性。第四，重视表现性评价，围绕学生道德与法治课程学习实践性、体验性等特点，注重观察、记录学生在学习、实践、创作等活动中的典型行为和态度特征，运用成果展示、观点交流等形式，对学生的学习情况进行质性分析，同时兼顾其他评价方式的应用。注重引导学生对自己的学习历程进行写实记录，丰富评价内容，提高评价的全面性、准确性。第五，坚持多主体评价，充分发挥学校、教师、学生、家长等不同评价主体或角色的作用，形成多方共同激励的机制，从各个渠道，采取多种方式全面观察和收集学生在各种场景中的日常品行表现，各评价主体之间要充分

---

① 中华人民共和国教育部.义务教育道德与法治课程标准（2022年版）[S].北京：北京师范大学出版社，2022：49-52.

沟通交流,形成育人合力,增强学生学习的动力和信心。

📖 **教资考试链接**

2023(上)道德与法治学科知识与教学能力(初级中学)

参考答案

【材料分析题】

34.下面是某青年教师制订的道德与法治课关于学生日常表现的评价表。

评价内容		评价主体			评价等级(优、良、一般)
		自我评价	同学评价	教师评价	
学习情感	对学习有兴趣				
	完成学习任务				
	积极发表意见				
	关注社会生活				
学习方式	制定学习计划				
	善于提出问题				
	乐于与他人合作				
	虚心听取意见				
	善于总结反思				
学习水平	自主学习能力				
	分析问题能力				
	作业规范正确				
	平时检测成绩				
	实践活动能力				
教师简评					

问题:请结合道德与法治学科的评价理论,评析该评价表的优点和不足之处。

2.教学评价内容

要对学生核心素养的综合发展状况进行评价,兼顾学生学习态度、参与学习活动的程度以及对课程内容的理解应用水平,要着重评价学生在日常生活与学习中表现出的思想政治素养、道德品行、法治观念,以及在真实情境与任务中运用所学知识分析问题、解决问题时所表现出的核心素养发展综合水平。

3.教学评价方法

要综合运用观察、访谈、作业、纸笔测试等方法全面获取和掌握学生核心素养发展的相关信息,加强纸笔测试与观察、谈话等方式的结合,关注不同情境中学生日常品行表现,避免仅凭考试分数判断学生水平的传统单一评价方式。要根据评价情况及时分析原因,调整教学方式。第一,应着重关注学生课堂学习、小组合作、劳动和社会实践中的表现;多视角、全面地观察,获取真实信息,为客观地对学生进行评价提供参考。第二,访谈包括与学生、其他任课教师、家长的谈话交流。要增强针对性,重视学生道德修养、法治观念、规则意识、行为习惯等方面的进步。发挥评价的价值引领作用,尊重学生的人格,保护学生的隐私。第三,作业是学习评价的重要手段,作业内容要结合学生生活,创新作业方式,采用开放性、情境性、体验式等形式多样、难度适宜、数量适当的作业。注重设计带有团队合作性质的、项目任务性质的作业,以掌握学生的学业达成情况,及时评价、反馈、指导学生学习。第四,纸笔测试要根据学业水平要求科学设计试题,灵活设计多种题型,注重考查学生运用知识分析和解决实际问题的能力,发挥其在诊断学情教情、改进教学、评价教学质量等方面的功能;纸笔测试要注重增加综合性、开放性、应用型、探究性试题比例,不出偏题怪题,减少记忆性试题,防止试题难度过大。

 课堂思考

"正确打钩'√',错误打叉'×'。"当前,在道德与法治课作业批改中,多数老师习惯于用"√""×"来简单评判学生的作业,至于评语,至多是"好""认真"或"潦草""重做"等几个字。

参考答案

问题:试用道德与法治课程教学评价相关要求,评析上述材料。

4.主要教学评价环节

第一,课堂评价。课堂评价是教学的有机组成部分。教师应面向全体学生进行评价,评价内容包括学生在学习过程中的道德品行、价值观念、学习态度、课堂学习阶段目标的达成情况等。通过观察、提问、交流、记录等方式,了解学生在合作探究、交流展示以及实践反思等过程中的学习进程、行为表现,分析、把握学生的价值观念、学习态度、学习体验、学习困难,给予必要的指导。评价反馈应注重即时性、生成性、针对性,以鼓励为主,激发学生的积极性,同时指出存在的问题,帮助学生改进学习。第二,作业评价。作业评价既要关注结果,如学习作品,包括内容品质、呈现形式等,也要关注过程,如完成方案策划、素材收集、创意构思等方面的参与状况。在对作业质量进行整体把握的基础上,进一步对作业要素或组成部分进行单项分析。依据作业意图,确定作业评价侧重点,可注重统一要求,也可注重创意表达,处理好两者之间的关系。综合运用质性分析和量化评定,更加重视书面或口头反馈,发挥评价的引导、激励功能。第三,期终评价。期终评价应对学生核心素养发展状况进行全面评定,应包括课堂评价、作业评价和期终考核的结果。其中,期终考核要依据本学期的课程目标、内容、教学实际组织实施,注重采用具有综合性的题目或任务,针对学段特点,可运用家校劳动任务、作品成果展示、纸笔测试、档案袋等方式。第四,评价结果的呈现。评价结果可以采用分项等级制加评语的方式呈现,避免单纯以分数评价学生。评语要简练、中肯、有针对性,使学生准确了解自己的表现和结果,并知道今后的努力方向。针对不同学生的特点,对评价结果要做个性化、发展性的解读。

 课堂思考

以下是道德与法治课教师教学评价采样。

第一组:"没想好不要急于发言""不对!完全没有说到要点""我就知道你不会答,上课为什么不听""这么简单的问题你都不会,没见过你这样笨的学生"……

参考答案

第二组:"你读得很正确,若声音再响亮一点会更好""现在,让我们一起来看看该怎样回答这个问题""你的提问很好,说明你动脑筋了"……

问题:(1)比较上述两组评价,分析它们的区别及对学生的影响。

(2)试阐述上述两组评价给我们的启示。

二、高中思想政治课程教学与评价建议^①

随着基础教育新课程改革的发展,高中思想政治课程越来越关注学生核心素养的养成,倡导开放互动的教学方式与合作探究的学习方式,使学生在充满民主的教学氛围中,提高主动学习和发展的能力。这就要求在教学实施过程中,要运用多种方式、方法,引导学生自主学习、合作学习和探究学习。在教学评价上,要将过程性评价与终结性评价相结合,着重评估学生解决情境化问题的过程和结果。

(一)围绕议题,设计活动型学科课程的教学

活动型学科课程的实施要使活动设计成为教学设计和承载学科内容的重要形式。一方面,要对应结构化的学科内容,力求提供序列化的活动设计,并贯穿于教学全过程;另一方面,要针对相关活动,设计可操作的测评。《课程标准》突出了活动型学科课程在教学实施中的重要作用,而教学设计能否反映活动型学科课程实施的思路,关键在于确定开展活动的议题。这要求教师在备课过程中,应提供"既包含学科课程的具体内容,又展示价值判断的基本观点;既具有开放性、引领性,又体现教学重点、针对学习难点"的议题。除提供议题之外,教师还要设计围绕议题展开的活动,并充分考虑如下因素:第一,提示学生思考问题的情境、运用资料的方法、共同探究的策略,提供表达和解释的机会;第二,明确的目标和清晰的线索,统筹议题涉及的主要内容和相关知识,并进行序列化处理;第三,了解学生对议题的认识状况及原有经验,提高教学的针对性、实效性;第四,了解议题的实践价值,创设丰富多样的教学情境,引导学生面对生活世界的各种现实问题等等。与此相对,活动型学科课程的教学评价,应专注学科核心素养的行为表现,采用"求同"取向与"求异"取向相结合的验证思路,采用多种活动方式,鼓励学生运用相关学科知识和技能,基于不同经验、运用不同视角、利用不同素材,表达不同见解、提出不同的问题解决方案,从而使教学评价内容既包含达成基本观点的过程,也包括实现教学设计的效果。

---

① 中华人民共和国教育部.普通高中思想政治课程标准(2017年版2020年修订)[S].北京:人民教育出版社,2020:41-48.

📖 **教资考试链接** ——————————————————————

2024(上)思想政治学科知识与教学能力(高级中学)

参考答案

【教学设计题】

35. 阅读下面材料,根据要求完成教学设计。

《普通高中思想政治课程标准(2017 年版 2020 年修订)》的实施,要求思想政治课围绕议题,设计活动型学科课程的教学。议题举足轻重,议题教学,是基于我国思想政治课程教育教学的广泛实践和积极应对现实政治课教学问题的一项理论创新,是对传统教学方式的创新与发展,教师根据教学实际与学生实际确定议题,创设真实的场景,让学生在民主、开放的氛围中习得学科知识。

就"政府的权力,依法行使"的议题进行教学,以下是相关教学内容。

政府依法行政

我国实行依法治国,建设社会主义法治国家。政府及其工作人员的权力由法律授予,行使行政权力必须依据宪法和法律规定。这就是依法行政。政府依法行政是贯彻依法治国方略、提高行政管理水平的基本要求,体现了对人民负责的原则。

政府要坚持法定职责必须为、法无授权不可为,勇于负责、敢于担当,坚决纠正不作为、乱作为,坚决克服懒政、怠政,坚决惩处失职、渎职。

政府依法行政具有重要意义。政府依法行政,有利于保障人民群众的权利和自由;有利于加强廉政建设,保证政府及其工作人员不变质,提高政府的权威;有利于防止行政权力的缺失和滥用,提高行政管理水平;有利于带动全社会尊重法律、遵守法律、维护法律,推进社会主义民主法治建设。

科学决策,民主决策,依法决策

政府权力的行使包括决策、执行、监督等环节。

政府必须审慎行使权力、坚持科学决策、民主决策和依法决策。在科学决策方面,不断完善决策信息和智力支持系统,提高决策的科学性;在民主决策方面,增强决策透明度和公众参与度,使决策能够更好地反映民意、集中民智;在依法决策方面,确保决策制度科学、程序正当、过程公开、责任明确。

政府的决策关系国计民生。为减少决策的失误,我国政府正在建立健全决策问责和纠错制度,凡是损害群众利益的做法都要坚决防止和纠正。

要求：根据思想政治活动型学科课程要求，设计教学活动方案。

（二）强化辨析，选择积极价值引领的学习路径

高中思想政治课程的教学与评价，必须凸显价值引领的意义，需要用支撑思想政治学科核心素养的基本观点统整、统筹学科知识。有些学科概念旨在引导学生思考和行动，无须要求学生从理论上掌握其内涵。可通过范例分析展示观点，在价值冲突中深化理解，在比较、鉴别中提高认识，在探究活动中拓宽视野，引领学生认同、坚信社会主义核心价值观。教师应立足于当今信息化环境下学习的新特点，直面社会思想文化的影响相互交织、相互渗透，以及学生接受信息的渠道明显增多的新态势，重点关注对学生学习方式的指导，强化思想政治学科的价值引领作用。着眼于学生思想活动的独立性、选择性、多变性、差异性和高中阶段成长的新特点，逐渐引导学生步入开放的、辨析式的学习路径，理性面对不同观点。在评价这种辨析式学习成功与否时，教师既应重点把握过程与结论的关系，做到过程与结论并重，也要正确把握导向性与开放性的关系，合理引导不同取向，还要恰当处理思想内涵与辨析形式的关系，遵循意义优先、兼顾形式的原则。

（三）优化案例，采用情境创设的综合性教学形式

高中思想政治课程内容涉及哲学、经济学、政治学、法学等学科知识，具有综合性。教学与评价既要体现内容的广泛性，又要关注问题的复杂性；既要多维度观察对象，又要多途径进行探究。应力求凭借相关情境的创设，提供综合的视点，综合提升学生的关键能力。基于此，教师在以案例为载体进行综合性教学时，既要着眼于同一课程模块的内容，综合不同的学科核心素养要素，又要着眼于同一学科核心素养要素，综合不同课程模块的内容。此外，教师要采取有效措施优化案例，其关键在于优化教学情境的功能，使教学情境既有助于呈现并运用相关学科的核心概念和方法，也能有效充当组织教学内容、贯穿逻辑线索的必要环节，从而更有效地支持、服务于学科核心素养的培育。在该教学模式下，教师应注意评价的综合性，既重点考查学生整合知识、理论联系实际、分析和解决问题的能力，也反思和评估情境创设和案例选取是否得当、是否高效，从而进一步优化情境、案例，不断提高教学效率和效果。

教资考试链接

2024(上)思想政治学科知识与教学能力(高级中学)

【简答题】

32. 运用思想政治教学理论相关知识,谈一谈"法治时评"
的基本特点及实施策略。

参考答案

(四)走出教室,迈入社会实践活动的大课堂

高中思想政治学科内容的教学与社会实践活动相结合,是本课程的显
著特点。志愿服务、社会调查、专题访谈、参观访问,以及各种职业体验等
都能为教师教学提供更广阔的空间、更丰富的资源、更真实的情境,是实施
思想政治教学的社会大课堂。教师在开展社会实践活动时,要从学生的成
长需要出发,注重通过乡土资源的开发与利用,丰富教学内容,加深学生对
社会的认识与理解。社会实践活动的评价可以议题为纽带,以活动任务为
依托,不仅评价有关学科内容的学习效果,而且要评价学生在社会实践活
动中表现出来的情感、态度、能力;此外,教师应注意发挥不同评价主体的
主动性,采取以学生的自我记录、自我小结为主,同学、教师、家人、社区工
作人员的评价为补充的形式,增强评价结果的综合性。最后,评价的关注
点应是学科核心素养能否得到提升,教师要注意考察学习目标是否明确,
活动设计是否合理,活动组织是否恰当,活动资源是否充分利用,学生的主
体性、创造性是否得到充分发挥,学生的交往能力是否得到增强,学生是否
有获得感、成就感,由此保证社会实践活动课程的教学实效性。

教资考试链接

2022(下)思想政治学科知识与教学能力(高级中学)

【教学设计题】

35. 阅读下面材料,根据要求完成教学设计。

参考答案

一切从实际出发,实事求是

一切从实际出发,实事求是。我们做事情要尊重物质运动的客观规
律,从客观存在的事物出发,经过调查研究,找出事物本身固有的而不是臆

造的规律性,作为我们行动的依据。

一切从实际出发,实事求是要求我们充分发挥主观能动性,不断解放思想,与时俱进,以求真务实的精神探求事物的本质和规律,用科学的理论武装头脑、指导实践。

一切从实际出发,实事求是要求我们把发挥主观能动性和尊重客观规律结合起来,把高度的革命热情同严谨踏实的科学态度结合起来。既要反对夸大意识能动作用的唯意志主义,又要反对片面强调客观条件,安于现状、因循守旧、无所作为的思想。

要求:依据《普通高中思想政治课程标准(2017 年版 2020 年修订)》的课程实施要求,结合上述内容,设计一个教学活动方案。

第三节　思想政治课程的教材编写与资源开发

"教材建设是育人育才的重要依托。建设什么样的教材体系,核心教材传授什么内容、倡导什么价值,体现国家意志,是国家事权。"[1]"中国特色社会主义进入新时代,我国已经发生'最为广泛而深刻的社会变革''最为宏大而独特的实践创新',这些都对人才培养和学生未来发展有了新的期待,我们必须以习近平新时代中国特色社会主义思想铸魂育人,培养德智体美劳全面发展的社会主义建设者和接班人。"基础教育学段要落实好立德树人根本任务,"就要理直气壮地开好思想政治课,而开好思想政治课就要编好作为思想政治课基本遵循的教材"[2],基于此,依据《课程标准》,"统一编写,统一审查,统一使用思想政治教材,保证了我们的教育培养出来的人有共同的理想和共同的文化基础,能担当民族复兴的大任"[3]。此外,随着基础教育课程改革的深入推进,课程资源的重要性日益凸显,已成为新课程改革的核心要素之一。因此,强化课程资源的开发与利用,不仅是必然趋势,更是推动改革深化的关键措施。如何更好地编写教材、对课程资源进行开发和利用,这既是中学思想政治课程改革面临的一个崭新的课题,也是每一个思想政治教师需要关注的重点问题。

---

① 习近平.论教育[M].北京:中央文献出版社,2024:153.
② 韩震.教材 15 讲[M].北京:北京大学出版社,2023:33.
③ 韩震.教材 15 讲[M].北京:北京大学出版社,2023:16.

一、初中思想政治课程教材编写与资源开发建议

初中思想政治课程所具有的政治性、思想性、综合性与实践性特点,对教材的编写和教学资源的开发提出了高标准与严格要求。这一过程不可随意为之,而是必须遵循特定的方法、原则和规范,以确保课程内容的科学性、系统性和实效性。

(一)教材编写原则①

根据《义务教育道德与法治课程标准(2022年版)》要求,初中思想政治课程教材的编写工作需严格遵循以下五项基本原则:

1. 坚持正确的政治方向和价值导向

初中思想政治教材要坚持以习近平新时代中国特色社会主义思想为指导,将坚持正确的政治立场作为首位要求,旗帜鲜明地批判错误观点和思潮,全面贯彻习近平新时代中国特色社会主义思想,有机融入重大主题教育内容,用正确的理论武装青少年头脑,打造培根铸魂、启智增慧的精品教材。

2. 与党和国家重大理论创新同步推进

中国特色社会主义是前无古人的事业,实践发展永无止境,理论创新也永无止境。在教材编写中要充分、及时反映中国特色社会主义实践和理论创新的最新成果,根据时代变化不断充实新的内容。

3. 按照大中小学德育一体化的要求建构内容

强化一体化设计,按照小学低、中、高年级和初中四个学段,学习要求循序渐进,螺旋上升,学习内容各有侧重,实现教材内容的相互衔接、层层递进。在教材设计上要关注与学前教育和高中教育的衔接。

4. 教材设计要基于学生不断扩大的生活范围,着眼于发展学生的核心素养

充分关注学生可感受、可参与的社会生活,引导学生通过分析和解决现实生活问题,逐步扩展和深化自己的认识,学会正确的思维方法,树立正确的世界观、人生观、价值观。教材的呈现要有利于培育核心素养,有助于

---

① 中华人民共和国教育部.义务教育道德与法治课程标准(2022年版)[S].北京:北京师范大学出版社,2022:57-58.

学生通过自主探究提高思维水平。

5.教材设计要紧密结合中国社会现实

选取具有时代特色的素材,以符合学生身心发展特点的方式加以呈现,引导学生关注国家和社会发展。

(二)教材内容选择

第一,要重点呈现马克思主义基本原理,以及马克思主义中国化时代化的重大成果,特别是习近平新时代中国特色社会主义思想,充分反映中国特色社会主义重大实践和理论创新成果。第二,要遵循思想政治理论教育规律,充分体现道德与法治课程的综合性。根据学生身心不断发育成长的实际,以道德教育和法治教育内容为主,以生命安全与健康教育、中华优秀传统文化教育、革命传统教育、国情教育为主题,借鉴人类文明优秀成果,有机融入国家安全教育、劳动教育以及信息素养教育、金融素养教育等相关内容和素材,形成主次分明、层次清晰、相互支撑、螺旋上升的内容体系,全面落实道德与法治课程的育人功能。第三,要遵循学生成长规律和认知规律,与学生的认知水平相适应。要着眼于学生的真实生活和现实问题,为学生的自主学习提供有效、渐进的阶梯,实现课程逻辑与实践逻辑、理论知识与生活关切相结合。第四,既要注重育人要求的一致性,也要适应学生认知水平等差异。既要着眼于学生全面发展,阐述道德与法治课程的基本概念、基本知识和基本方法,符合规定的知识类别、覆盖广度、难易程度等,也要考虑城乡、区域差别。

(三)课程资源开发与利用

课程资源是提高教学质量和增强教学效果的重要支撑,包括图书、音像资料、数字化资源,以及现实生活中鲜活的案例。

1.坚持目标导向,精选优质课程资源

必须坚持正确的政治方向,聚焦核心素养,结合党和国家重大实践和理论创新成果,精选有助于学习活动开展与目标达成的优质资源。课程资源的选择要立足学生实际,重视资源的典型性和适切性,注重知识性与价值性的有机统一,发挥课程资源促进学生发展的育人价值。

2.调动多元主体,丰富课程资源

要增强课程资源意识,充分发挥自身优势,积极利用和开发各种课程资源;注重发现、利用学生中间和本地区的先进模范等榜样资源,引导学生向身边的榜样学习;积极争取社会各方面力量的参与和支持,挖掘和利用中华优秀传统文化资源和红色资源,如重要人物、重大事件、伟大成就、重要作品、重要节日纪念日、故居遗址遗物、馆藏文物等,丰富教育教学活动形式;重视信息化环境下的资源建设,要精选、整理和加工资源,为促进学生学习方式的转变提供课程资源支持。

3.建立开发机制,共建共享课程资源

各地区、各学校在课程资源开发中要增强课程资源共建共享意识,统筹规划建设课程资源系统;重视线上线下互动体验平台等数字化资源建设,逐步建立地区之间、学校之间资源互补、共建共享的机制;可建立中小学、高校和研究机构资源建设共同体,加强课程资源库建设,持续更新优化课程资源。要增强知识产权保护意识,严格遵守知识产权保护的法律法规。

 教资考试链接

2022(上)思想政治学科知识与教学能力(高级中学)

【简答题】

32.简述素材性课程资源的特征。

参考答案

二、高中思想政治课程教材编写与资源开发建议

《普通高中思想政治课程标准(2017 年版 2020 年修订)》对高中思想政治课程的制度建设进行了强化,进一步细化了教材编写与课程资源开发的具体要求,从而为课程实施提供了更为坚实的制度保障。

(一)教材编写建议①

根据最新的高中思想政治课程改革精神,高中思想政治新教材集中全国优势力量进行了课程内容的整合与优化。在具体的编写过程中,坚持以

---

①　中华人民共和国教育部.普通高中思想政治课程标准(2017 年版 2020 年修订)[S].北京:人民教育出版社,2020:53-54.

生活主题为中心,以启动、展开思维活动的过程和方法为主导,通过案例考察、问题辨析、行为表现等环节的活动设计,呈现和提炼内容目标的意义。

1.突出立德树人要求,着力培育思想政治学科核心素养

如何理解教材?怎样认识思想政治新教材?新教材编写应遵循什么样的思路和风格、具有哪些特点?作为未来的思想政治教师,这些都是我们需要认真思考的问题。高中思想政治《课程标准》指出,教材的编写要立足于立德树人的根本任务,以社会主义核心价值观为根本价值标准,以思想政治学科核心素养为育人的主导目标;处理好政治性和学理性、价值性和知识性、建设性和批判性、理论性和实践性、显性教育和隐性教育的关系,知识点的选择和配置要服务于思想政治学科核心素养的目标,凸显课程政治方向的引领;应通过鲜活的案例阐述新时代中国特色社会主义经济、政治、文化、社会和生态文明等内容,在避免说教式内容的同时,表达明确的立场,在彰显中华优秀传统文化的同时,强化有关中国特色社会主义道路自信、理论自信、制度自信、文化自信的内容安排。

2.依据课程标准,体现课程理念

《课程标准》和教材有着密切的关系。《课程标准》是教材编写的依据,教材是《课程标准》主要的载体和具体体现。因此,在教材编写中,必须深入研究《课程标准》,紧扣《课程标准》规定的课程目标和课程内容,保持与《课程标准》的协调性和一致性,绝不能抛开《课程标准》另起炉灶。这启示我们:教材的编写要以《课程标准》为依据,充分体现《课程标准》阐述的基本理念,表达课程改革的追求,反映高中阶段学生的特点,体现思想政治课程的本质。要遵循《课程标准》的设计,在课时安排与呈现方式、内容选择与课程结构、核心素养及其表现水平、教学流程与学习评价等方面,全面落实《课程标准》的要求。要考虑城乡差异和地区差异,参照《课程标准》的有关提示和建议,创造性地编写高水平、有特色的教材。

3.利用多种课程资源,拓宽学生视野

思想政治课具有多方面的学科特点,这些特点要得到充分体现,依赖于课程资源的开发和利用。因此,在教材编写过程中,要善于融通古今中外各种资源,特别是要把握好马克思主义、中华优秀传统文化和国外哲学社会科学这三种资源,要按照立足中国、借鉴国外、挖掘历史、把握当代、关怀人类、面向未来的思路,使教材既有深厚历史底蕴,又有鲜明时代特点;既彰显中国立场,又开阔国际视野。素材的选择与运用,既要贴近学生生活,又要反映当代社会进步的新发展和科技发展的新成果;既要有利于教

师进行创造性的教学,又要有益于学生潜能的发挥,满足不同类型学生发展的需求。

4.体现活动型学科课程实施的新要求

思想政治课程既是一门学科课程,又是一门特殊的、带有明显综合性的德育课程。为了更好地联系社会生活实际,思想政治课程增加了"社会活动"环节,引导学生走向社会,贴近生活,开展社会调查、义工活动、职业体验等,综合培养学生运用多个模块的知识分析和解决实际问题的能力,提升政治认同、理性精神、法治精神和公共参与等核心素养。因此,教材要体现其作为教学依据的意义,同时要积极发掘其引领教学活动的功能,着力反映活动型学科课程实施的特点。如学科内容与活动设计的融合、课堂教学与社会实践活动的对接等,都应该在教材中有合理安排。要通过设置开放的教学情境,提供多种课内外探究活动设计,注重发展学生的自主学习能力;要引导学生主动学习、澄清概念、深化认识,发挥思想政治课程特有的育人功能。

5.坚持以政治性与科学性相统一的原则组织编写队伍

思想政治教材需要经过编写人员的选择、加工。在选择、加工过程中,对一些真理性知识的解释、阐明要实事求是,准确无误,避免片面性和错误。此外,教材要有明确的方向性,要旗帜鲜明地宣传马克思主义,坚决贯彻党的基本路线和方针政策,给学生以正确的立场、观点和方法引导,帮助学生树立科学的世界观和人生观。因此,教材的编写要重视编写队伍的优化,要遴选政治立场坚定和德才兼备的编写者,广泛吸纳学科专家、教育教学专家和具有丰富教学经验的教师、教研员,以保证教材编写的科学性和适用性,使教材既坚持科学性又突出思想性。

(二)课程资源开发与利用建议

课程资源是课程设计、编制、实施和评价等整个课程发展过程中可利用的一切人力、物力以及自然资源的总和。资源是多种多样的,这为学校和教师因地制宜地开发和利用课程资源提供了广阔的空间。根据高中思想政治《课程标准》,结合高中思想政治教学实践,下文对课程资源的开发与利用提出相关建议。

1.以《课程标准》为指导开发课程资源

《课程标准》是教材编写、教师教学、学生学习和考试命题的依据。地方各级教育行政部门、教研机构以及学校要以《课程标准》的实施为核心,课程资源的开发与利用同样要以《课程标准》为指导,遵循《课程标准》的相关建议,使课程资源的开发与利用符合《课程标准》的要求,有利于思想政治课程实施,帮助学生确立正确的政治方向、提高思想政治学科核心素养、增强社会理解和参与能力。

2. 充分挖掘教材中的课程资源

教材不是唯一的课程资源,但无疑是最重要的课程资源之一。教材中所涉及的内容和提示的活动案例,都力图体现新课程改革的目标和内容,是我们可利用的最基本的课程资源。此外,在课程资源开发过程中,我们可以对教材进行必要的拓展延伸,例如,充分挖掘选择性必修和选修课程中蕴含的课程资源;打破学科之间的界限,强化各学科资源的整合与利用;把握各种资源之间的共通点、互惠性,开展主题教学活动,提高思想政治课程资源利用率。

📖 **教资考试链接** ─────────────────────────

2021(下)思想政治学科知识与教学能力(高级中学)

【简答题】

32.材料:在教学"价值的创造与实现"课程内容时,某教师选取了周恩来、焦裕禄、黄继光、程开甲、黄文秀等事例供学生学习和思考,取得了良好的教学效果。

参考答案

问题:请从教学素材选取角度,分析该教学能达到良好教学效果的原因。

───

3. 结合实际,充分挖掘实践活动资源

思想政治课是一门实践性很强的课程,必须树立"社会即课堂"的大课堂教学观。火热的社会生活为思想政治课程提供了极为丰富的课程资源。思想政治课教师应引导学生把学习的范围扩大到课堂以外,通过安排学生参与课外实践活动,让学生"零距离"接触社会,参与相关社会、政治、经济、文化生活,在活动中获得更加生动的知识,提高分析和解决问题的能力。地方各级教育行政部门、教研机构以及学校要保障社会实践活动的开展,要鼓励和支持教师采取灵活多样的活动方式,充分挖掘当地环境条件、社会生活中蕴含的课程资源,并给予更多资金保障和活动条件的支持。

4.采取多种方式,加强课程资源建设

学校要发挥教师在课程资源建设中的主体作用,鼓励和支持教师根据当地实际,充分挖掘并有效利用一切可以利用的课程资源,为学生学习和教师教学的有效实施创造有利条件。教育行政部门、教研机构要统筹规划、指导和管理课程资源的开发和建设,充分考虑地区与学校的差异,向资源开发能力不足的地区和学校给予全面而有力的支持,运用信息化技术,实现课程资源的共享。

📖 **教资考试链接**

2020(下)思想政治学科知识与教学能力(高级中学)

参考答案

【材料分析题】

33.以下是贵州省某中学教师在《树立正确的消费观》课堂中设计的新课教学环节。

【新课教学】

1.生产和消费的辩证关系

活动一:看小品《昨天今天明天》的片段,说一说

小品里说的"昨天"大约是我国 20 世纪五六十年代,不同时代,消费的内容是有很大差别的。据统计,南京每百户家庭小汽车拥有量达到了 5.63 辆。也就是短短几十年的光景,人们的消费内容日趋丰富,消费水平有了翻天覆地的变化。其根本原因是什么? 学生讨论,回答。

(设计意图:本小品展示了特定时代的特点,在让学生了解历史的同时,小品的幽默也能很好地激发学生的兴趣,调动学生积极参与课堂教学,从而把握生产决定消费的经济知识。)

活动二:看材料、说一说

文字数据材料显示健身消费火爆南京。提问:这当中又是什么在起决定性作用呢? 学生思考回答。

(设计意图:让学生通过接触身边的实例、日常生活中的具体现象,自己归纳、分析、综合得出抽象的经济学道理。)

活动三:看材料,议一议

南京的"假日旅游"

材料内容:厂商大力推销自己的商品,通过满足消费者的各种需求,相比平时收益剧增。南京"假日旅游"的蓬勃发展对带动经济的"龙头"作用

日益明显,有力地激活了与之相关的交通、通讯、商贸、餐饮、住宿、文化娱乐等行业经济的全面红火。销售额大幅攀升。

提问:议一议,这段材料体现了哪些经济学道理?

(设计意图:利用学生身边的实例,设计递进式问题、层层深入的教学引导与分析,加深学生对教材的理解和把握,较好地突出了基础知识目标中的教学重点。同时也化解了基础知识目标中的难点。)

2. 树立正确的消费观(多媒体显示板书)

活动四:看小品《比阔》,议一议、说一说

学生自编自演小品。展示学生中存在的部分不正确消费行为。

提问:针对学生这个群体,小品中哪些消费行为是较为过度的? 为什么? 学生积极讨论、发言。

(设计意图:本小品联系学生生活实际。充分利用学生已有的知识和社会经验,发挥其主体作用,使学生积极参与到教学活动中来,产生共鸣。)

活动五:看录像,谈一谈

这段录像录制的是贵州省剑河县太拥乡南东小学学生的生活。

提问:谁能谈谈你的感受? 学生自主思考、回答。

(设计意图:本录像展示了贫困山区的孩子生活的困难窘况和坚持求学的决心、意志,在让学生了解现实国情的同时,也能很好地引起学生内心的共鸣。)

问题:请结合材料,从思想政治课程资源开发利用的角度,分析该教师所选取和利用的课程资源有何可取之处和不足之处。

第五章　思想政治课程的学习方式

📹 **学习要点：**

1. 自主学习、合作学习、探究学习。

2. 现代学习方式的特征。

3. 为什么思想政治课程的学习需要指导？

第一节　学习方式概述

教学的最终目的是教会学生学习，因此，对学生学习方式的指导，也是中学思想政治课程与教学论的重要内容。研究学习方式的指导实际上就是要回答什么是学习方式，如何对学习方式进行指导等问题。

一、学习方式的含义

学习有广义与狭义之分。

广义的学习是指人和动物在生活过程中凭借经验而产生的行为或行为潜能的相对持久的变化。需要特别指出的是：这里的行为潜能产生与发展的过程与行为结果均统一于学习的内涵；这里的"行为"不仅仅指可观察到的外显行为，也包括无法观察到的，诸如动物心理、人的意识等内隐行为；这里提到的"经验"是指个体在后天活动中获得的而非遗传、成熟或机体受损等导致的行为变化；学习的行为变化是较为持久的，由适应、疲劳、药物等引发的行为变化较为短暂，不能称为学习；行为变化既包括积极的方向，也包括消极的方向。

狭义的学习是指人类的学习。人类的学习是指受教育者在教育者的指导下，有目的、有计划、有组织地获得知识、形成技能、培养才智的过程。

学习方式是指学习者学习的态度、形式和方法等方面的基本倾向。学习方式并不是某一具体的学习策略和学习方法,而是高于策略和方法层面,影响并指导学生对具体策略和方法做出选择的有关学习行为的基本特征。概括来说,学习方式就是指个体在进行学习活动时表现出的具有偏好性的行为方式与行为特征,是个体学习活动的差异化反映。学习方式与个体的性格及学习习惯有关。

二、学习方式的特征

现代的学习方式主要有自主学习、合作学习与探究学习三种,这些学习方式具有以下特性:

(一)主动性

主动性是指个体按照自己的需要、动机、理想、抱负和价值观等规定或设置的目标行动,而不依赖外力推动的行为品质。主动性是现代学习方式的首要特征,原因在于学习是个人自己的学习,外在因素强加的学习在有效性和意义上无法与学习者本身的内在因素驱动的学习相比,这也就是我们所说的"我要学"和"要我学"天然的意义差别。主动性学习的内在驱动要素主要有兴趣和责任感。前者表现为学习者发自内心地认可与喜爱学习内容,产生强烈的学习意愿,并且愿意倾注时间和心血,在兴趣的驱动下,学习往往是事半功倍的;反之,缺乏兴趣的学习往往体现为被动学习,学生出于外在因素的强制要求不得不去学习自己不认可或不喜爱的内容,没有强烈的主观愿望也就难以达到预期的学习效果,事倍功半也是必然的。而责任感则对应了学习者的另外一种学习内驱力,学习为了什么,为了谁,这就是责任导向。学习者只有接受并内化这份责任感,将之与自身的成长与发展紧密联系起来,才能理解学习的真谛及其对自己生命的意义,也只有从这个层面去理解,才能去解读终身学习观的内涵。综上所述,主动性学习需要从内在驱动因素角度去理解,作为现代学习方式的基本特征之一,它符合这个信息爆炸需要主观选择的新时代,符合这个个性和思想不断得到解放的新时代,符合这个对学习能力提出更高要求的新时代。

(二)独立性

独立性是指人的意志不易受他人影响,有较强的独立提出和实施行为目的的能力,在学习中这种独立性表现为"我能学",是与依赖性相对应的概念,是现代学习方式的核心特征。除特殊生理原因外,几乎每个人都具有相当强的内潜的独立学习能力,这是因为独立学习能力也是一种需要引导和开发的潜力,在得到适当的引导之后,学习者就能够依据自身现有条件充分调动自身积极性进行学习。值得注意的是,这种引导需要从小抓起,如果学习行为被代劳,会助长学习者形成依赖,后续矫正的难度也会很大。独立性的表现也是具有个体差异性的,即每个人的独立性表现是不尽相同的,在引导的时候要注意个体的身心发展规律和特点,因材施教。独立性的培养还需要注意问题导向,即教育者要能够抛出学习者最近发展区难度范围内的问题,进而引导学习者运用自己所学,独立探索问题、解决问题、总结问题、反思问题。家庭教育是基础,学校教育是主阵地,两者在培养学习者的独立性学习能力上有所区别,前者重静心,后者重能力,一个是心态的养成,一个是知识技能的重点培养,要有所侧重。须知独立性的培养是一个长期的过程,抓住一切机会让学习者独立完成学习任务是这个训练环节的重要保证,而有的放矢、以问题为导向的培养思路则是独立性养成的关键环节。

(三)独特性

多元智力理论指出:每个人的智力类型不一样,他们的思考方式、学习需要、学习优势、学习风格也不一样,因此,每个人的具体学习方式是不同的。实际上,所谓卓有成效的学习方式都是带有个人色彩的,并非放之四海皆准,因为个体差异,对某个学习者有效的方式,对他人未必如此。这意味着我们应提倡转变学习方式,抛弃所谓通过模仿成功学习法而一劳永逸的幻想,要考虑和尊重每一个学习者的独特个性和身心特点,为每个学习者提供独特的带有个性色彩的发展创造空间,适合的才是最好的,这样才能做到事半功倍。基于这样的特点,独特性成为现代学习方式的重要特征之一。

独特性意味着学习者的学习方式客观上存在着个体差异:即使学习同一内容,由于个人实际具备的认知基础和能力,情感倾向以及学习特点等方面的差异,决定了不同学生对同样内容和任务的学习速度和掌握它所需要的时间及所需要的帮助必然存在差异。传统的班级授课制教学往往忽视学生学习的个体差异,要求所有学习者在同样的时间内,运用同样的学习条件,以同样的学习速度掌握同样的学习内容,并要求达到相同的学习水平和质量。这种"一刀切""一锅煮"的做法,致使很多学习者的学习不是从自己现有的基础出发,导致有些学习者"吃不饱",有些学习者"吃不了",有些学习者根本不知从何"入口"。现代学习方式应尊重学习者的差异,并把它视为一种亟待开发和利用的教育教学资源,努力实现学习者学习的个性化和教育者指导的针对性。通过因材施教的方法,将具有特性特长的学习者加以区分,能够人尽其才,为国家输送更多有专业特长的人才。

(四)体验性

体验是指通过身体活动与直接经验而产生的感情和意识。体验性融入生活生命之后,它带来的学习结果将不再局限于认知和理想,而是拓展到了情感、心理和人格领域,这样的学习不仅带来了知识技能层面的进步,在心理、人格方面也给人带来成长与发展。体验性是现代学习方式的突出特征。在实际学习活动中,一是表现为直接参与性,学习不仅要用脑子思考,而且要利用感官去直接体验学习对象,从而得到更为全面的反馈,以便学习的深入拓展,理解知识技能如此,感受生命与生活更是如此。基于此,新一轮的教学改革特别强调学习者的直接参与,包括且不限于课外活动、探究、调查等方式。二是要重视经验性。从家庭教育来讲,就是要把家庭教育方式同学习者的生活紧密联系,使生活经验转化为学习成果。从学校教育来讲,就是在课程制订过程中要尊重学生的体验和意见,打造适合的校本课程,以学生的学习经验为基础调整难度和课程目标,在教学上要注重联系学生已有的学习经验、生活经验,从而使教学更亲近学生,更易被学生接受,重视学生的课堂体验,打造舒适、高效、亲和的课堂。从社会教育来说,就是要通过社会实践,强化学习者的学习经验,促使间接经验转化为直接经验,从而提高学习效率。

(五)问题性

"问题是时代的声音,回答并指导解决问题是理论的根本任务。"[①]没有问题就没有向前发展的动力,没有问题也就没有学习的进步源泉,以问题为导向才能带来学习活力,让学习者在提出问题、解决问题、总结问题、反思问题中循序渐进,日臻完善。也只有在不断提出问题、解决问题的过程中,学习者的创造力才能得到不断激发。

学习者要意识到问题的作用。现代教学论研究指出,从本质上讲,感知不是学习产生的根本原因(尽管学生学习是需要感知的),产生学习的根

---

①　习近平.习近平著作选读(第一卷)[M].北京:人民出版社,2023:17.

本原因是问题。发现问题意味着求知的动力,没有问题容易流于肤浅,就无法引起学习者的兴趣,无法深度思考,学习也就只能流于表面,毫无深度可言。因此现代学习特别强调问题在学习过程中的重要性。它一方面强调通过问题来进行学习,把问题看作学习的动力、起点和贯穿学习过程的主线;另一方面通过学习来生成问题,把学习看作发现问题、提出问题、分析问题和解决问题的过程。

需要特别强调的是问题意识的形成和培养。问题意识是指问题成为学习者感知和思维的对象,从而在学习者心理上形成一种悬而未决的求知状态。问题意识会激发学习者强烈的学习愿望,从而使其高度集中注意力,积极主动地投入学习;问题意识还可以激发学习者勇于探索、创造和追求真理的科学精神。没有强烈的问题意识,就不可能激发学习者认识的主动性和思维的活跃性,更不可能激发学习者的求异思维和创造思维。所以在家庭、学校、社会教育中,我们需要注重引导学习者的好奇心,去发现问题和探索问题。总之,问题意识是学习者进行学习,特别是发现学习、探究学习的重要心理因素。

(六)合作性

合作是指学生为了完成共同的任务,有明确责任分工的互助性学习方式,其目的是鼓励学生深入认识集体利益与个人利益的统一性,在完成共同任务的过程中实现自己的理想。目前常使用的合作方式包括:一是,问题式合作学习,实质是教师和学生互相提问,互相解答,形式可表现为生问生答、生问师答、师问生答、抢答式知识竞赛等,当然在问题的设置上要有考究,需要充分考虑学习者的认知经验和水平。二是,表演式合作学习,通过合作表演的形式,激发学生的学习兴趣,培养学习者自主探究的学习品质。这种合作方式或考验学习前的准备工作,或考验临时的应变能力,对学习者的能力有较高要求。三是,讨论式合作学习,让学习者对某一内容进行讨论,在讨论过程中生成答案或问题,这一过程着重训练思辨以及表达能力,是合作学习的重要形式之一。要使合作性学习有效展开,在组织学习者进行合作时,需要注意以下问题。

(1)明确学习目标:教育者需要协助学习者明确通过合作要掌握的知识技能。

(2)认可既定目标:合作学习的目标需要得到大家的认同,被当成必须完成的任务。

(3)选择恰当内容:根据学习者情况选择有价值、接近最近发展区的学习内容。

（4）指导学前准备：给予学习者一定的思路引导，需要准备的东西应提前告知。

（5）控制小组差异：小组成员需有差异互补性，以便能生成更多观点，扩大知识面。

（6）同等成功机会：让每位学习者相信自己能享有和别人一样的成功机会。

（7）加工内部知识：每位学习者有合理分工，并就自己负责的部分内容进行共享。

（8）表扬学习成果：对合作小组的成果予以肯定和表扬，对出色者进行实质性奖励。

（9）总结学习成果：学会总结和反思，形成一整套的评估体系。

 课堂思考

题目：谈谈你对引导学生自主学习的理解。

参考答案

三、学习方式指导的意义

学习方式指导是教育实践中实现从"知识传递"向"素养生成"跨越的关键机制，其必要性与意义共同指向学生主体性发展与教育效能的提升，理解二者及其内在关联，有助于教师突破经验惯性，构建以学生为主体的教学实践范式。

（一）学习方式指导的必要性

学习方式指导是教育回应时代变革、适应学生发展需求的重要实践路径，其必要性可从新时代的需要、新学情的需要、新教情的需要三个宏观维度展开探讨。

1.新时代的需要

这是一个信息爆炸的新时代;这是一个推陈出新、更迭速度奇快的新时代;这还是一个多元化思潮激情碰撞的新时代。基于此,我们的学习也需要做出选择,而非以往的包罗万象式。选择对自己有用、最适合自己的学习内容无疑成了首要问题。对学习者的学习指导不仅能够在目标上予以指引,让他们迅速结合自身的情况对学习目标有一个清晰的判断,从而避免不必要的学习任务,而且还能指导他们选择最为适合自己的学习方式去应对日新月异的信息时代。

2.新学情的需要

新的社会变化引起了学情的新变化,对当代青少年认知能力培养的重要性远远超越过去。一是,他们的知识储备、能力经验、接受指导的条件和自我学习能力都更为优越,但无法避免的是正值青春发育期,由于这个年龄阶段的特征,他们还无法全面客观地认识自我,所以在自我认知方面还存在不足,这就需要教育者做出客观中肯的评价和指导。二是,经济条件的改善,家庭对孩子个性的培养也更为重视,这就使得学生的特长和学习情况有了更大的差异性。一刀切的做法已经不适合新的学情,需要教育者结合学生的个人情况做出最适合他们的指导,以便各有所长的学生能够人尽其才。三是,学生的主体性作用在现如今的教学当中尤为重要,主体性的特征主要有主动性、自主性、创造性等。加强对学生的指导,才能让他们对学习方法和学习过程有更出色的掌控,从而激发学习兴趣,让他们充分发挥主体性作用,保障落实学生的主体性地位。四是,相比过去,厌学情绪在当代青少年学生中更普遍存在,相当多的学生无法在课堂学习中体验到乐趣,加之没有很好的课前预习、易分心、对教师的依赖性等因素,使得不少学生没有教师的指导,学习就难以开展或继续下去。要解决这些问题,必须要加强教师对学生学习的指导。

3.新教情的需要

随着大学教育普及化,新时代的教师普遍有着较高的学历和丰富的求学经验,在学习上的心得体会也更为丰富,并且有着与时俱进的显著特点,对多媒体、互联网等时代产品的运用更为自如。所以由他们对学生进行学习指导能够更迅速地让学生掌握新兴技术,跟上时代潮流。另外由于教材的改动,学生在同样时间内需要掌握的知识更多了,教师的课堂任务负担也随之加重,仅仅依靠教师已经无法高效地解决学生的课堂学习问题。因此,为了让学生能够在短时间内学习更多内容,就必须加强他们的自主学习能力,这就需要教师能够给予指导,通过师生合作的方式完成教与学的任务。

(二)学习方式指导的重要性

学习方式的指导在教育实践中是很重要的,它是连接课程目标与学生发展的关键桥梁,理解学习方式指导的重要性,不仅有助于学生能力的多维发展,更能为促进教师自身发展奠定坚实基础。

1.有利于学生能力的多维发展

教育者对学习者的指导是建立在其某些方面存在欠缺或可发展提高的基础之上的,这些方面主要有:一是,思维能力,教育者的学习指导可以帮助学生不断扩大和丰富知识与实践领域的经验,这样学习者才能从事物的不同方面和不同联系出发去考虑问题,避免片面性、表面性和狭隘性。教育者可以通过这种指导帮助学生培养主动性思维,并给予一些思路,帮助学习者继续顺利开展学习。通过学习指导还能帮助学习者进行知识迁移,让他们学会举一反三、触类旁通,将所学知识有机结合起来,综合运用。最后,这种学习指导能帮助学习者强化透过现象看本质的能力,在他们的思考基础上进行拓展,进而看全、看透问题。二是,实践能力,教育者的学习指导可以有效帮助学生提高实践效率,帮助他们总结经验,从而不断完善实践流程。另外,适当的学习指导可以帮助学习者在实践中生成问题,从而拓展实践深度,有利于学习者进一步研究问题,强化自身技能。

2.有利于教师自身发展

对学习者的指导同样对教育者自身大有裨益。一是,有利于教育者了解学情,矛盾的普遍性寓于特殊性之中,虽然学习者的学习情况各不相同,但教育者可以通过大量的学习案例总结出相似性和共性,深入挖掘这些案例中的多面联系,从而得出相应的经验,用以完善过去的指导实践中存在的不足,达到事半功倍的效果。二是,有利于教育者自身指导经验和技能的提升,教无定法,面对不同的学习者,他们自身的认知经验和水平存在差异,因此所适用的指导方法也存在差异,所以需要教育者根据个体情况制订相应的指导方式,也只有在这样不断丰富实践经验的过程中,才能持续拓展自身应对问题的经验和能力,这也是一个新手教育者蜕变为资深教育者的必经之路。三是,有利于融洽师生关系,便于教育者工作的开展。现如今的师生关系具有脆弱性、敏感性,学习指导通过面对面的形式,无形之中拉近师生关系,教育者的和蔼态度、生动讲解、亲切指导都能潜移默化地改变学习者对自己的态度,让二者的关系朝着和睦友善的方向发展,一旦这种亲密关系得以建立,那么对于教育者的后续工作开展将会提供更多便利。

第二节　学习方式指导的主要措施

学习方式指导是教育实践中实现学生主体性发展的重要抓手,其措施的科学性与实效性直接影响学习效果与核心素养的落地成效。本节聚焦学习方式指导的具体实施路径,从端正学习动机、激发学习兴趣、调整学习心理、养成学习品质等多个维度,探讨如何通过系统化、多样化的措施,帮助学生优化学习路径、提升学习效能。

一、端正学习动机与态度

构建科学的学习方法体系,培养正确的学习动机与态度,是有效开展思想政治课程教学实践的重要基础。本小节将首先从终身学习理念的渗透与学习态度的培养调整出发探讨思想政治课程的学习方式。

(一)建立终身学习观

想要端正学习动机,首先需要改变传统的学习观念。身处信息化社会,过去的"一次定终身""半部《论语》治天下"的学习观念已经显得格格不入。学习观念需要向"学会学习,终身学习"转变。传统的学习观将人的一生划分为准备期和工作期,二者是有界限的,以"学习"为界限,仿佛人在工作后就不需要像过去在学校一样求学问是,聆听教诲。而终身学习的"学习"是没有界限可言的,强调通过一个不断支持的过程,激励人去获取自己终身所需的科学核心素养,并在任何情况下都可以积极,乐观地应用。现如今,学校教育依然是学习的主阵地,但是家庭教育和社会教育也是实现学习的重要支撑。要想促进人的终身学习,充分发挥三者的优势并达成三者的通力合作显然是一条最佳路径。

建立终身学习观,我们需要注意把握其三个特征:一是全民性,即终身学习者并非个别人,而是具有普遍性,这将是每个普通人需要履行的责任,成为生活中必不可少的重要组成部分。二是个别性,每个人都需要具备终身学习观,但由于个体差异,每个人的身份、职责、生活环境、性格、认知能力等因素又不尽相同,这也就意味着终身学习应该尽可能地满足千差万别的个体需要。三是自主性,这也是终身学习更为本质的特征,学习者是终身学习的主体,能动性与创造性都是基于自主性而来的。

(二)端正学习态度

在思想政治课的学习中,学习态度是指学习者对待学习比较稳定的具有选择性的反应倾向,是在学习活动中习得的一种内部状态。它是由认知因素、情感因素和意志因素三者组成的一种互相关联的统一体。因而,我们可以从自己对学习目标的意识程度、在学习过程中的情感体验、对学习活动的坚持程度等方面,综合判定或评价学习态度。

一般来说,学习态度与学习动机、学习兴趣是紧密相关的,后两者越强烈,学习态度往往就会越端正。只不过相比于学习动机,影响学习兴趣的不稳定因素更多,由此带来的学习态度的变化会更不稳定。

学习态度的主动积极会带来愉悦的学习体验,在学习目标上也会更为明确,学习往往事半功倍。而消极的学习态度则会使学习停滞不前甚至倒退,在一个人的人格塑造方面也会产生不良影响,比如消极的人生观、意志的不坚定等。因此,学习态度的积极与消极不仅直接影响学习成效,还关系到学习者的个性与人格发展。

学习态度并非生来就有,是通过后天的家庭、学校和社会生活慢慢形成的。在这个过程中,学习动机会直接影响一个人的学习态度,积极或者消极的学习态度都会对学习产生巨大影响。要想促进良好的学习态度的产生,需要做到以下几点:

1.有良好的认知

帮助学习者形成正确的学习认知,目标明确,清楚地认识到自己学习思想政治教育课程的意义和价值,还要对自身的情况有详细的了解,以此为基础便能够形成良好的学习态度,从而建立起对学习的兴趣,达到预期的学习目标。

2.引导兴趣倾向

帮助学习者根据自身情况寻找到最感兴趣和适合的学习内容、学习方式,引导他们产生情感、兴趣的倾斜,在进行思想政治课程学习时加强情感感染力。感兴趣的东西总能让人产生十足的学习动力,而慢慢热爱上自己所学内容并获得满足后,学习态度也会愈加端正积极。

3.稳固适合的学习方式

学习态度是学习者的内心情感倾向,但不管这种倾向积极或消极,都需要通过外在的行为方式表达。同样,正确高效的学习方式,对学习态度也有着积极影响,当通过合适的学习方式取得一定的学习成果时,那种收获和满足感就会驱使积极学习态度的产生和稳固。所以在思想政治教育课程的学习中,我们需要引导学生找到适合自己的学习方式。

4.鼓励课外发挥主动性

除了课堂学习之外,思想政治教育的学习在课外也有丰富的实践形式,这需要教师以学生喜欢的有趣的形式激发他们的学习主动性,在感受到课外学习的乐趣后,他们对于思想政治教育学习的态度也会逐渐好转。

二、激发学习兴趣与爱好

兴趣是在需要基础上表现出的力求认识某种事物或爱好某种活动的倾向,而学习兴趣是引起学习动机、推动学生学习的重要心理因素之一。当学习者对学习产生浓厚且稳定的兴趣时,便会主动积极地去探索求知,推进实践。

思想政治课程的内容相对来说比较枯燥,如果学习者无法对其内容产生兴趣,那么学习起来会非常吃力从而厌学,形成恶性循环,要将思想政治教育课程内容趣味化,将学习者的学习兴趣充分调动起来,就需要做到以下几点:

(一)教学内容趣味化

思想政治课程传递的知识或许不会有大的变动,但是与之匹配的内容和形式却可以变化。面对新的学情,当学习者的知识储备丰富,认知水平提高时,就需要改变传统的课程内容和形式,用多媒体形式将内容用更鲜活的方式展示出来,并结合最新、最吸引学生的形式载体让他们能做到乐中学,学中乐。需要注意的是,趣味化并非恶俗化,在筛选材料和游戏形式时也要区分,良莠不齐的内容和形式容易造成学习者的思维混乱,甚至可能会将其引向不良方向,这就需要教育者严格进行把关,互相讨论筛选,以避免出现消极的内容和形式。

(二)丰富课外实践活动

长期以来,我们的思想政治教育课程以知识为本位,课堂为承载主体,几乎少有相关的课外实践活动,这就使得大多数学生误认为这是一门以知识价值观灌输为主的课程。实际上思想政治教育知识价值观灌输的成效是建立在实践基础上的,缺乏必要的实践,学生就难以在现实生活中感受到思想政治教育内容的真实性,学生在缺乏引导的情况下更是难以将生活中的种种细节与我们的课程内容联系起来,在这种情形下自然难以建立认同感。这就需要我们开展课外实践活动,以丰富的形式和内容满足学生的实践需求,理论联系实践地将课程内容通过各式各样的实践内化为学生的真实所学。

(三)及时反馈与克服学习中的困难

很多学生对某一门学科学习兴趣的衰减起源于挫败感,学习到某一阶段无法再顺利进行下去或者出现了消极结果都会严重打击学生的学习兴趣,会产生"我不是学这科的料"的想法。而很多时候这种挫败却未必是因为不适合,而是学习方法的问题。这就需要在出现这种情况时,教师能够及时介入并给予学生正确的反馈,只有及时反馈,协助学生制订适合的后续计划,才能够帮助学生重新建立信心,才有后续成功的可能性,也只有这样,学习兴趣才能够长久维持。

(四)指导改变学习方法

思想政治课程的学习需要恰当的学习方法,其可以归属到文科大类学习方法之中,最需要注意的就是理论结合实践。在教师的指引下,做到从"要我学"到"我要学""我能学"的境界。不但如此,要注重培养学生发现问题的能力。好的学习方法不仅可以使学习事半功倍,并且能够在学习中不断生成新的问题,从而取得更大突破。所以,教师在指导学生改变学习方式的时候也要注意跟学生的生活实际相结合,避免出现超出学生目前能力范畴的问题。

三、调整学习心理与行为

在思想政治课程的学习中,教师需要对学生的学习心理进行引导。良好的合作和竞争心理能够帮助学生更好地适应课程学习的需要,引导他们进一步探索思想政治课程的奥妙之处,并在学习的过程中处理好与其他同学的人际关系,营造融洽的学习氛围。

(一)引导学生认识竞争的特点

1.公平性

在国家层面,公平作为核心价值观之一,应该予以贯彻落实,依法治国、公平正义的原则也要落实到教育方面。无论是立法还是政策都应该保障所有学生都能拥有一个公平竞争的平台。在社会层面,应该引导构建公平正义的社会风气,形成良好的社会氛围,给未完全进入社会的学生提供公平竞争的机会。在学校方面,无论是教学理念还是规章制度都应该体现出学校的公正性,在奖惩落实方面也要一视同仁,秉持透明性和权威性。教师在鼓励竞争的同时,更重要的是保证规则本身的公平公正,从而促使学生的发展朝着健康积极有活力的方向进行。

2.超越性

兼顾了竞争的公平,还需要鼓励学生在竞争中超越自己,通过合理的途径挖掘自身潜能,这需要教师全方位的指导,激发学生的斗志,勉励他们与竞争对手比拼,与自身潜力比拼,从而不断超越自我,取得长足进步。

3.拼搏性

通过合理的途径,教师要鼓励学生发扬拼搏精神,充分发挥学生的主动性,以持之以恒的精神不断进取,保持一颗奋进的心是竞争中必须具备的素质。

当然,除了竞争,合作也是学习中必不可少的品质。有明确责任和分工的互助性学习能够帮助学生相互启发,相互引导,从而使知识能力更上一层楼。当然在指导学生进行合作学习时,教师需要提前做好心理疏导,帮助学生明确合作学习的目标,让学生明白合作并不意味着退让,而是为了更加深入地学习,与他人合作也能促进自身能力的提升。

以上是针对学生的学习心理进行的分析和梳理。除此之外,基于学习心理,我们还要帮助学生调节其外在学习行为。

(二)帮助学生创造学习情境

教师的引导通常是在课堂中完成的,创设适合学生学习思想政治课程的教学情境事关学生的学习效率和成果转化。一个舒适且真实、富于创造性和关联性的情境能够帮助学生迅速适应教学内容,在这样的情境中学生也能够深受启发从而对问题进行解剖和深入挖掘,达到举一反三的成效。教师在情境中通过对学生的提问来引领学习的走向,这就需要教师在问题的设置、追问上做足准备,由浅入深设置问题,又能够深入浅出地解答问题,在学生的最近发展区内将问题的价值最大化。在此过程中,教师要注意学生的获得感,避免使其连续受挫而消极沮丧,也不要轻易让学生得到最终成功以丧失追逐真理的体验,把握好适度原则是创设情境对教师的最大考验。

(三)引导学生的主动积极性

思想政治课程的学习跟其他科目一样,最大的动力来源是好奇心、探索欲。传统的教学方式不适应新的学情的原因之一就在于无法顺应时代潮流,调动学生的学习兴趣,满足他们的好奇心和探索欲。灌输式的教育并不能够做到理论联系实践,达不到"做中学"。所以现在教师要做的就是帮助学生做到"做中学",将主动权还给学生,让学生成为课堂的真正主人,教师只需要从中引导他们猜想、预测进而自己动手解决问题,指导他们用科学方法探究问题、记录过程和得出结论,最后再帮助梳理讨论。教师要做好那根线,将学生的主动学习串联起来,充当好学生学习活动的指导者。

四、养成学习品质与习惯

思想政治课的学习在于积累,博观而约取,厚积而薄发。价值观的培育需要一以贯之,也需要在思辨中走向成熟完善,所以勤奋学习的品质必不可少。韩愈曾言:"业精于勤,荒于嬉。"能够保持勤奋的学习品质,这对于需要长期积累的思想政治课学习可以提供支撑作用。要做到勤奋学习,还需要教师从以下几个方面对学生进行引导和培养。

(一)学会积累

想要在思想政治课学习中不断进取,就要学会用各种方式收集和掌握基础知识。先秦的学者认为,欲成大学问,必先厚积自身,所以基础知识的广博积累是通往这条道路的必要环节。荀子将这种积累称为"积"或"积靡",所谓"短绠不可以汲深井之泉,知不几者不可与及圣人之言"。(《荀子·荣辱》)而荀子也认为圣人并非不可企及,普通人只要不断积累知识、才能,道德上就可以达到圣人的境界。他还认为任何一个在各自领域不断积累、精益求精的人都会绽放光彩,成为自己领域的专家。

需要注意的是,量变引起质变,冰冻三尺非一日之寒,在思想政治课的学习过程中,只有真正做到勤于积累,才能有所蜕变。

(二)做到博学

博学需要在多学、多见、多问、多闻、多识这五个方面着手。能够在这五个方面勤下功夫便会获得丰富的感性知识,发展辩证的思维能力,学得越多,问题越多,思维会越开阔,眼界也就越高,见地便自然会提高,落实到解决问题上的方法也会越高明。想要拓展这五个方面,便要注重勤奋的方法——"时习"和"温故"。

"学而时习之"意味着对已经获得的知识、技能进行及时反复的练习,以巩固所学。"温故而知新"即对艰涩难懂、难以记忆的学习内容进行回顾和思考。比较二者会发现,不管是"时习"还是"温故",都要勤奋,但勤奋也需要方法的指引,"时习"和"温故"都需要遵循一定的规律才能事半功倍,急于求成,贪多嚼不烂,学得快忘得也快,这都是不遵循规律的表现。复习并非消极地而是积极主动地去巩固所学,是为了能够"温故知新"去追求更高境界。所以说勤奋有方法,方法"当其可"。教师需要引导学生学会复习,帮助他们在温习旧知识的基础上悟出新道理,获得新知识。

第三节　学习方式指导的主要方法

学习方式指导的方法是教育实践中将理论转化为行动的关键环节,影响着学科核心素养的落地实效。本节聚焦具体方法的探索与应用,从课堂学习和课外学习两个角度出发,探讨如何对学生学习思想政治课程进行指导。

一、课堂学习的指导方法

课堂是学生学习方式指导的主阵地,在众多课堂学习方式中,尤其需要教师在听课、记忆、研究性学习、合作学习等与学生日常课堂学习密切相关的环节提供针对性指导,从而提升学生的课堂学习成效。

(一)听课法

课堂学习是学校学习的主阵地,是学生逐步形成正确价值观、必备品格和关键能力的重要依托,所以指导学生如何最大化地利用课堂去学习是极其重要的。在课堂学习中,我们一般要指导学生做到以下几点。

1.课前准备

我们在面对有印象、有经验的事物时更容易去接受和发掘,所以适当的课前准备可以帮助学生尽快熟悉课堂中要学习的内容,提高课堂学习效率。

2.对课堂学习要有目标并掌握重难点

有目标就有学习动力,学生对自己的课堂学习提出目标要求,能够激励他们朝着这个目标努力并深入发掘。而一堂课的学习内容是有重、难点之分的,学生的学习注意力和精力是有限的,所以帮助他们区分出重、难点,有助于他们更快地掌握课堂核心内容。

3.勤于思考

学生是课堂学习的主体,教师在课堂中起主导作用,二者各有分工。但一堂好课必须要二者紧密配合,哪一方唱独角戏都是不行的,所以学生要能在课堂中多思考教师的问题,而教师的提问要恰到好处,能够给学生启发和思考的空间。

4.整合问题和思考

帮助学生将教师的提问和学生自己对问题的思考进行整合,从而对知识点有全面的认识,并深入思考拓展问题,这对于学生学习能力的提升尤为重要。

5.科学使用记忆方法

每个人都有适合自己的记忆方法,摸索出适合每个学生的记忆方法需要不断实践,教师在当中应给予适时的指导,分享自己的经验,可以帮助学生尽早掌握适合自己的方法,从而更有效地巩固课堂学习效果。

(二)记忆法

思想政治课的部分知识对学生来说记忆起来较为困难,由于缺少切身体验,所以靠死记硬背很难完全掌握这些知识点。再加上目前思想政治课只是众多课程中的一种,能够分配到的时间有限,所以如何在有限的时间内帮助学生记住这些知识点是很重要的,指导方法如下。

1.图表联系记忆法

把知识点用图表的形式进行加工,可以鼓励学生将知识做成喜欢的图表样式,但是需要指导他们做到精炼,重点突出,生动形象、便于记忆。

2.比较记忆法

思想政治课中有些概念是相近或有关联的,这时可以用比较的方式突出呈现不同概念之间的联系和区别,并重点记忆,这样更容易留下深刻印象。

3.提纲记忆法

每天的学习内容纷繁复杂,这就需要教师帮助学生整理提纲,凝练关键词、句,以统领所有知识点。这样学生在记忆和运用的时候只需要记住关键词、句就能联想到整块知识点,既省时又高效。

4.归类记忆法

将相同或相近的知识点归类,彼此串联起来记忆更为方便。

5.联想记忆法

通过人为联想,将知识点与一些形象生动的事物联系起来记忆,这样往往看到事物就能联想到对应的知识点,提高记忆效果。

6.谐音记忆法

通过人为联想,将知识点的字音与一些熟悉、感兴趣的词组、句式联系起来,或者通过将相关知识编成感兴趣的材料来进行记忆。

(三)研究性学习法

思想政治课的学习不应局限于传统灌输式教学,现代教学中需要充分发挥学生的主体性作用,调动学生的积极性和学习能力是突破口。所以教师可以采取问题式教学,抛出一个议题,让学生自己动手收集材料,进行分析、讨论、解答。需要注意的是,这种研究性学习法需要带有目的性,教师应该着重通过这种指导方式培养学生的创新意识和创新能力,不拘泥于课本所学,而是将眼光放长远,看到诸多联系,从而发挥主观能动性进行创新性解答。还要在这种指导中激发学生的问题意识,培养学生的怀疑精神。问题的提出只是一个起点,最重要的是落实到解决问题,并且基于此提出新问题并解决的能力,应协助学生熟悉这一套流程下需要掌握的技巧和能力。最后,在指导研究性学习法的过程中,要注意学生的实际掌握程度,通过亲自参与问题设计、寻找文献资料、动手实践、问卷调查等体会研究学习的心路历程,从而成为一个成熟的学习者。

(四)合作性学习法

课堂中的合作性学习法是指在教师布置任务后,学生以小组形式通力协作完成学习任务,从而提高学习能力,并在合作实践中培养良好道德素养的学习方式。思想政治课需要合作性学习,通过创设一定情境让学生互动合作,调动学习积极性从而降低学习难度,并且提高学习效率。具体指导步骤有以下几点:

1.明确目标

合作性学习首先要有共同目标,有了明确的共同目标才能最大限度调动各个成员的积极性。同时还要求每个成员确立个人目标,每一次的合作学习都有着不同的分工和侧重,这也就意味着每个人的收获会有所不同,所以提前明确个人目标也能最大化合作学习的收获,并加深对个人定位的理解。

2.成员选择

合作性学习能最大化发挥各个成员的特长,这也就要求我们根据小组合作的目标选择具有相应能力特长的成员,避免因能力重叠而带来冲突。教师要注意的是,学生在选择合作对象时往往只注重亲疏关系,这就需要教师做好顶层设计,综合考虑能力差异、水平高低、亲疏关系等因素合理分组。

3.活动安排

教师布置了任务之后就要进行小组分工。这一过程需要小组成员协作交流、互相帮助、相互督促、交替检查等,教师要做的就是在小组合作中监督进展,鼓励指导,并对当中出现的问题予以纠正。

4.组间交流

同一个任务在不同组往往会得出不同的结果,这时就需要教师引导小组之间交流并讨论成果,对比各小组的情况,从而进行全面客观的分析。可以采取的形式包括代表回答、竞赛问答、PPT展示等。

5.组内分析

组间交流之后,小组需要再通过组内讨论查漏补缺,同时教师应对有卓越贡献的小组成员进行表扬奖励。

二、课外学习的指导方法

课外学习是课堂学习的延伸与补充,是学生自主学习能力培养的重要场域。在信息化与多元化的背景下,课外学习的方式与资源日益丰富,但也面临碎片化、低效化等挑战。为此,下文将集中探讨如何围绕计划法、温故知新法、自学法等学习方式进行指导,从而更有效地帮助学生合理利用课外时间,提升学习效率。

(一)计划法

计划法是指在学习活动开始之前,他人或者学习者自身对某一段时间内学习活动的设计和安排。思想政治课的学习同样需要计划,在课堂学习之前,系统地、有计划地提前学习可以让课堂学习变得游刃有余。这需要做好四个方面的规划:学习目标,学习内容,时间分配,方法措施。

1. 制订学习计划的必要性

学习者情况具有个体差异性,相应的学习计划也就需要根据个人情况量身打造。一份好的学习计划可以帮助学生取长补短,具体表现为:一是,可以帮助学习者明确学习目标,有了明确的学习目标,学习者的积极性就会被充分调动,学习效率就可以大幅提高。二是,学习计划是需要综合考量的,应做到全面协调,帮助学习者在自己擅长的领域更进一步,同时兼顾短板。三是,长久的学习计划可以促使学习者养成独立自主、自我管理的能力和习惯,对学习这项长远事业来说,这种习惯和能力尤为重要。四是,学习计划的执行有利于对新知的把握,这项课外指导方法能够帮助学习者在进行课堂学习时迅速进入状态,把握重难点,加强课堂学习效果。

2. 制订学习计划的过程

第一,分析具体情况。学习者的学习能力、认知水平、已有经验、优势劣势、学习环境等方面都存在不同,帮助学习者明确这些条件是制定学习计划的前提。第二,确定学习任务和学习内容。充分考核其难度、数量等问题,在时间上做出规划,做到劳逸结合。第三,制订完成学习任务的条件、策略和具体措施。完成每一项具体的任务都需要提前设计达成目标的最佳策略。第四,对制订的学习计划进行实践检验和评估,再做完善。这就需要教师和家长对学习者的实践成果进行检验,帮助学习者完善学习计划。

3.制订学习计划的方式

学习计划的载体有多种形式,比如可以制作成表格,在表格上明确每一天的任务;也可以以便利贴的形式贴在醒目位置提醒自己;还可以是脑海中的规划,无须具体的载体。

4.制订学习计划的要求

第一,要注意目标的可操作性和可达成性,在学习内容的难度、任务数量、学习时长方面要注意把控。第二,计划要做到既全面协调,又重点突出,劳逸结合,提高效率。第三,短期计划与长远计划相结合,既要脚踏实地,也要仰望星空,这样才能长久保持学习动力。第四,保证计划的坚决执行,养成一种习惯,并且能够根据实际检验以及现实情况及时做出调整,而非一成不变。

(二)温故知新法

温故知新是指复习已学知识并对此产生新的理解的学习方法。这就意味着对已学知识不能是简单的重复理解,而是要有新的拓展。在思想政治课的学习中,学生往往在课堂上学习了有关的知识理论之后便浅尝辄止,流于记忆这一层面,连理解都未必能够达到。这就需要在课后教师根据学生掌握情况提供针对性指导,利用诸如习题、实践等方式帮助他们对已学知识进行更深入的理解,从而进一步达到能够灵活运用的境界。这需要做到以下几点:

1.在原有的基础上提高难度

重复知识确实有利于知识点的记忆,但如果想协助学生提高对原有知识的理解,那就需要根据最近发展区理论,对学生的实际掌握情况进行分析,对其水平进行评估,从而能够更精准地提高难度。教师可以在学生复习的时候抛出一些相关问题,这些问题在书本上无法直接找到答案,需要学生对所学知识消化理解之后才能解答。

2.适当增加新的内容

思想政治课的学习往往是理论联系实际,而时政往往是这些知识点的载体,随着时事的更替,事例总会发生变化,形成新的热点话题,这当中总有一些与学习的知识点紧密相关,在对已学知识的复习中添加这些新的内容,将它们关联起来,往往能够促进学生的理解。

(三)自学法

随着义务教育的普及,大多数人已经具备了基本的文化素养。终身学习观的出现和推广也意味着学习已经不再局限于学校课堂,而是随时随地都可以发生。拥有自学能力就成为课外学习的一项重要前提。教师可以从以下几个方面指导学生养成自学习惯和能力:

1.引导方向

思想政治课的课外学习需要教师提前干预,并帮助学生明确方向和重难点,同时根据学生的实际情况和兴趣等找到自学切入点,以便学生及早进入状态。

2.答疑解惑

在学生自学的过程中难免会遇到一些棘手的问题,这就需要教师能够在学生求助的时候及时介入指导,同时收集同学们的共性问题,推广经验,避免重复指导。

3.检查巩固

自学成果需要不定时的督促检查,教师要根据学生情况选择适当的考查方式去了解学生的自学水平及自学成果,以便对下一阶段学习进行指导。

在本章的最后,需要总结一下:教无定法,学也无定法,都要视具体情况具体分析,因材施教,因材施学。不过需要指出的是,相同的学习方式在不同的学生那里会有不同的效果,造成差异的原因有很多,除了学生自身的智力、非智力等因素之外,关键就是教师的指导。许多教师在教学工作中取得了突出成就,大都因为他们对学生学习方式的指导及其创造性运用。

中 编
思想政治教学论

　　教学是教师和学生以一定的课程内容为对象所进行的教与学的活动,是课程实施的主要方式,也是达到课程目标的手段。思想政治教学是学生在教师指导下获得知识,逐步形成正确价值观、必备品格和关键能力的过程。思想政治教学是思想政治教育的主渠道。思想政治教学论包括:思想政治教学概述、教学设计、说课、上课、教学策略等内容。

第六章　思想政治教学概述

学习要点：
1. 思想政治教学的地位。
2. 思想政治教学的任务。
3. 思想政治教学的规律。
4. 思想政治教学的原则。

第一节　教学的含义

教学是教育实践的核心环节，其内涵既蕴含于词源的历史演变中，也体现在过程本质的动态特征里。本节通过词源与过程本质的双重视角，深入剖析教学的含义，为理解教学提供理论依据。

一、教学的词源分析

教学是学校教育的核心，离开了教学，学校教育就不存在。在中国的文字历史中，"教"与"学"这两个字最早分别出现在古代甲骨文中，而把这两个字联在一起使用则最早出现在《尚书·兑命》："敩学半。"据宋人蔡沈注："敩，教也……始之自学，学也，终之教人，亦学也。"说明其词意只是一种教者先学后教、教中又学的单方向活动。《学记》中有这样的记载："学然后知不足，教然后知困，知不足然后能自反，知困然后能自强也。故曰：教学相长。""建国君民，教学为先"，才具有教者和学者双方活动的含义，但与"教育"一词意思近似，常通用。随着社会的发展，产生了专门化的教学活动，该词开始有教师传授、学生学习的专门含义。明末清初，王夫之对此解释如下："推学者之见而广之，以引之于远大之域者，教者之事也。引教者之意而思之,以反求于致此之由者,学者之事也。"意即教的工作在不断增长学生之见识,学为认真思考教师教导的道理。[①]

在目前的教学研究中,对教学定义的把握主要有三种倾向:其一,认为教学即教授。其二,认为教学即教学生学。其三,认为教学即教师的教与学生的学。其实,从教学的本质来看,教学是一种有目的的活动,这种活动是教与学的有机统一,是"教师和学生以课程为中介而展开的活动,是达到课程目标的手段"[②]。据此,我们认为教学就是教师和学生以一定的课程内容为对象所进行的教与学的活动。这种活动既包含了教师的教(如何教),也包含了学生的学(如何学),以及教师如何指导学生学的问题。

二、教学过程本质分析

教学过程的动态性与复杂性决定了教学效果的深度与广度。理解教学过程及其要素,不仅能在一定程度上厘清"教学"的内涵,更有助于优化教学实践,为构建以学生为中心的教育生态提供理论支撑与实践路径。

(一)教学过程本质

教学过程是学生在教师指导下德智体美劳全面发展的过程,是教与学的过程,是教师与学生双方活动的过程,是教学和教育相统一的过程。在这一过程中,学生将逐渐形成适应终身发展和社会发展需要的必备品格和关键能力。教学过程的本质,可以从宏观、中观、微观三个层次来看。[③]

从宏观层次上看,教学是课程的实现与开发过程。课程是一定学校教育中通过教师与学生来运作和实施的,以学习内容为主要成分的育人方案及其活动进程。课程既是一种计划,又是一种活动。真正意义上的课程,只能存在于教师与学生的活动中。教学过程是课程实施的途径和主要渠道,是课程的动力源泉,是课程的开发过程,也是检验课程效果的基本标准。教师和学生是课程的设计者和开发者。一方面,教师通过教学实现对国家课程的再开发,同时对国家课程方案进行补充和完善。另一方面,教师通过教学也实现了对校本课程的开发。教师与学生的课程开发是将课

---

① 顾明远.教育大辞典(简编本)[M].上海:上海教育出版社,1999:185-186.
② 施良方.课程理论:课程的基础、原理与问题[M].2版.北京:教育科学出版社,2020:129.
③ 高青兰,张建文,郑瑜.中学思想政治课教学论[M].北京:人民出版社,2013:133.

程理论形态转变为实践的关键。

从中观层次上看,教学是师生互动与交流的过程。在教学中,教师需与学生积极互动,共同成长,恰当处理知识传授与能力培养的关系,从而更有效地帮助学生形成终身发展及社会发展所需的必备品格与关键能力。师生间的交往互动是教学的核心特征,若无此互动,便无真正意义上的教学。

从微观层次上看,教学是以教师的实践活动为条件的学生的认识发展过程。我们知道,以认识世界为主要目的的活动叫认识活动,以改造世界为主要目的的活动叫实践活动。在教学活动中,教师教的活动本质上是一种实践活动,它是教学活动的重要条件和基本因素。而学生的学习活动本质上是一种认识活动,学生认识的客体主要是人类的间接经验或某些直接经验。所以,教学是以教师的实践活动为条件的学生的认识过程,是学生的认知、情感、意志等因素共同作用和发展的过程。

(二)教学要素

要素是构成事物的必要因素。教学要素就是指构成教学活动的成分和决定教学发展的内在条件。关于教学要素的认识不一,有三要素之说(教师、学生、内容)、四要素之说(教师、学生、内容、环境)、五要素之说(教师、学生、内容、环境、方法)等。我们认为教学要素应包括五个方面。

1.教师

教师是在教育过程中有目的地对受教育者施加教育影响的个人或群体,是教育过程中"教"的主体。教师是社会文化和价值取向的传播者,是科学知识和社会文明的传播者,是教学活动的设计者、组织者和实施者,也是学生学习发展的指导者。教师在教学过程中处于主导地位,决定教学的内容和方法,组织引导教学的过程。

2.学生

学生是教学的对象,是教学效果的直接体现者,离开了受教育者,就无所谓教学。学生的身心发展特点制约着教师的教,学生的独立性、选择性、需要性、创造性以及他们个人的兴趣、爱好、主观能动性等主体性特征都制约着教师的教学活动。在教学活动中,学生不仅是教学活动的客体,而且在某种意义上讲也是教学活动的主体——自我教育的主体,具有主观能动性,不仅完成自身从知到行的转化,而且反作用于教育者和教育环境。

3.教学内容

教学内容是联系教师和学生的中介,是师生共同认识的客体,是教师在教学过程中根据具体的教学目标和教学情境方法化处理后的教材内容及所形成的具体有效的教学设计。教学内容在学校中的具体表现形式是教科书内容。

4.教学手段

教学手段是指在教学过程中,教育者用来影响受教育者的教学活动的各种方式与方法。教育内容是教学活动的客观依据,教育方法则是教学过程最终取得良好效果的保证和条件。要把特定的教育内容有效地传授给受教育者,必须要有适当的教育方法。

5.教学环境

教学环境是指对教学过程产生影响的一切外在条件的总和。它既包括自然环境,又包括社会环境。客观环境的自发影响和教育者对受教育者的自觉影响并存于教学过程之中。在教学过程中,教育环境不仅同时作用于教育者和受教育者,而且还决定着教育内容和教育方法的选择方向。

教学的这五个要素紧密联系、相互依赖、相互制约、相互促进,其中任何一个要素或各要素间的相互关系处理不当,都会削弱或破坏教学过程的完整性,降低教学效果。

第二节　思想政治教学的地位与任务

作为落实立德树人根本任务的关键课程,思想政治教学在新时代教育体系中承载着铸魂育人和价值引领的特殊使命。只有明确思想政治教学的地位与任务,才能在教学实践中切实做到为党育人、为国育才。

一、思想政治教学的地位

与其他育人方式相比,学校思想政治教学在德育工作中居于核心地位,发挥着主渠道的作用。它不仅是国家意识形态教育的主阵地,更是社会主义精神文明建设的基本形式。

(一)学校思想政治教学是国家意识形态教育的重要阵地

国家意识是超越理性的一种政治信仰。历史上任何社会、任何时代的统治阶级都从未放松过对公民的国家意识形态教育,所不同的只是教育的具体内容和方式。但在对公民进行国家意识形态教育的过程中，有一点在各国又是相同的，即以学校教育为主要途径，从统治阶级的利益和需要出发去改造人、塑造人。我国是人民民主专政的国家，居于统治地位的意识形态是代表无产阶级根本利益的马克思主义，以及中国化时代化的马克思主义。这些理论对于青少年来说不可能自觉认识，学校思想政治课与其他学科或课程在教育职能上有显著区别，它肩负着意识形态教育的使命，它在为青少年培养国民意识，排斥错误思想，把握舆论导向，提供精神动力。

(二)学校思想政治教学是学校德育的核心和主渠道

思想政治课是中学的一门主要学科，是一门必修课程，是对学生进行马克思主义以及中国化时代化的马克思主义和社会主义政治、思想、道德教育的主渠道，是学校德育的核心。思想政治课程是一门完整的学科课程，有自己的教学计划、《课程标准》、专门的教材、特殊的教学方法，对学生的思想道德素质的形成和发展起着奠基作用，对其他德育形式作用的发挥起着引导和导向的作用。

(三)学校思想政治教学是社会主义精神文明建设的基本形式

我国社会主义精神文明建设的指导思想与学校思想政治课的本质是一致的。思想政治教学体现了我国精神文明建设的指导思想与核心任务，同时也体现了我国精神文明建设的重点对象。社会主义精神文明建设的对象是全体公民，但重点是青少年。因为他们是国家的希望、人类的未来，他们的人生观和世界观还没有定型，对他们的思想政治教育最容易取得实效。此外，在现实生活中，他们在思想上和行为上都有许多新的特点，特别需要我们加以教育和引导。

二、思想政治教学的任务

思想政治课的任务是指思想政治课所应承担的责任。思想政治教学主要是由学生和社会两个方面的因素决定的，因而思想政治教学的任务包括学生发展的任务和社会发展的任务两个方面，其中促进学生的全面发展是思想政治教学的直接任务。以高中思想政治课程为例，思想政治课的任务可以概括为：用以马克思主义为核心的综合性的人文社会科学知识武装学生；帮助学生逐步形成良好的思想政治品质；培养学生分析认识社会问题和自身思想问题的能力。

(一)用马克思主义为核心的综合性的人文社会科学知识武装学生

以马克思主义为核心的综合性的人文社会科学知识,按其性质可以划分为两部分:一是公民常识;二是马克思主义常识。在中学思想政治教学中,这两部分是有机结合在一起的。但是在不同的阶段,这两部分的任务又有所侧重。一般来说,初中以公民品德教育为主,高中以马克思主义常识教育为主。系统地掌握和运用这一知识体系是人们认识世界和改造世界的强大武器。

(二)帮助学生逐步形成良好的思想政治品质

思想政治课是一门以社会主义德育为主要内容的综合性的人文社会科学常识课。从教学目标来看,思想政治课基本上是德育课;从知识内容来看,思想政治课是以马克思主义为核心的综合性的人文社会科学常识课。思想政治教学在帮助学生形成良好的思想政治品质方面的内容包括思想教育、政治教育、道德教育、法治教育、心理教育等。思想教育就是要培养学生的世界观、人生观、政治观,提高学生的思想觉悟,全面提高学生的政治素质,调动学生参加社会主义建设的自觉性和积极性。政治教育就是要帮助学生把握正确的政治方向。道德教育就是要使社会主义道德规范和道德内容内化为学生的道德品质和行为。法治教育就是要通过思想政治教学逐步培养学生的法律意识,学会法律思维,依法规范自己的行为。心理健康教育就是要促进学生的心理健康发展,形成良好的个性心理品质。

(三)培养学生分析认识社会问题和自身思想问题的能力

创新精神和实践能力的培养既是思想政治教学的重要目的,也是思想政治教学的重要手段。思想政治教学能力的培养具有社会性和连续性。思想政治教学具有知识传承、思想教育和能力培养"三位一体"的任务。当然,在不同的时期任务又有所侧重。思想政治教学对学生的能力培养是多方面的,包括道德思维能力、观察能力、辨别能力以及认识问题和解决问题的能力等。

第三节　思想政治教学的规律与原则

思想政治教学的科学性与实效性既依赖于对自身地位和任务的准确定位,更离不开对内在规律和原则的深刻把握,本节将从规律与原则两个维度,探讨思想政治教学实践如何遵循教育本质与学科特性,实现思想引领、价值塑造与能力培养的有机统一。

一、思想政治教学的规律

思想政治教学的规律是其在长期实践中形成的本质性、稳定性和必然性联系,若缺乏对"教学规律"这一基础概念的清晰界定,则易陷入经验化、碎片化的认知误区。因此,唯有先厘清"教学规律"的科学内涵与构成维度,才能为后续探讨思想政治教学的具体规律提供理论坐标系,实现从抽象概念到具体路径的贯通。

(一)教学规律的含义

认识和遵循教学规律,是做好教学工作的首要条件和基本要求。但是,"进入 21 世纪后,我国教学理论界似乎'耻谈'教学规律,以教学规律为研究主题的论文极其罕见,新近出版的教学论专著及教材也几乎不提教学规律。"[1]《教育大辞典》将教学规律定义为"教育现象中客观存在的,具有必然性、稳定性、普遍性的联系。对教学活动具有规约作用,是制定教学原则的重要依据"[2]。然而,追溯历史发展脉络,我们不难发现,教学原则的形成早于对教学规律的系统研究。早在 1632 年,捷克著名教育家夸美纽斯在其著作《大教学论》中便提出了 37 条教学原则。相较之下,对教学规律的深入探讨和揭示则始于 20 世纪 50 年代。这就意味着教学规律与教学原则之间不存在简单的线性对应关系,一条教学规律可能孕育出多条教学原则,而多条教学规律亦有可能共同汇聚为一条核心原则。[3] 除此之外,我们还应深刻认识到,新教学规律的提出并非源自人们的主观意愿,而是基于

---

① 南纪稳,张立昌.教学规律研究:必要性及研究逻辑[J].教育研究,2010,31(12):56.
② 顾明远.教育大辞典(简编本)[M].上海:上海教育出版社,1999:190.
③ 郭洋波,秦玉峰.教育学[M].北京:人民出版社,2013:245.

新的条件与环境产生并逐步被认识的。更重要的是,教学规律的发展并非在于其内容本身的改变,而是在于其实现形式上的更新。这一认识要求我们紧紧把握教学规律的动态特性,这样才能更加持续、深入地探索和尊重这些规律的本质。

(二)思想政治教学的规律

思想政治教学的规律,是指在进行思想政治课教学的过程中必须遵循的教与学之间常有的、内在的和本质的必然联系。习近平总书记在学校思想政治理论课教师座谈会上提出,讲好新时代各学段的思想政治课,要"坚持政治性和学理性相统一,坚持价值性和知识性相统一,坚持建设性和批判性相统一,坚持理论性和实践性相统一,坚持统一性和多样性相统一,坚持主导性和主体性相统一,坚持灌输性和启发性相统一,坚持显性教育和隐性教育相统一"[①]。"八个相统一"是对思想政治课程长期实践中积累的规律性认知和成功教学经验进行的科学总结。它不仅深刻回应了课程中存在的重大问题,也针对广大教师普遍关心的热点与难点问题提供了精准解答,已成为新时代思想政治教学必须恪守的基本教学规律。

1.坚持政治性和学理性相统一

在中学思想政治课的教学实践中,必须贯彻政治性与学理性相统一的方针。这意味着,教学应将政治性视为核心,将学理性作为根基,既要尊重教学规律,又要遵循学术原理。通过学理性来展现和诠释政治性,做到"以透彻的学理分析回应学生,以彻底的思想理论说服学生,用真理的强大力量引导学生"[②]。中学思想政治课程是相应学段落实立德树人根本任务的关键课程,致力于以科学信仰引领学生,运用马克思主义的立场、观点及方法来感召学生,助力学生确立正确的政治立场,"拥护中国共产党的领导,认同中华人民共和国、中华民族、中华文化,弘扬和践行社会主义核心价值观"[③]。若一堂课仅强调学理性而忽略政治性,那么它就丧失了思想政治课程的实质与价值,失去了课程的核心与灵魂。此类课程或许能吸引学生,却无法实现其设定的教学目标,本质上已不再属于思想政治课程。同样,如果课程只强调政治性而忽略学理性,就会变得枯燥乏味,缺乏必要的亲

①　习近平.论教育[M].北京:中央文献出版社,2004:193-196.
②　习近平.论教育[M].北京:中央文献出版社,2004:193.
③　中华人民共和国教育部.普通高中思想政治课程标准(2017年版2020年修订)[S].北京:人民教育出版社,2020:4.

和力和针对性,难以透彻地阐述理论,导致学生无法获得深刻的理解和感悟。因此,教师需巧妙运用学术逻辑讲好"四个意识",讲出"四个自信",讲清"两个维护",坚定不移地用习近平新时代中国特色社会主义思想铸魂育人。

2. 坚持价值性和知识性相统一①

从哲学认识论的视角分析,价值体现为客体对主体需求的满足程度,它揭示了客体的属性与功能同主体需求之间的一种效用、效益或效应的内在联系。中学思想政治课的价值性,核心在于将价值引导融入知识传授的过程中。理想信念教育和社会主义核心价值观教育构成了课程教学的一条主线,贯穿于整个中学思想政治课程之中。课程内容涵盖了道德教育、法治教育、国情教育、中国特色社会主义文化教育、劳动教育等多个方面,旨在利用跨学科的理论和研究方法,观察分析社会现象,解决时代问题,为学生提供答疑解惑的途径,这体现了中学思想政治课程的知识性特征。进一步讲,对中学思想政治课程知识性的认知与理解,需要深化和强化一个重要观念:它不仅包含课程本身的知识,还涵盖那些蕴含价值内涵的相关知识。正如习近平总书记所强调的,"知识是载体,价值是目的,要寓价值观引导于知识传授之中"②,这意味着中学思想政治课不仅要传授丰富的知识,构建学生的知识体系,奠定关键能力基础,更要培养学生的必备品格,塑造正确的价值观。

📖 教资考试链接

2022(上)道德与法治学科知识与教学能力(初级中学)

参考答案

【材料分析题】

33. 下面是某教师的"生活难免有挫折"的课堂教学。

教师:播放生活中人们遇到各种挫折的图片。提问:看完后你有什么感悟?

学生:(略)

教师:从这组图片中我们能得出应以什么样的态度面对挫折呢?这就是我们今天要探讨的话题——生活难免有挫折。

---

① 卢黎歌,隋牧蓉."八个相统一":推动思想政治理论课改革创新的遵循原则[J].学校党建与思想教育,2019(9):10.

② 习近平.论教育[M].北京:中央文献出版社,2024:194.

教师：多媒体展示"感动中国人物"刘伟小时候的遭遇，分组讨论"失去双臂的刘伟，今后的生活可能会怎样？"

学生：（略）

教师：多媒体展示刘伟的照片。

学生：（略）

教师：遇到挫折并不可怕，可怕的是没有战胜挫折的勇气和决心。因此，当我们遇到挫折时要对自己说：不能在挫折中倒下，要在挫折中奋起！

教师：战胜挫折是成功的奥秘所在。

教师：多媒体展示刘伟战胜挫折、取得成功的历程。

教师：分组讨论刘伟的哪些做法使他收获了成功，并展示回答。

学生：自我排解疏导、积极寻求别人的帮助等。

教师：生活中的我们遇到挫折时该怎么做呢？你能不能说一下自己曾经遇到的挫折以及当时是怎样做的，或者现在你面临的挫折或困难以及打算怎样战胜它？

学生：（略）

教师：课堂小结（略）。

教师：请大家自主制订"塑造一个勇于并善于战胜挫折的我"行动计划，积极采取行动。

问题：道德与法治课应坚持正确价值观引导与学生独立思考、积极实践相统一。请简析上述教学实录是如何体现价值观引导的。

---

3. 坚持建设性和批判性相统一[①]

坚持建设性与批判性相统一，是中学思想政治课程在新时代背景下的内容改革创新核心原则。所谓建设性，是指课程内容要积极推动事物的发展；而批判性，则强调课程应具备深刻的洞察力、准确的判断力、敏锐的辨别力以及智慧的反思能力。这两者的重要性在中学思想政治课程对意识形态功能的发挥中得以体现。在阶级社会中，意识形态和社会科学不可能超越阶级属性。在我国，维护马克思主义在意识形态领域的指导地位，直接关系到社会主义的未来和命运。因此，不仅中学思想政治课程，其他学段的思想政治课同样肩负着引领和构建社会主义意识形态的重要任务。

---

① 卢黎歌，隋牧蓉."八个相统一"：推动思想政治理论课改革创新的遵循原则[J].学校党建与思想教育，2019（9）：10-11.

建设性强调的是课程在巩固和发展主流意识形态中发挥的"立"的作用,而批判性则体现在对错误观点和思潮的"破"上。这表明,中学思想政治课程肩负着从"立"与"破"双向保障意识形态安全的时代使命。因此,在日常教学过程中,课程内容应聚焦学生的思想困惑和社会热点问题,正视问题,揭示矛盾,运用马克思主义理论"引导学生正确看待、辩证认识、理性分析现实问题,辨明大是大非、真假黑白,在对社会假恶丑现象的批判中弘扬真善美"①,这样既能帮助学生解除疑惑,又能提升他们分析问题和解决问题的能力,促使学生逐步形成正确的价值观、必备的品格和关键能力。

4. 坚持理论性和实践性相统一

理论性与实践性的统一构成了思想政治课程的核心要求。这种相互依存、相互包含的关系,根植于理论与实践的辩证互动。首先,理论源于实践,深深植根于实践之中,并需要接受实践的检验与评判。脱离实践的理论,不过是空洞无物的"空谈"或误导性的"谬论"。其次,理论又具有反作用力,能够指导并推动实践的发展,这是人类实践活动的重要特征。因此,理论性与实践性在思想政治课程中能够自然融合。特别是在中学阶段,思想政治课程旨在传授丰富的理论,尤其是马克思主义理论,这些理论源自其创立者的实践活动以及他们所处时代工人运动的实践经验。中国化时代化的马克思主义理论,更是根植于中国共产党人和中国人民在三次伟大历史飞跃中所进行的实践活动。在中学思想政治课的理论教育中,我们实际上是在"再现"那些孕育理论的实践过程,并对其进行升华。对学生而言,这是一种"间接实践"。为了让学生真正理解和信仰这些理论,我们必须提供给他们实践检验的机会,这要求我们的教学必须具备实践性。随着社会进步和科技发展,中学思想政治课程的实践形式也日益多样。从最初的社会考察,到现在的"真刀真枪"的实践、模拟实践、虚拟实践;从走出校园的社会实践,到校园内的学术实践,这些形式各异的实践活动对"引导学生把人生抱负落实到脚踏实地的实际行动中来,把学习奋斗的具体目标同民族复兴的伟大目标结合起来,立鸿鹄志,做奋斗者"②具有重要意义。

5. 坚持统一性和多样性相统一③

统一性与多样性构成了事物相互联系又彼此区分的双重特性。统一

---

① 习近平. 论教育[M]. 北京:中央文献出版社,2024:194.

② 习近平. 论教育[M]. 北京:中央文献出版社,2024:195.

③ 卢黎歌,隋牧蓉. "八个相统一":推动思想政治理论课改革创新的遵循原则[J]. 学校党建与思想教育,2019(9):12.

性揭示了事物内在的、固有的、共有的本质，而多样性则展现了事物在形式、层次、结构、阶段以及发展过程中的独特个性。二者相辅相成，辩证统一。在中学思想政治课程中，这种统一性与多样性的融合体现在遵守统一教学要求的同时，充分发挥教师的创造性。教学过程中，我们需警惕本本主义倾向，避免机械照搬教材，将教科书直接作为教案，或将教材体系与教学体系、教材语言与教学语言混为一谈，导致中学思想政治课的综合性特征被简化、标签化、概念化，教学缺乏针对性，流于形式，缺乏亲和力。同时，我们也需防止随意偏离甚至完全脱离教材，任意安排教学内容；避免仅仅追求课堂的热闹气氛而忽视教育实效，或仅仅追求形式的新颖而忽略内容的充实，从而使中学思想政治课程的政治性和思想性被庸俗化，削弱其思想性和理论性。正确的做法应当是因时制宜、因地制宜、因材施教，结合实际情况，具体实施教学目标、课程设置、教材使用和教学管理等方面的统一要求。

 课堂思考

为避免道德与法治课程的学科化倾向，教材设计应怎么处理？

参考答案

6.坚持主导性和主体性相统一

课程教学是由教师的"教"和学生的"学"共同构成的双向互动活动。在中学思想政治课程的教学过程中，教师在教学内容的选择、教学过程的设计、教学进程的安排以及教学活动的评价等方面发挥着主导作用。相应地，学生既是课程的接受者也是参与者，但作为拥有丰富情感和独立意识的个体，学生能够对思政课的教学内容进行主体性的选择和吸收。教师传授的专业知识和施加的思想影响，必须通过学生积极主动的观察、思考和领悟，才能内化为他们的能力和品德。因此，中学生主体性的发挥对于思想政治课程培育正确价值观、必备品格和关键能力是至关重要的。主体性和主导性相统一的规律，既强调了实施思想政治教学的重要性，也突出了自我教育的必要性，只有教育与自我教育紧密结合，才能真正发挥中学思想政治课教学的实效。

7. 坚持灌输性和启发性相统一

思想政治教学的本质是社会主导意识形态的灌输。思想政治教学与社会主导意识形态有着紧密的联系,是向受教育者传导和灌输主流意识形态的重要途径。马克思主义经典作家对意识形态的灌输有过精辟的论述,形成了马克思主义的灌输理论。列宁在领导俄国社会主义革命的过程中,系统地阐述了社会主义意识只能从外部灌输到工人群众中去的理论。列宁指出:工人阶级不可能有社会民主主义意识,这种意识只能从外面灌输进去。中国共产党在长期的革命实践中,坚持对人民群众进行马克思主义理论的灌输,积累了许多宝贵的经验,丰富和发展了马克思主义灌输理论。中学思想政治教学要坚持这一规律,对学生进行正面的宣传教育,推动中国特色社会主义理论体系进课堂、进头脑,积极培育和发展社会主义核心价值观。在坚持灌输规律的同时,还要坚持灌输与启发的统一。对于学生难以理解的问题给予解惑答疑,引导学生按照正确的思路认识问题,以排除学生学习的障碍。灌输与启发统一起来,能够更好地强化思想政治教学的实效性。

8. 坚持显性教育和隐性教育相统一

显性教育指的是通过有组织、有计划、直接且明显的方式进行的教育活动,它使得受教育者能够自觉接受影响,形成有形的教育效果。相对而言,隐性教育则采取隐蔽目的、无预先规划、间接且内在的方式进行,受教育者在不知不觉中受到影响,形成无形的教育成果。在教育教学的具体实践中,特别是中学思想政治课教师,需不断明确并完善教学目标体系,丰富和深化教学内容。他们应当结合学生实际特点与课程发展规律,探索传统与现代教学手段的有机结合,并在传统基础上寻求创新突破,以实现传授知识、答疑解惑的教学目标,充分发挥关键课程的作用。此外,在确保思想政治课程作为核心教育渠道的同时,还需将思想政治教育的核心内容和精神渗透到各学科教学之中,涵盖学生日常管理、校园文化建设等多个方面。教师应深挖其他学科和教学方式中蕴含的思想政治教育资源,构建一个包括语文、历史等学科在内的,与思想政治课程相互支持、协同发展的"大思政"教育体系,实现对学生全面、全程、全方位的教育培养。

二、思想政治教学的原则

思想政治教学的原则是规律作用于实践的中介桥梁,是指导教学活动开展的行动纲领。如果说对规律的揭示是从"实然"层面回答思想政治教学"何以可能"的问题，那么对原则的凝练则是从"应然"层面解决"如何实现"的实践命题。基于此，科学厘定教学原则的理论内涵，系统阐释思想政治教学原则体系具有重要价值。

(一)教学原则的含义

教学原则是教学经验的科学总结和升华，它来源于教学的实践经验，"是在总结教学实践经验基础上，根据一定的教育目的和对教学过程规律的认识而制定。一般认为中小学常用的教学原则主要有：科学性、思想性、启发性、直观性、巩固性、量力性、系统性、理论联系实际、因材施教、教师主导作用等。教学原则贯穿于各项教学工作之中。它的正确和灵活运用，是提高教学质量和教学效率的重要保证"[①]。相应地，思想政治教学原则是指在思想政治教学过程中必须遵循的准则，它形成于思想政治教学实践，体现思想政治教学的规律性与价值性，贯穿于思想政治教学的全过程，渗透于思想政治教学的各个环节，是思想政治教学有序进行的基本规范。

教学规律是贯穿于教学活动的客观存在的、必然的、稳定的联系，是客观存在的。但是反映教学规律的教学原则却不一定是客观的。教学原则对教学规律的反映取决于人们对教学规律主观认识的深刻程度。在教学规律面前，由于人们对同一教学规律认识不同，因而提出的教学原则也不相同。如在凯洛夫的教学原则体系中，有教学的直观性原则、理论与实际相结合的原则、系统性和连贯性原则、知识的巩固性原则、可接受性原则、个别指导的原则等。在布鲁纳的教学原则体系中，有动机原则、结构原则、程序原则、强化原则等。在赞可夫的教学原则体系中，有以高难度进行教学的原则、高速度进行教学的原则、理论知识起主导作用的原则、使学生理解学习过程的原则、使学生都得到一般发展的原则等。

(二)思想政治教学的具体原则

1.方向性原则

方向性原则是指思想政治课教学要始终与我国的社会主义发展要求相一致，坚持正确的政治方向不动摇。当前，坚持方向性原则，就是旗帜鲜明地"坚持马克思列宁主义、毛泽东思想、邓小平理论、'三个代表'重要思

---

① 顾明远.教育大辞典(简编本)[M].上海：上海教育出版社，1999：200-201.

想、科学发展观,全面贯彻新时代中国特色社会主义思想"①不动摇,就是坚持中国共产党的根本宗旨、基本纲领、基本路线不动摇。坚持方向性原则,就是要保证思想政治教学的本质特征,保证思想政治教学的意识形态性,引导学生树立科学的世界观和价值观,实现思想政治教育教学的价值要求。

如何坚持方向性原则? 坚持思想政治课程的方向性,就是要"以马克思列宁主义、毛泽东思想、邓小平理论、'三个代表'重要思想、科学发展观、习近平新时代中国特色社会主义思想为指导,引导学生理解用马克思主义的立场、观点、方法观察时代、把握时代、引领时代的意义"②,使教学为公民道德建设和党在社会主义时期的基本路线服务;坚持思想政治课程的方向性,就是要做到讲马列、信马列,在实际工作中自觉遵守这一原则,将其精神落实到具体的思想政治教学活动中;坚持思想政治课程的方向性,就是要从学生的实际出发,遵循学生的身心发展规律,对学生进行基本思想政治观点、基本道德、基本文明行为的教育,培养良好的个性心理品质和品德能力;坚持思想政治课程的方向性,就是要从我国的现实出发,宣传、发展马克思主义,使马克思主义中国化。

2.民主性原则

所谓民主性原则,实质上就是建立一种和谐的师生关系,让学生"敢想、敢说、敢问、敢创",充分调动学生丰富的想象力,让全体学生都能参与进来,并产生浓厚兴趣,通过激发学生的智力因素和非智力因素,最大限度地开发其创新潜能,培养学生积极主动、自主独立、勇于探索、敢于创新的个性品质。

形成良好和谐的师生关系,是实施思想政治课程教学的前提。师生之间的关系不仅是服从关系,更应是一种合作关系。在教师与学生之间应建立起以民主、平等、和谐为基本特征的新型师生关系,积极创建民主、和谐的学习氛围和精神氛围。师生之间应该是相互交流、相互启发、相互补充,教师和学生要分享彼此的思考、经验和知识,交流彼此的情感、体验与观念,实现教学相长和共同发展。当然,学生的思想问题也只能用民主的方法去解决。

如何坚持民主性原则? 其一,要全面认识师生关系的内容和本质,准

---

① 习近平.习近平著作选读(第一卷)[M].北京:人民出版社,2023:5.
② 中华人民共和国教育部.义务教育道德与法治课程标准(2022年版)[S].北京:北京师范大学出版社,2022:2.

确把握师生关系的核心。师生关系的本质是平等的合作关系,其基本内容表现为三个方面:业务关系、伦理关系、情感关系。业务关系,就是工作关系,教师和学生都要明确各自的职责和任务。伦理关系,就是道德关系,师生都要按照道德伦理关系要求自己。情感关系,就是建立在正确维度情感之上的师生关系。总之,良好师生关系的创建,要从以上几个方面努力。其中,基础是业务关系,核心是情感关系。因此,良好师生关系的创建,要以业务关系为基础,以情感关系为核心。这是正确处理师生关系的关键。其二,教师要树立正确的教师观和学生观,充分发挥教师在教学中的责任和义务。教师要以健康的情感去感染、教育、鞭策和激励学生,与学生平等、友好地相处,化解生生之间、师生之间的矛盾与摩擦,创建安全稳定、健康和谐的成长环境,改变重智轻德、单一追求智育的现状,树立育人为本的思想。

3.启发性原则

在世界教学史上,启发式教学思想是孔子最早提出的,指任何学习活动都要建立在学生自觉需要的基础上,应当充分调动学生的主动性和积极性。坚持启发性原则是因为个体科学知识的获得和科学世界观的形成虽然要靠灌输,但更主要的是个体发挥主观能动性,主动积极学习的结果。

教师在教学活动中要最大限度地调动学生学习的积极性和自觉性,激发他们的创造性思维,从而使学生在融会贯通地掌握知识的同时,充分发展自己的创造性能力与创造性人格。其一,教师要帮助学生明确学习目的。学习目的越明确、越具体,越有利于启发和调动学生的学习积极性。其二,教学内容的选择和讲授要有适当的广度和深度。其三,教学方法的运用要灵活多样,并体现情感性。

4.以人为本的原则

思想政治教学是以人为中心、以人为目的的活动。思想政治教学以人为本的原则,就是在思想政治教学过程中要重视并启发学生的内在教育需求,调动和激发学生积极性、主动性、创造性,引导学生自觉树立正确的世界观、人生观、价值观,不断提高思想政治素质。

坚持以人为本的教学原则,要求思想政治课教师要关注学生、关爱学生、关心学生,促进学生的全面发展;坚持以人为本的原则,是社会主义国家中人民群众的主人翁地位决定的,是学校教育推进素质教育和人的全面发展的内在要求,是提高思想政治教学的实效性的根本所在。

5.正面教育的原则

思想政治教学的正面教育原则,就是要用正确的思想政治观点对学生实施教育,向学生灌输马克思主义理论及中国化时代化的马克思主义,通过摆事实讲道理来说服学生,使学生受到教育、提高认识。

如何坚持正面教育的原则?坚持正面教育的原则,首先,要求思想政治课教师在教学过程中树立唯物辩证地看问题的观点,正面讲道理,使学生积极接受马克思主义理论知识,消除自己错误的思想和认识,促进思想和行为上的进步。要多宣传我国社会生活中的积极因素,少宣传消极因素。要运用社会生活中的典型榜样,从正面鼓励学生进步。典型榜样是指一些具有代表性的模范人物,以他们的先进事迹和模范行为去感染学生、影响学生、鼓舞学生。榜样的力量是无限的,它具有形象、生动、具体的教育特点,采用这种方法进行正面教育,说服力强,能让人信服。其次,教师要面向学生,对全体学生负责,不要偏爱一部分人,歧视另一部分人。对于有缺点、错误的学生,要深入了解情况,具体分析原因,满腔热情地做好他们的思想转化工作。最后,教师要善于发现、培养和调动后进学生身上的积极因素,肯定他们的微小进步,尊重他们的自尊心,鼓励他们的上进心,帮助他们满怀信心地成长。对于极个别屡教不改、错误性质严重、需要给予纪律处分的学生,也要耐心细致地进行说服教育工作,以理服人,不能采用简单粗暴和压制的办法,更不得体罚和变相体罚学生。

6.科学性与思想性相结合的原则

思想政治教学的科学性,是指思想政治教学对其本质和规律的揭示及其对学生发展的促进是客观的、真实的。其科学性包括指导思想的科学性、理论基础的科学性、教学内容的科学性、教学方法的科学性、评价标准的科学性等。思想政治教学的思想性,是指思想政治教学不仅仅是传播理论、知识与信息,更承担着引领价值取向和铸塑灵魂的任务,要帮助学生修炼思想品德,改造主观世界。

思想政治教学的科学性和思想性相结合的原则,就是指在思想政治教学过程中既要保证思想政治教学内容的真实性、客观性、先进性,用科学知识和科学精神教育学生,又要高举中国特色社会主义伟大旗帜,引导学生树立正确的世界观、人生观和价值观。例如在教学内容上,内容要真实、准确、系统,以理服人。"真实、准确、系统"就是科学性,"以理服人"就是思想性。在教学方法上,教学方法要符合学生的认识规律,以情感人。"符合学生的认识规律"就是科学性,"以情感人"就是思想性。在教学目标上,要体现知识、能力、情意相结合。知识、能力、情意的要求就是思想性与科学性的要求。

7.理论联系实际的原则

理论联系实际原则也叫理论与实际相结合原则,思想政治教学理论联系实际原则是指思想政治教学要始终理论联系实际,一切从实际出发,使思想政治教学符合我国社会发展的客观规律和学生的思想品德形成发展的规律。思想政治教学坚持理论联系实际的原则,实际上就是坚持实事求是的思想路线。思想政治教学的根本目的是使学生通过知识学习逐步形成正确价值观、必备品格和关键能力,提高学生认识世界和改造世界的能力,把思想政治教学落在实处,使思想政治教学真正达到针对性与有效性。

这就要求思想政治理论课教师,一方面要自觉加强马克思主义理论的学习,运用马克思主义理论分析和解决思想政治教学中存在的各种思想问题与实际问题;另一方面要积极参加社会实践,通过积极参加有益的社会实践活动,提高自己认识、分析和解决问题的能力,并把思想政治教学的实践经验、实际材料通过研究提升到理论高度,切实达到思想政治教学的目的。同时在教学工作中,要使教学计划、教学方案、教学目标和方法等符合教学的客观实际,即符合社会和学生的需要,符合学生的认知规律和社会所能提供的办学条件。具体而言,其一,课程目标要理论化。通过教学活动,要求学生能够较好地理解和掌握本学科的基本概念、观点和原理,能够运用所学的观点和原理来分析和处理相关社会问题和学生自身的思想问题。其二,课程内容要生活化。就是要使教材内容生活化,课堂学习内容生活化,教学方法生活化。要用教材的内容来解释生活,用现实生活的实例来丰富和说明教材内容,避免从教材到教材、知识到知识的空洞说教。要联系人们所普遍关注的社会问题和学生中普遍存在的心理问题和思想问题,帮助学生运用有关理论来分析认识这些社会热点问题,帮助学生提高认识。其三,教学方法要具体化。即要根据"教学任务、教学内容、学生实际、教育者自身的水平和经验、现有的教学条件"选择不同的教学方法。[①]

8.从学生实际出发的原则

思想政治课程是一门以学生生活为基础、以引导和促进学生思想政治发展为根本目的的综合性课程。坚持思想政治课教学从学生实际出发是课程性质、课程理念、内容目标共同的必然要求。坚持思想政治课教学从学生的实际出发,就要求思想政治课教学坚持贴近学生、贴近生活、贴近

---

① 　高青兰,张建文,郑瑜.中学思想政治课教学论[M].北京:人民出版社,2013:235-236.

实际。

贴近学生要求我们尊重学生的生活经验和知识经验,要在学生已有的生活经验和知识经验的基础上实施教学;尊重学生的思想,关切他们需要什么、关心什么,帮助他们解决问题,真正满足学生生活、成长、发展的需求。贴近生活要求我们的教学要真正走到学生的生活中去,包括学生的家庭生活、学校生活和社会公共生活,无论是教学素材的选择、教学情境的创设、探讨话题的提出、问题解决的逻辑关系,还是结论的呈现,都应该是与现实生活密不可分的。没有生活的思想政治教学是无源之水,没有生活的思想政治教学将会失去应有的生命活力。贴近实际要求我们的教学理论联系实际,不回避社会生活实际现象和问题,并在联系实际的过程中引导学生学会正确观察社会生活现象,分析社会生活现象,解决实际问题。只有切实贯彻从实际出发的原则,才能增强思想政治课教学的针对性、主动性和实效性。

9. 身教与言教相结合的原则

思想政治课教学要真正达到教学的目的,一靠真理的力量,二靠人格的力量。所谓真理的力量,就是思想政治课教学的内容必须合乎实际,反映事物的本质和社会进步的趋势,是科学的,是经得起检验的真理;所谓人格的力量,就是思想政治课教师必须言行一致,以身作则、率先垂范,自己提倡的道德标准和价值观念,要求别人做的,自己首先做到,禁止别人做的,自己坚决不做。

身教与言教相结合的原则,就是思想政治课教师把教学与自身的言行结合起来,注重用自己的行为去影响和感染学生,以促使学生思想政治水平不断提高。思想政治课教师是否认同和践行思想政治教学的内容,对学生是否接受并内化它们有着重要的影响。如果思想政治课教师说一套做一套,教育的效果就会大打折扣,甚至起到相反的作用。因此,思想政治课教师要不断加强理论学习和人格修养,努力提高自身的理论水平和思想道德水平,在生活中为学生树立榜样。

10. 有效性教学原则

"有效"指学生有无进步与发展,是教学有没有效益的重要指标。教学有无效益,是指学生有没有学到什么或学生学得好不好。"教学"是指教师引起、维持或促进学生学习的所有行为。"有效教学"所倡导的理念是:(1)关注学生的进步或发展,教师确立"一切为了学生发展"的思想;(2)关注教学效益,教师要有时间与效益观念;(3)需要教师具备一种反思的意识。教师反思自己的日常教学行为,持续地追问"什么样的教学方式有效?""我的教学方式有效吗?""有没有更有效的教学方式?";(4)问题解决的行为方式。

"有效教学"的策略是:(1)教学准备策略,即教师制订教案时所要做的工作,主要有教学目标的确定,教材的处理准备,主要教学行为的选择,教学组织形式的编制,教学方案的形成。(2)教学实施策略,包括主要教学行为,辅助教学行为,课堂管理行为,设计个性化教学,创造独特的教学风格。(3)教学评价策略。评价贯穿整个教学活动的始终。分为学生成就的评价和教师教学专业活动的评价。评价不等于考试和测验。

第七章 思想政治教学的设计

📹 **学习要点：**

1.教学设计的基本特征。

2.教学设计的依据。

3.教学设计的内容。

4.教学设计的基本要求。

第一节 思想政治教学设计概述

教学设计并非新鲜事物，众所周知，人类对教与学活动的筹划与安排在经验层面上古已有之。但是，今天我们说的教学设计与经验层面的教学设计已完全不同，它是思想政治教师根据现代教育理念、不同的教学对象和教材，以及预期的教学目标，运用系统的教与学的方法对思想政治教学做出的全方位的预期策划。

一、教学设计的概念

《教育大辞典》认为教学设计旨在通过"一套具体的操作程序，以传播理论和学习理论为基础，应用系统理论的观点和方法，调查分析教学中的问题和需求，确定目标，建立解决问题的步骤，选择相应的教学策略和教学资源去完成目标，并分析、评价其结果，使教学效果达到最优"[①]。具体地讲，教学设计是指教师以教育理论为基础，依据教育对象和教师自身的教育理念、经验，运用系统的观点与方法，分析教学中的问题和需要，制定教

---

① 顾明远.教育大辞典(简编本)[M].上海：上海教育出版社，1999：196.

学目标,合理安排教学步骤,为优化教学效果而制定实施方案的系统计划。因此,教学设计的过程实际上就是教师为教学活动制定蓝图的过程。通过教学设计,教师可以根据教学内容和教育对象特点确定教学目标,选择适当的教学方法,采用有效的教学手段,保证教学活动的顺利进行。

教学设计包括以下环节:对《课程标准》、教材和学生的分析,教学目标的制定,教学内容和教学情境的设计,学习任务和学习活动的设计,学习活动的组织和评价设计等,强调在目标和内容设计基础上的学习活动和组织策略设计,关注目标引导下的生成性内容的处理策略。

二、教学设计的作用

教学设计是教学活动得以顺利进行的基本保证。通过教学设计,思想政治课教师可以对教学活动的基本过程形成整体的把握,可以根据教学情境的需要和教育对象的特点确定合理的教学目标,选择适当的教学方法,采用有效的教学手段,创设良好的教学环境,实施可行的评价方案,从而保证教学活动的顺利进行。通过教学设计,教师还可以有效地掌握学生学习的初始状态和学习后的状态,从而及时调整教学策略、方法,采取必要的教学措施,为下一阶段的教学奠定良好基础。具体而言,教学设计具有以下三方面的作用。

第一,教学设计是提升教学工作科学性的关键因素,它有效弥补了传统经验式教学的局限性。通过将教学工作植根于学习理论、教学理论和系统科学理论的坚实基础,教学设计为教学过程提供了坚实的理论支撑。这不仅确保了教学活动的每一步骤和环节都有科学依据,而且使教师的教学行为受到精心设计的教学方案的约束与指导。这样的做法使得教学过程更加科学、有序且高效,有助于确保教学任务的顺利完成和教学质量的显著提升。

第二,教学设计是整合教学要素、形成最大教学合力的关键环节。教学活动本身是一个复杂的系统,由多个相互关联的要素构成。这些要素不仅包括教师、学生、教学内容和教学方法,还包括教学环境、教学评价等。每个要素都会对教学效果产生直接或间接的影响,这种影响并非各要素力量的简单叠加,而是它们之间相互作用、相互协调所形成的"合力"。教师在进行教学设计时,必须采取综合、整体的规划与安排策略。这要求教师全面、周密地考虑和分析每一个教学要素,确保它们在指向共同的教学目标时能够形成最优的匹配关系。通过这种细致入微的规划和调整，各教学要素之间能够产生最大的合力，从而实现教学效果的最优化。

第三，教学设计架设了教学理论与教学实践之间的桥梁，它对于实现理论与实践的融合至关重要。当前，教学理论往往面临"理论与实践脱节"的困境，难以有效指导教学实践。如何克服这一难题，使教学理论既能高屋建瓴，又能脚踏实地，成为教学理论研究者和实践者共同关注的焦点。因此，深入研究和实践教学设计，不仅是为了将教学理论转化为具体的教学行动指南，更是为了充分发挥教学理论对教学实践的引领和指导作用，实现理论与实践的有机结合。

总之，教学设计在教育活动中的重要性不容忽视。首先，它要求我们尊重教育规律，必须珍视并合理利用学生的课堂时间，确保每一分钟都充满价值。其次，教学设计旨在提高学生的学习兴趣，通过彰显学习者的主体地位，激发他们的内在动力。此外，优化教学过程是教学设计的核心任务，它要求我们沟通教学理论与教学实践，形成有效的教学策略。最终，通过精心设计的教学活动，我们能够达成预期的教学效果，实现学生学习的优质与高效。

三、教学设计的基本特征

教学设计是否科学、合理和有效，关键是看教学过程是否符合教学活动的客观规律，能否有效地引起、维持和促进学生学习，学生是否取得了预期的进步或发展。因此，教学设计的基本特征可以体现为以下几个方面。

(一)发展性

所谓发展，就是指学生经过课堂学习能够取得进步且获得积极情感体验，就是每节课学生都有实实在在的收获。这种收获表现为从不懂到懂、从少知到多知、从不会到会、从不能到能、从不想学到想学、从想学到学好的变化，特别是学习方法的掌握和学习能力的提升。发展性还表现为教学设计充分考虑个体的差异，不强求全班同学的同步行进，允许学生根据各自的学习需求、学习方法和学习能力，选择各自的发展目标和目标达成的进度。

（二）开放性

教学设计是一个开放的系统。表现为：教学内容以教材为范例，从单一的书本知识向学生的日常生活和社会生活等方面拓展；教学方法从以教师为中心向以学生为中心转变，提倡以"自主、探究、合作"为特征的研究性学习；教学过程注重师生的交流互动与心灵对话，让学生多一些感悟与体验的机会，多一份参与的激情和动力；问题解决从答案唯一向条件、问题、解法和结果的适度开放转变，培养学生的主体意识，发展其学习能力。

📖 教资考试链接

2023（下）思想政治学科知识与教学能力（高级中学）

参考答案

【材料分析题】

33. 材料：一位教师执教思想政治必修3《政治与法治》中的"中国共产党领导的多党合作和政治协商制度"，在教授多党合作的基本方针时，首先提出了"长期共存、互相监督、肝胆相照、荣辱与共"的十六字方针，然后逐层分析了各自的含义和对党派的要求。在解释"肝胆相照、荣辱与共"的内涵时，一学生突然站起来发问："这种党派合作，不就是社会上搞的江湖义气吗？"该教师对于学生的"突然袭击"并不慌张，经过片刻思考后，他先对这位学生的积极探索精神进行了肯定和赞赏，而后顺势引导学生展开讨论，并在讨论中及时提问：江湖义气是什么？持江湖义气的人讲不讲政策原则？学生们经过讨论后认为，我国政党制定坚持中国共产党的领导、坚持以四项基本原则为合作的政治基础，以遵守宪法和法律为根本的活动准则。因此，这种党派合作不是毫无原则的所谓的"江湖义气"。通过师生的共同探究，解开了学生的心结。

问题：运用思想政治课程教学理论知识，分析教学中如何实现以学生学习为中心。

（三）生成性

有人说教学设计不重视生成，其实恰恰相反。预设是生成的前提，没有充分的预设，就不可能有预期的生成。对于这个问题，我们可以从教学设计与传统的课堂对比中看出：传统课堂把生成看成是一种意外收获，教学设计则把生成当成一种价值追求;传统课堂把生成看成一种教学机智,教学设计则把生成当成彰显课堂生命活力的常态。因此,教学设计是一个动态发展的概念,它根据教学过程中涌现的各种信息,及时修正原有的教学设计,灵活机智地选择教学策略,帮助学生有效达成预期的学习目标。

(四)反思性

教学设计是一个连续的、不断改进和提高的过程,构思于课前,展开于课堂,调整于过程,完善于课后。反思是修正、完善教学设计的前提,是提高后续教学设计有效性的必要环节。教学设计只有是适合的,才是有效的。

第二节 思想政治教学设计的内容

思想政治教学设计是连接教育理论与教学实践的枢纽,其内容体系的构建应当遵循科学性、系统性和实效性三大基本原则。为此,首先需要明确教学设计的依据,其次应系统规划教学设计的具体内容,最后应采用规范的方式形成完整的教学设计。

一、教学设计的依据

教学设计需要以新课程改革的理念为指导,以学生发展为本,发挥教师和学生的主观能动性,以实际教学需要为依据,实现人才的培养目标。

(一)以人才培养目标为核心

教学设计是创新课程教学的前提和基础。在教学设计中要紧紧围绕人才培养的目标进行,即教学设计的思想、步骤、内容、形式、方式方法必须围绕人才培养的目标来展开,以人才培养目标为核心。离开了培养目标的教学设计也就失去了意义。

(二)以满足学生发展为需要

教是为了学,学是教的依据和出发点,教师的教必须通过学生的积极主动的学才能起到有效作用。因此,教学设计要体现学生的主动性与创新性,把学生身心发展的特点和规律作为教学设计的一个重要依据加以认真对待。教师作为教学活动的设计者,在决定教什么和如何教时,应当全面考虑学生的学习需求、认识规律和学习兴趣,着眼于辅助、激发、促进学生的学习,满足学生发展的需要。

(三)以满足实际教学为需要

教学设计还要满足教学活动的实际需要,并为实现这种需要提供最优的行动方案。因此,教学设计最基本的依据就是教学活动的实际需要。在进行教学设计时,应首先明确教学任务和教学目标,并对它们进行认真的分析、分解,使之成为可操作的具体要求。在此基础上,综合考虑各种教学因素,选择设计必要的教学策略,使教学设计方案在立足教学现实需要的基础上发挥出其应有的作用。

二、教学设计的内容

一堂精彩的课堂教学,需要教师的教学设计体现新课程理念,深刻理解教材,全面了解学生,合理运用教学方法,科学使用现代教学手段,通过全方位的教学设计,使课堂结构的安排更加严密、合理,教学内容更加丰富多彩。

教学设计一般包括:(1)教学设计理念;(2)课标与教材分析;(3)学情分析;(4)教学目标分析;(5)重点难点分析;(6)教与学的方法、手段分析;(7)课前准备;(8)教学流程;(9)教学过程设计;(10)教学检测与拓展延伸;(11)板书设计;(12)课堂小结与作业布置;(13)教学设计反思。

(一)教学设计理念

以什么样的理念进行教学设计,不仅反映了设计者的教育理论素养,也决定着其能否设计出适应学生发展需要的教学方案。因此,设计者在进行教学设计时应首先树立正确的教学理念,并且贯彻设计始终。

理念是人们经过长期的理性思考及实践所形成的思想观念、精神向往、理想追求和哲学信仰的抽象概括。教学理念是教育主体对教学和学习活动内在规律认识的集中体现,是对教与学活动的看法及持有的基本态度和观念。与新课程改革相适应的教学理念有:以学生发展为本的理念,突出自主学习、合作学习、探究式学习的理念,课堂教学民主化的理念,提高课堂教学效率的理念等。

教学设计理念是教学主体在教学设计中所坚持的信念,是教学理念在教学设计中的具体体现。教学设计理念对教学设计具有指导性作用,教学设计的第一步就是要明确教学设计的理念。

对于教学设计理念,仁者见仁,智者见智。不同的教学主体或同一教学主体,面对不同的学习主体,或面对不同的教学内容,会有不同的教学设计理念。一般来说,教学设计理念要围绕新课改的核心理念——一切为了每一位学生的发展展开。

✏️ 教学设计理念

❖ 以学生为主体,以活动为内容,以参与为中介,以发展为目标,关注主体间的理解、沟通、参与和互动。

❖ 把握时代的特征,注重学生的成长,构建生活化的教学,强调开放性和实践性,促进发展性评价。即"以学生为本,以教师为导,以生活为基础,以理论为支撑,立足实践,引领成长,体验学习过程,收获知识成果"。

❖ 学生是学习的中心和主体,是知识意义的构建者,强调学生在课堂中的参与性以及探究性,让学生懂得知识、获得知识,并把知识运用到实践中去,最终达到知、行、信的统一。

对教学设计理念的阐述,不是简单地喊口号,而是要把教学理念与教学设计结合起来。

在实际教学设计中,也有人以"教学设计思想"代替"教学设计的理念"。从某种程度来说,设计思想和设计理念是一致的。

 ### 知识链接

对"以学生为本"的理解

第一,教师要"目中有人"。教师在进行教学设计时,不能认为学生是为学习这些知识而存在的,而是要使知识的传授服务于促进学生有个性的、可持续的、全面的发展。第二,教师要有"全人"的观念。学生的发展是全面的发展,而不是某一方面的片面发展,是知识与技能、过程与方法、情感态度与价值观三方面的整合。第三,注重个性发展。每一个学生都是一个特殊的个体,在他们身上既体现着发展的共同特征,又表现出巨大的个体差异。教师不仅要承认差异,而且要辩证地看待差异,把学生的差异作为一种资源来开发,使每一个学生都学有所得,得有所长。

对"以学生为主体"的理解

第一,把学生看作真正的学习主体,认真研究学生学习的实际起点,根据实际起点确定教学起点,为学生的学创造有利条件。第二,全体学生参与教学。教师在进行课堂教学设计时,要从不同层次学生的学习基础出发组织学生参与教学活动,使他们在原有基础上通过参与教学都有所发展。第三,要引导学生全身心参与。不仅是智力因素要参与,非智力因素也要参与;不仅思维要参与,其他感官也要参与。让他们主动地参与动眼看、动耳听、动笔记、动脑思考、动手操作、动口讨论。

陶行知先生在几十年前就提出:"解放孩子的头脑,让他们能想;解放孩子的眼睛,让他们能看;解放孩子的双手,让他们能做;解放孩子的时间,让他们能学自己想学的东西。"以学生为主体,不仅要让他们成为课堂的主人,而且要让他们走出教室、走出课堂,以他们逐步扩展的经济生活为基础,以他们关心的经济现象为切入口,通过个别访谈、实地调查等方式、方法,在知识传授的同时,培养学生透过现象看本质的能力,帮助学生以科学态度认识价格的变动,增强参与经济生活的自主性,引导学生在自主发现问题、探究问题、解决问题的过程中获得亲身的体验和感悟,在体验和感悟的基础上认同与内化经济学原理并用以指导自己的行为实践,使学生情感得到升华,形成正确的世界观、人生观和价值观。

对"生活化教学"的理解

新课改的理念之一就是回归生活。教育家赞可夫说:"学生积极的情感、欢快的情绪,能使他们精神振奋,思维活跃,容易形成新的联系。而消极的情绪则会抑制学生的智力活动。"人的情感总是容易在贴近自己生活实际的情境和场合下产生。因此,教师要善于在课堂上创设直观、形象的生活化的教学情境,形成激昂的情绪,激发学生的学习兴趣,拓展学生创造性思维的空间,使学生进行创造性学习。将教材知识与学生关心的生活、周围的生活变化等紧密联系起来,通过课堂讲授,最终把教材知识融入学生的生活中去,使学生在体验中感悟生活、理解生活,使学生运用所学的知识指导实际生活。

(二)课标与教材分析

课标即《课程标准》,它是全国范围内统一使用的基本的指导性的教学规范。课标分析,即分析《课程标准》中关于教学目标、教学内容、教学原则以及学习评价等方面的要求与规定。

教材分析主要从两个方面着手:一是确定学习内容的范围与深度,明确"教什么";二是揭示学习内容中各项知识与技能之间的相互关系,即本节课的地位与作用。

深入分析教材,对于教学设计而言非常重要,因为只有对教材理解透彻,才能制定出较好的教学方案。怎样分析教材?

其一,教师要了解教材的体系结构,弄清重点单元、课、框的重点和难点所在。

其二,教师要结合阅读参考资料,掌握本学科的最新发展情况和教学内容改革的前沿动态。

其三,教师要有计划地在每一个学期选读一、两本有关专著,经常阅读相关的专业报刊,掌握理论前沿动态。

其四,教师要能够以科研成果和教学经验对教材做出合理补充和调整。

就本部分而言,简要地说,教材分析包括两个方面:一是教材的内容分析;二是教材的地位与作用分析。

(三)学情分析

学情分析是教学得以正确开展的基础,也是教学设计中对教学重难点、教学方法取舍的依据。学情分析包括以下几方面:

其一,知识起点分析。知识起点即学生已有的知识基础和生活经验。学生学习新知识前必须分析他们已有的知识经验,以及这些知识经验对学习新知识的影响等。

其二,能力起点分析。分析学生掌握教学内容必须具备的学习技巧,以及是否具备学习新知识所必须掌握的技能和态度。

其三,心理特点分析。分析学生年龄特点以及身体和智力上的个体差异所形成的学习方式等。

学情分析能够更好地将要进行的教学内容与学生的需求相统一,从而有效地提高教学的针对性和学生学习的积极性。一般而言,学情分析可以采取口头或书面形式广泛征求学生意见,或通过学生代表、班干部调研,或利用电子邮箱、微博留言等形式,达到了解学生的目的。

当然,学情分析不是一两句话就可以说清楚的,具体实践中可以根据所教学生的具体情况进行详细描述。

(四)教学目标分析

新课程理念下,学科核心素养成为教学目标的根本导向,强调通过学科学习培养学生适应终身发展和社会发展的正确价值观、必备品格与关键能力。这也是发展性教学的核心内涵。它强调教学目标是教学活动中师生的共同追求,强调学生是学习的主体,与传统课堂教学只关注知识的接受和技能训练截然不同。

思想政治课教学目标设计的特点:

其一,整体性。正确价值观、必备品格与关键能力构成思想政治课程育人目标的有机整体,三者通过价值引领、品格涵养与能力锻造的交互作用,在认知进阶与实践体验中实现融合,共同塑造具备核心素养的全面发展型人才。

其二,预设性和生成性的统一。教学目标是根据国家《课程标准》来设定的,具有"规范性"。但由于教学内容的丰富性、学生凭借自身经验与体验对它进行解读而产生的多义性、教学活动中教师与学生对话碰撞产生的"意义"的新异性以及现代课程资源的广袤性,一些新的目标就会被引发和生成出来。这就是教学目标的生成性。因此,教师应更好地将教学目标的预设性和生成性统一起来,取得最佳的教学效益。

需要注意的是,《课程标准》中给出了学习目标的说明,阐述了各目标水平的要求,列举了对应使用的行为动词,在进行教学目标的设计时,应认真参考。

另外,需要注意的是,不要误解教学目标的分析,一提到教学目标就认为教学目标是1课时的事情。其实,教学目标可以分为1课时、1课、1单元、1学期、1学年,甚至本学科课程的总体教学目标等。如果对1课进行教学设计,就需要分析1课的教学目标;进行1单元的教学设计,就要分析1单元的教学目标。

(五)重点难点分析

重点是教材中最重要的、最基本的理论知识,或是最关键和最有现实意义的部分。每堂课的教学都应有重点,分析教材首先要找出重点,然后要照顾重点与非重点的关系。难点是指学生难以理解和难以掌握的部分。分析难点是突破难点的前提,关键在于分析"难"的原因,以便选择有针对性的教学策略。热点是指与教材内容相联系的、学生普遍关心的社会问题。分析热点既要分析社会问题的成因和发展,又要分析热点问题对学生认识的影响。

(六)方法手段分析

1.教学方法

常用的教学方法有：以语言传递信息为主的教学方法，如讲授法、问题法、读书指导法和讨论法；以直接感知为主的教学方法，如演示法和参观法；以实际训练为主的教学方法，如练习法、实验法和实习法；以激发情感为主的教学方法，如情境教学法、联系实际教学法和故事教学法；以引导探索为主的教学方法等。

思想政治教育教学方法是在思想政治教学情境中，教师和学生为了教和学而进行的以思想政治学科知识为内容的教学活动方式。常用的思想政治教育教学方法有讲授法、谈话法、演示法、练习法、参观法、问题法、阅读法、讨论法、探究法、复习法等。

教学方法选择的依据包括：

（1）教学目标：不同的教学目标与学习任务需要借助不同的教学方法去实现和完成。

（2）教材内容的特点：教学的具体内容不同时，要采取不同的方法与之相适应。选择教学的方法必须考虑教材内容的特点，教材内容适合用哪种教学方法就选用哪种教学方法，要注重思想政治教材文本理论与社会生活之间的密切联系。

（3）学生的实际情况：教学方法的选择应符合学生现有的认知发展水平和生理心理的发展水平，以及学生所在班级学校的特点等，从学生的实际出发，选择能促进学生进行独立性学习的方法。

（4）教师本身的素质：根据教师以前的教学经验、理论修养水平以及教师个人的品质和性格特征等来设计教学方法。教师的某些特长、弱点和运用某种方法的实际可能性，都应成为选择教学方法的重要依据。

（5）各种教学方法的功能：每种教学方法都有局限性。某种教学方法对某个学科或某个课题是有效的，但对另一个学科、另一个课题或另一种形式的教学却可能是完全无用的。

设计教学方法需要注意的是：高效率、设疑启思、情理交融、知行统一。

2.学习方法

传统的教学实践中，人们偏重"教"的方式方法，而忽视了"学"的方式方法。在新课程理念下，教师应关注对"学"的方式方法的指导。学法指导的目的是教会学生学习。古人云："授人以鱼,只供一饭之需,授人以渔,则终身受益无穷。"因此,教师应结合具体的教学内容,将基本方法和有关技巧的灵活运用等渗透给学生,同时指导学生将课内掌握的学习方法运用到课外学习中去,最终促成学生"会学"。

在学生学习方法的指导上,既要重视学生学习兴趣的培养和动机的激发,重视教学过程的情感化,还要考虑学生学习方式的养成,重视学生的学习能力和创造能力的培养。

3.教学媒体

媒体是指信息的载体和传递信息的工具。当媒体直接加入教学活动,在教学过程中传输有关的教学信息时,人们就称之为教学媒体。现代媒体丰富了教学内容,增加了教学的密度和容量,能创造出使知识、学问来源多样化的文化教育环境,为学生个性、素质的发展提供了无限广阔的天地。

教学媒体包括:标本、模型等实物演示的教学媒体,电影、电视等动作演示的教学媒体,幻灯、投影、视频等现代多媒体教学媒体,录音、挂图等传统教学媒体等。

教学媒体的选择要服从教学目标需要,适合表现教学内容;要发挥媒体特长,有利于教学;要适合教学对象特征,符合教学心理规律;要适合现有教学条件,方便教师操作演示。

📖 教资考试链接

2022(下)道德与法治学科知识与教学能力(初级中学)

参考答案

【材料分析题】

34.李老师在教授"揭开情绪的面纱"一课时,使用 PPT 做了多媒体课件。

一、什么是情绪?

二、情绪的种类有哪些?

三、如何控制情绪?

然后,李老师引导学生自学教材,寻找答案,并在之后的教学环节中,把每一问题的答案都展示在屏幕上。

问题:(1)请问李老师的多媒体课件运用得合理吗?

(2)结合教学实际,谈谈该如何合理地使用多媒体课件。

（七）课前准备

课前准备主要是指为了本课的学习，教师对学生的要求，以及教师自己对教具学具（媒体）及有关材料等方面的准备。如选择使用的挂图、幻灯片、录音带、录像带、新闻图片、计算机、网络等教学媒体。

（八）教学流程

"教学流程"就是展开教学的步骤，是指教师在设计课堂教学时所规划的、所要实施的、或明或暗地被划分成的若干个教学步骤，以便在课堂上有序地向前推进。

教学流程可以用语言描述的方式进行，例如"基于问题的教学"设计方法，其教学设计流程为：（1）创设问题情境；（2）引导学生自主学习；（3）组织合作交流；（4）进行适度拓展；（5）引申发展问题。

教学流程也可以采用流程图的方式表示（见图7-1）。

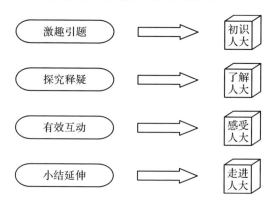

图7-1　"人民代表大会：国家的权力机关"的教学设计流程图

流程图的优点是可以直观地显示整个课堂活动中各个要素之间的关系、比重；教师可以依据学习者不同的反应情况做出相应的教学处理，灵活性大，目的性强；教学过程流程图是浓缩了的教学过程，层次清楚、简明扼要、一目了然。不过在竞赛的过程中，如果采用流程图的方式，会占用很多的时间。目前较为常见的流程图有以下几种：逻辑归纳型、逻辑演绎型、探究发现型、练习题型等。

在本部分的教学设计中，有人使用教学思路分析，也有人同时使用教学思路分析和教学流程。还有人把教学思路分析放在教学过程设计的前面，把教学流程放在教学过程设计的后面。总之，无论采用何种分析方式，都应因人而异,具体分析,最终达到形式与内容的有机结合。

(九)教学过程设计

1.教学过程设计概述

教学过程的设计是教学设计的核心。教学不仅是一个传授知识、学习知识的过程,还是一个教师和学生共同建构知识和人生的过程。这一过程的基础是师生间的交流、对话和合作。

教学过程的设计,一般包括以下环节:导入新课、学习新课(重难点的解决)、课堂练习、课堂检测、课堂总结、课外延伸作业等。不同的课程类型会有不同的教学过程设计。

📝 教学过程设计模式 ────────────

➢创设情境,导入新课──合作探究,学习新课──课堂小结,巩固知识──情景回归,感情升华。

➢激趣质疑,导入新课──合作探究,突破重点──问题探究,解决难点──课堂小结,强化知识──课后作业,拓展延伸。

➢复习知识,导入新课──合作探究,学习新课──课堂小结,巩固知识──情景回归,情感升华。

➢激趣引题,初识××──探究释疑,了解××──激情互动,感受××──小结延伸,走进××。

➢情景导入,观察生活──情景分析,理解生活──情景回归,参与生活。

➢引入新课,激发兴趣──提出问题,引向自学──及时反馈,因材施教──巧设情境,鼓励思维──精心讲解,破解疑难──课堂小结,巩固知识──课后作业,拓展延伸。

2.教学过程设计要注意的几个问题

(1)巧设情境,突出互动性

现代教学把教学的本质定位于交往,这就需要教师在教学过程的设计中精心创设情境,为师生互动和生生互动搭建一个平台和空间。例如,某位教师在讲授"商品价格与价值的关系"时,并没有进行理论推论,而是巧设情境:教师手拿一支粉笔欲与学生换钢笔──学生当然不愿意──教师追问为什么不愿意。就在这样看似信手拈来,但却精心巧设的情境中,抽象的经济学理论变得通俗易懂,教学效果显著。在这样真实而简单的教学情境中,师生的思维真正实现了互动,让学生在互动中获得了"体验"。

 知识链接

情境设置

设置教学情境的目的,在于创设教学情境的暗示与感染,引发学生的真切体验,激发学生情感上的共鸣与默契。思想政治理论课有意识地设置教学情境有利于激发学生参与课堂教学活动的积极情感。

其一,情境素材要源于生活。设计思想政治课教学情境时应考虑如下三个因素,一是素材内容要取材于学生耳闻目睹的生活资源,学生能近距离观察、感受。二是角度要新颖,让学生感受思维空间的丰富多彩。三是便于操作,使学生容易进入教师设定的情境,能不同程度地激发、调动自己的生活体验。

其二,情境设置应贴近学生学习需要。思想政治教学情境设置不仅要贴近学生生活,还要贴近学生的学习需要,有效提升学生对思想政治理论的理解水平。首先,教师要创设能够激发学生动机的教学情境,这里的关键是教师能够结合素材设置出与学生情感需求有效结合的思想政治问题情境,所提问题要符合学生的思想政治认知规律、思想政治行为习惯和思想政治心理状态。其次,要创设能够渲染情感的教学情境。再次,要创设学生能够自主加工的教学情境。教师要通过创设情境将学生已有的生活经验唤醒,通过再现、亲历、自主加工的方式使学生真正从心底反思行为,产生养成合乎社会规范要求的思想政治品质的渴望。

其三,案例是设置情境的"剧情脚本"。情感教学的情境创设有许多方式,在实践中,案例是教师创设教学情境的常用载体。教师在选择案例时可先将学生应掌握的理论观点排列出来,做到案例所提供的信息和资料尽可能多地蕴涵教材中的重要价值观念,使学生在感受情境事件的过程中产生判断与思考。其次,案例要注重引导学生关注现实,关注人的生存与发展进程中的重大问题,让学生意识到所学知识能够应用于实践,从而激发学生自主学习的欲望。最后,案例的选择必须有典型性、针对性,即通过案例分析,能够达到阐释原理、引发讨论、体验情感的目的。

(2)统筹安排,注意整体性

课堂教学是由多种因素和成分组成的,在设计、安排课堂教学时,必须照顾到课堂教学的各个因素和成分，使之有机结合，使整体功能大于各部分功能之和。教学过程的每个环节都不要轻易丢弃，特别是导入教学、展开教学和结束教学，力争"开头"要引人入胜，"中间"要波澜起伏，"结尾"要余音不绝。

（3）精选素材，突出实用性

教学过程中使用的素材一定要真，真实性是思想政治理论课的灵魂，材料失真容易脱离实际，形成空洞说教，使学生产生厌恶或逆反心理。同时，教学过程中使用的素材一定要新，要有时代性。当代学生思想活跃，喜欢就重大时事发表自己的看法。在思想政治课教学中，教师应尽量有针对性地用国内外形势变化的最新材料来补充教学内容，缩小教学内容与现实生活的"时间差"，满足学生的求知欲，激发学生的探索创新精神。当然，其增强教学吸引力的前提是实用。学生往往容易对那些与自己关系密切、有实用价值的教学内容产生兴趣与认同。教师在教学过程中，要充分考虑和尊重学生的实用心理，捕捉绝大多数学生心理上、思想上的"兴奋点"，及时抓住学生思想政治道德上的困惑与矛盾，指导学生运用所学理论解决他们心中的疑问，让他们感受到学习思想政治理论会受益，自觉实现由"要我学"到"我要学"的转变。

（4）课堂小结，注意灵活性

课堂小结要组织学生共同参与，要围绕学习目标用"关系图"把构建的知识体系、学习的重点难点等勾画出来，引起学生的注意。使课堂小结具有归纳引导、简洁明了、形象直观的特点，发挥画龙点睛、强化目标的作用。

（十）教学检测与评价

对知识的评价（理论观点和原理，应用性知识及操作规范），要注重评价学生对知识意义的实际理解和把握；对关键能力的评价（对学习能力的评价和对实践能力的评价），要注重对理论观点、原理的运用能力进行考评，注重对在具体情境中，分析和解决问题的能力进行评估；对正确价值观与必备品格的评价，既要坚持正确的价值标准，又要尊重学生的个性表现，关注学生情感和态度变化的趋向。

教学检测与评价可以和知识巩固、课堂拓展结合起来。有的教学设计把本部分直接放在教学过程设计中，也有的把本部分单独列出来。无论怎样，形式并不重要，关键的是设计的内容与逻辑关系，切勿重复设计。

(十一)板书设计

板书是课堂教学的有机组成部分和重要手段。好的板书具有直观形象的特点:有的提纲挈领,使学生的认识条理清晰、重点分明;有的图文并茂,使学生受到美的熏陶;有的画龙点睛,使学生深刻体会作品的意义和作者精湛的技术。所以教学设计需要教师在深钻教材的基础上,针对教材和学生的特点,精心设计板书。

板书可归纳为以下几种:(1)结构式板书,是按照内容顺序进行排列的,层次清晰,主次分明,叙述有序。(2)提纲式板书的特点是层次分明,结构严谨,一目了然。(3)归纳式板书的特点是内容细腻、丰富,可以帮助学生理清学习的脉络。(4)比较式板书是通过对照两种方法或现象,让学生比较,仔细推敲,找出不同,加深理解。(5)表格式板书,用于纵横对比,可帮助学生分析各自的特点。(6)图文式板书能够将重点展现清楚,既直观又形象,有助于学生理解。

板书形式多样,因内容而异,因人而异,但板书必须内容简洁且富有启发性,思想凝练且富有灵活性,形式精炼且富有实效性。教师备课要在深钻教材的基础上,针对教材和学生的特点,精心设计最有表现力的板书。

在进行板书设计时,由于采用多媒体教学,所以板书设计可以简单一些,把主干知识列在黑板上,让学生对教材有一个整体的认识与把握。在进行全班交流的时候,根据学生的发言,以副板书的形式加以记录,有助于最后的分析、整理、归纳。

📖 教资考试链接 ————————————————————————

2020(下)思想政治学科知识与教学能力(高级中学)

参考答案

【材料分析题】

31.下面是《思想政治2·政治生活》第一单元"公民的政治生活"第二课"我国公民的政治参与"第四框"民主监督:守望公共家园"的板书设计。

1.宪法赋予公民的监督权利:批评权、建议权、申诉权、控告权、检举权。

2.公民进行民主监督的主要渠道:信访举报制度、人大代表联系群众制度、舆论监督、民主评议会、监督听证会、网上评议政府等形式。

问题:请对材料中的板书形式做评价。

(十二)课堂小结与作业布置

在课堂教学过程中,课堂小结发挥着至关重要的作用,其目的在于巩固学生的认识,将传授的知识迅速内化为学生的素质。通过简洁明了的总结,有助于学生更深入地理解理论在实际生活中的应用,并逐步塑造良好的个性。除此之外,以下环节同样不可或缺:(1)设计思考题,旨在对课堂内容进行深入挖掘,引导学生课后进行思考和探究。(2)布置课后作业,作业的题量和难度应适中,以巩固所学知识并提高学生的实践能力。(3)明确预习要求。提前布置下次课程的预习任务和学习要求,涵盖线上和线下学习资源。

(十三)教学设计反思

针对上述教学环节,对教学目标的达成、课堂上生成性知识的处理、师生互动、教学相长等方面存在的不足进行理性的思考,给出自我评价或改进的建议。

三、教学设计的书写

教学设计的书写可以是文字形式的,也可以是表格形式的,还可以将文字和表格二者结合起来。

一般来说,文字形式的教学设计能够比较充分地表达思想和具体的内容,信息量大,但不宜直观地反映教学结构中各要素之间的关系。而表格形式能够比较简洁、综合地体现教学环节和教学诸因素的整合。因此,或者以表格形式书写,或者将文本和表格形式合二为一,后一种方式是比较理想的方式,一般采用文字形式书写前端分析,教学过程则以表格形式书写,从而组织成为一篇教学设计方案。

需要说明的是,教学设计的内容和形式应该根据需要而定,如果为了同行间探讨、交流,则应较为详细且通过较强的理论展现教学设计的各个部分。如果是教师本人为了上课前对课堂教学做理解和策划,则可以相对淡化理论色彩并简化分析要素,更多地关注过程、方法策略以及教学流程和板书的设计。总之,课堂教学设计方案的多元化创新是我们所追求的目标。

✐ 不同格式的教学设计 ——————————

文字格式的教学设计

【标题】"××版××年级××内容的教学设计"(标题要具体、明确,一般不用副标题。可以设计一个课时,也可以设计几个课时或系列教学。)

【署名】×××(写明学院、班级、学号、姓名。或者写明单位、姓名、邮编、联系电话、邮箱。)

【正文】分十二部分:

【教学设计的思想(理念)】(简要说明本课教学的指导思想、理论依据和设计特色。)

【教材分析】(第一,分析《课程标准》对本课教学内容的要求。第二,分析本课内容的组成成分和在教材学习中的地位和作用。第三,分析本课内容与相关内容的区别和联系。)

【学情分析】(第一,分析学生已有的认知水平和能力基础。第二,分析学生学习本课可能遇到的困难和问题。第三,分析学生的心理特征以及在学习过程中可能采取的各种学习策略。)

【教学目标分析】

【重点难点分析】

【教学方法与手段】

【课前准备】

【教学流程】

【教学过程设计】

➤课前探究:设计出引导学生进行课前准备和探究的问题及方案要求。

➤新课导入:设计出新课的教学引语及导入方案,要着力于起到"凝神、起兴、点题"的作用。

➤课堂教学展开:(1)突出学生的主体地位。(2)从学生的问题出发营造教学情境,设计教学问题并引导学生探究、解决问题。(3)设计出任务型教学指导下的师生互动方式。(4)准备两三种针对不同群体学生的教学安排。(5)对教材内容作适当的处理,发掘出教材内容之间的内在逻辑联系及其育人作用。(6)课堂教学要减少统一讲解,增加学生的自主探究,增加学生的分组活动。

➤课堂总结:(1)设计出针对教材知识内容的系统的回忆巩固问题及方案。(2)设计出发散、扩展、升华学生思维的问题及复习巩固方案。

【知识拓展与延伸】(提出 1—2 个与本课设计相关的值得反思和讨论的问题。)

【板书设计】(设计出每节新课的教学结构,包括板书。)

【教学设计体会(或教学反思)】(评价自己教学设计的实施结果,对每节课的教学设计进行及时的修改、补充、完善,并写出教学感想体会。)

表格式的教学设计

课题名称			科目		
学生年级		课时		教师	
设计理念					
教材分析					
学情分析					
目标分析					
重难点分析					
教学方法与手段					
课前准备					
教学流程					
教学过程设计	教学环节	教师活动		学生活动	设计意图
	知识拓展与延伸				
	板书设计				
	教学设计体会				

文字表格混排式教学设计

【教学设计理念】

【教材分析】

1	教材内容、地位及作用
2	教学目标
3	教学重、难点

【学情分析】

【教法阐述】

教法	方法使用

【学法指导】

学法	方法使用

【教学过程】

环节一：趣味活动，导入新课

✧教师活动：

✧学生活动：

设计理念：

环节二：视频激趣，推进新课

✧过渡语：

✧教师活动：

✧学生活动：

设计理念：

环节三：小组讨论，探究新知
◇过渡语：
◇教师活动：
◇学生活动：
环节四：课堂总结，设置悬念
◇过渡语：
◇学生总结：
◇教师活动：

设计理念：

【课堂检测】
【拓展延伸】
【板书设计】
【作业布置】
【教学设计反思】

第三节　思想政治教学设计的基本要求

教学行为是课堂教学得以实施的关键环节，一节课的效果直接取决于教师教的行为和由此引发的学生学的行为，而教师的教学行为则主要受制于教学设计。有的教师在教学设计时，只设计了教学的知识内容，安排了知识点的前后顺序、例题、随堂练习等，既没有设计教师教的活动，也没有设计学生学的活动。也有教师设计了教师在课堂上所进行的教的内容和活动，但忽视了学生学的活动的设计。也有教师设计了教师教的活动和学生学的活动，但忽略了其他的设计。也有教师把教学设计等同于教案，等等。因此在教学设计中必须强调如下问题：

一、体现"生本设计"的理念

"生本设计"是和"师本设计"相对的。所谓"师本设计",是指以"教师的教"为中心,重点解决"教什么""怎么教"的问题的教学设计。这类教学设计,其教学资源均来自教材与教学参考书,设计者很少考虑学生的学情和课堂生成的教学资源。所谓"生本设计",是指教师在新课程理念的引领下,从学生的学习需要出发,以促进学生"怎样有效地学"为主要思考坐标,以重点解决学生"学什么""怎么学""学到什么程度""采用什么方式学"等问题为主要内容的教学设计,引导学生在课堂上主动地学习、主动地发展。

二、体现"多元参照"的思想

教师在设计教学时,理论上要求"吃透两头(教材和学生)",实际上却总是习惯于把参考书作为教学唯一的参照资源,很少考虑生活中和课堂上生成的有价值的教学资源。关注的是"教参"规定的教学任务,并把能否按时完成此任务视为是否达成教学目标的重要标志。我们知道,"教参"虽是教学设计的重要参考,但不能作为唯一的参照资源。教师应参考自身的知识能力状况,参考本班学生的认知基础,参考对教学有利的各种有关教学资源,借助多元资源,高质量地进行教学设计。

三、体现"乡土化设计"的要求

"一般性设计"缺乏对学生的兴趣、生活经历、所处的社会氛围等方面的分析,所以不利于激发学生的主体意识,进行针对性的教学。"乡土化设计"因其更具地方特色,筛选的资源大多来自学生的日常生活,因此能使学生备感亲切,容易信服,使教学活动真正融入学生生活。

一份有价值的教学设计不仅要在课前完成,还应贯穿在整个教学过程之中,也就是说教学设计应在课中随时调整,课后及时反思,以适应动态生成型的课堂要求。具体来说,在教学过程中根据即时的课堂状态调整教学流程,包括重新调整课堂教学目标、选择新的教学方法、生成新的教学内容等；在课后记下教学过程中的亮点或败笔，记下教学过程中的智慧火花等，从而最终完成教学设计。另外，提倡教师在课后结合课前预设的教学设计和真实的课堂情境以及课后的反思，进行二次教学设计。显然，这种植根于真实的课堂并辅以理性分析的教学设计撰写，对提高教师自身的修养意义非凡。

四、体现多种方案的尝试

教学设计本质上是教师对课程内容的一种创造性理解，多种设计是教师以对教材不同角度的理解，设计成的多种具体的教学方案。一课多案的设计，能提高教师的教学设计艺术，养成教师多角度思考的习惯，同时使教学更能适应学生的需要。中学政治课"一课多案"的设计，要求教师关注很多方面的问题，如：要深刻理解新的教学理念，在教学设计中多维地表现新课标对教学设计的新要求；要感悟多种教学试验与教学风格并进行实践与探索，特别要注重对知名教育教学专家教学风格的"前沿研究"，尽可能地吸收，以丰富自己的教学设计思想和手法，提高自己的研究能力和设计水平；还要不断更新、调整教学设计的亮点，努力创新自己的教学设计。

五、体现实际运用的变化

教师进行教学设计的过程，实质上就是在头脑中预演实际教学活动中每个环节、每个步骤的过程。它能使教师如临真实教学情境，对教学过程的每一细节周密考虑、仔细策划，从而为教学活动的顺利进行提供可靠保证。教师在设计教学方案时，可以有目的、有重点地突出某一种或某几种教学要素，以达到特定的教学目标。但教学设计与真实的课堂情境毕竟不是完全一致的，教师在教学设计阶段更容易掌握和控制各种教学要素，而在实际运用中可能会遇到其他意想不到的情况。对此，需要正确处理书面课程教学设计与实际运用的关系，既要为实现预期教学目标而落实教学设计，又要在实际运用中，根据变化的情况及时应对，不断完善课程教学设计，确保教学效果的实现。

六、体现与教案的区别

教学设计是对教学活动的系统性规划与策略选择,涵盖目标、内容、方法、评价等多维度的理论架构;教案则是教学设计的具体操作化呈现,侧重于课时安排、活动步骤等实践层面的细节落实。具体而言,两者具有如下不同:

(一)对应层次不同

教学设计是把学习者作为它的研究对象,教学设计的范围可以大到一个学科、一门课程,也可小到一堂课、一个问题的解决。目前的课堂教学设计是教学设计中运用最多的一个层次。从教案与教学设计之间的关系来看,教案是课程教学设计的具体体现,是评价课程教学设计的延伸,或者说只是教学设计的一个重要内容,因此教学设计与教案的层次关系是不完全对等的。

(二)设计的出发点不同

教案是一种纯粹的"教"案,强调教师的主导地位,往往会忽略学生的主体地位。教学设计是"一切从学生出发",以学生对知识的理解能力、掌握程度为依据,教师在设计中既要设计教,更要设计学,怎样使学生学得更好,达到更好的教学效果是教学设计的指导思想。

七、体现设计自身的评价

课程教学设计是一种预先设定,课堂教学是在前者的规划下实施的教学,两者密切相关,但不能等同,不能把评价课堂授课质量的指标用于评价课程设计方案。评价教学设计应从设计本身的视角出发,突出预实践性。比如,评价教学内容,课堂教学应重点考察内容是否充实,难度、深度、广度和信息量是否适宜等,而教学设计应重点考察教学内容分析是否透彻,内容要点是否清晰,重点难点问题是否明确,有没有相应的对策措施等;评价教学方法,课堂教学应重点考察教学方法运用是否灵活、恰当,是否形成互动,而课程教学设计应重点考察教学方法选择是否合理、恰当,是否体现学生为主体,发挥学生的主观能动性等。此外,课程教学设计还应考察教师对学生情况的调查分析是否全面、细致等。

教学设计
案例

百年大计,教育为本,教育大计,教师为本。教师的工作是一项特殊的工作,教师的主要任务就是搞好教学。教学是一门科学,也是一门艺术,只要我们坚持"八个相统一"的原则,充分调动学生的学习积极性,课堂教学必定会呈现出一个生动活泼、和谐发展的局面,教育教学质量也会空前提高。

第八章　思想政治教学的说课

学习要点:

1.说课的概念、特点和意义。

2.说课的内容。

3.说课的基本要求。

第一节　思想政治教学说课概述

　　说课是课堂教学研究活动的一个基础性环节,也是贯穿于整个教学研究过程的一个常规性内容。说课是教学设计的延续,因此在研究了教学设计之后,有必要继续研究思想政治课的说课问题。本章旨在从理论构建与实际操作两个维度,深入探讨思想政治校本教研活动中说课的策略与方法。

一、说课的概念

　　什么是说课?顾名思义,说课就是教师对自己已讲授或将要讲授的课程内容与方式等所作的解释和说明。进一步说,就是教师备课之后讲课之前(或者在讲课之后)把教材、教法、学法、授课过程等方面的思路或教学设计及其依据面对面地对同行(同学科教师)、领导或其他教学研究人员作全面讲述的一项教研活动。

　　说课的类型很多,有课前说课、课后说课、评比型说课、主题型说课、示范型说课等。课前说课是教师在初步完成教学设计基础上的一种说课形式,是教师个体深层次备课后的一种预设性的说课活动。课后说课是教师按照既定的教学设计上课,并在课后向所有听课教师或指导教师阐述自己教学得失的一种说课形式。评比型说课是把说课作为教师教学业务评比的内容或一个项目的说课。主题型说课就是以教育教学工作中遇到的重点、难点问题或热点问题为主题进行的说课形式。示范性说课一般是以素质好的优秀教师为代表向听课教师示范性说课,然后让说课教师将课程内容付诸课堂教学,最后组织教师或教研人员对该教师的说课及课堂教学做出客观的形式评析。

说课一般由三个步骤组成:一是,说课教师通过语言表述,呈现其对具体课题的教学设计,并呈现教学设计的依据。二是,参加说课活动的其他教师进行评议和讨论,提出修改和指导性意见。三是,说课教师进一步改进和完善教学设计。①

二、说课的特点

说课作为教学研究的创新形式,既是对教学设计的理性阐释,也是教师专业能力的综合呈现,具有激励性、灵活性、预见性、理论性特点。

(一)激励性

说课是出于教学工作的需要,通过说课可以完善教师的教学设计,同时激励教师的工作积极性——教学积极性和教学科研的积极性。另外,说课也能为青年教师提供展示自己才华的舞台。

(二)灵活性

和教案相比,说课直观形象,形式活泼;和观摩课相比,说课形式灵活,简便易行,不受时间、地点、人员、教学进度和教材的限制。因此,不管是大到省、市、区,还是小至学校教研组,甚至几个人都可以开展说课,不太受时间、地点的影响。

(三)预见性

说课不仅要求教师讲出怎样教,还要说出学生怎样学。所以,说课要对所教学生的知识技能、智力水平、学习态度、思想状况和心理特征等方面的差异进行分析,估计各层次学生对教师的教可能产生的不同反应,估计学生对新知识的学习会有什么困难,说出根据不同情况会采取的措施和解

---

① 　宋鲁闽.思想政治微格教学[M].厦门:厦门大学出版社,2008:277.

决办法。说课者还要说出自己设计的关键性提问,估计学生会如何解答,教师怎样处理。对教学过程中可能发生的问题也要有所预见,并想出相应的对策和几种不同的设想,以便在课堂教学中能够因势利导,随机应变。

(四)理论性

说课的理论因素很浓,能充分体现教师的教学思想。上课是实践性的表演,说课是理论性的分析,教师没有一定的理论水平,是说不好课的。

三、说课的意义

作为教学研究的重要支点,说课通过理论阐释与操作反思的双向互动机制,既有利于提升课堂教学效率,又能促进教师专业发展、深化教学交流合作、完善教学评估体系。这一教研实践不仅实现了教学智慧的可视化传播,更构建起落实立德树人根本任务的微观保障机制。

(一)有利于促进课堂效率的提高[①]

说课的对象是水平相对较高的教师、专家和教研员,这就促使教师在备课时必须认真对待。说课后要接受听课的教师、专家和教研员的集体评议,这种评议可以帮助说课教师发现备课中存在的问题,进一步明确教学的重点、难点,理清教学的思路,并及时对课题的设计作进一步改进,从而有效提高课堂教学的效率。

(二)有利于促进教师教学水平的提高

说课过程本身具备教育科研的特征,因而要求思政课教师具备较为系统的教育教学理论知识,熟练掌握本学科的课程性质、课程理念、课程目标和课程内容等。否则,无论是说课还是评课都不会深入,难以达到预期的效果。

(三)有利于促进教师教学交流与合作

说课者要用清晰、准确的语言,有条理地述说课堂教学设计思路,而听课者除了听课以外,还要给说课者做出恰当的评价。这种有效的信息交

---

① 宋鲁闽.思想政治微格教学[M].厦门:厦门大学出版社,2008:279.

流,既能促进教师之间互相切磋、互相学习等良好风气的形成,也能为教师提供教育教学的交流平台。

(四)有利于对教师教学进行检查与评价

领导可以通过教师说课,检查其备课情况,指出存在的问题,促使其修改教学方案,进一步提高备课质量。通过说课还可以评价教师教育教学的理论功底,文化知识、专业知识掌握程度,评价教师的业务能力,进而综合评价教师的教学水平。同时,说课需要答辩,通过答辩,能更真实、更准确地测试出教师的文化业务水平。

 知识链接

说课与备课、上课的关系[①]

(一)说课与备课的区别

1.内涵不同:备课主要是个体独立思考,做好上课前的一切准备工作,而说课则是说课者与评说者共同参与的,是一种群体的交互教研活动;备课是教学准备的直接环节,是一种教学活动形式,其内容可直接应用到课堂教学中。

2.要求不同:备课的特点在于实用,它关注的是教学活动安排是否科学、合理和全面。能为上课提供可操作性强、条理清晰的教学流程是备课的关键,因此,备课一般只需写出教什么、怎么教就可以了;说课是面向其他教师和指导教师的,则要说明备课及备课的依据。

3.目的不同:备课是为了能正常、规范、高效地开展教学活动,其主要目的是促使教师做好教学设计,优化教学过程,提高课堂教学质量,促进学生发展。而说课面向教师,其主要目的是帮助教师学会教学反思,认识备课规律,提高备课能力。说课的最终目的是提高教师的教学能力,实现教师专业化发展。

(二)说课与上课的区别

1.要求不同:上课主要解决教什么,怎么教以及学什么、怎么学的问题;而说课则不仅要解决上述问题,还要说出为什么这样教,为什么这样学。说课的重点是"为什么这样教",要把教学设想及其理论依据说清楚。说课前,一般都要事先写说课稿,这也是一种深层次的备课过程。

---

① 周勇,赵宪宇.新课程:说课、听课与评课[M].北京:教育科学出版社,2004:21.

2. 对象不同：上课的对象是学生，说课的对象是其他实习教师或指导教师。说课比上课更具有灵活性，它不受人数、空间的限制，不受教学进度的影响，不会干扰正常的教学。说课以教师为对象，是教师之间的交流互动，上课则以学生为对象，是面向学生的一种交流活动。

3. 目的不同：说课的目的更直接地表现为提高教师的思想政治学科知识水平和教学能力，上课的直接目的是将教学内容通过课堂传递给学生，使学生在学习的过程中运用适当的方法去认识所学的内容，提高能力，提升自身素质。

4. 内容不同：说课时，教师既要运用思想政治教材和其他信息材料，还要运用相关的思想政治教育学理论、心理学理论进行解释和说明；而上课时，执教者更主要的是运用教材和其他教学工具、教学媒体开展教学活动。

5. 评价不同：在进行评价时，说课的评价是以教师整体素质作为标准的，而课堂教学的评价则更加注重以学生的学习效果作为评价依据。

6. 构成要素不同：说课的构成要素主要有说课教师、听课教师、说课内容、说课手段等；上课的构成要素有讲课教师、教学媒体、教学内容、学生等。由此可见，说课和上课不尽相同。

第二节 思想政治教学说课的内容

无论是课前说课、课后说课、评比型说课、主题型说课，还是示范型说课，说课的基本内容至少包括说教材、说学情、说方法、说过程、说思想和说反思。

一、说教材

"说教材"并非泛谈教材价值，而是以解构者的姿态，精准锚定教材内容在教学逻辑中的坐标点，既说清楚教材内容的地位与作用，也要说明教材的重、难点，还要说明白教学目标。

(一)说教材的地位与作用

说课者在说教材时，应尽量阐明自己对教材的理解和感悟，以此展示自己对教材的宏观把握及驾驭能力。说教材应力求做到既说得准确又具有特色,既要说出共性,也要说出个性。说课者在说教材时,应剖析教材。在认真研读《课程标准》并分析教材编写思路及特点的基础上,按照《课程标准》对本年级学生的学习要求,简要阐明所选内容在本课题、单元、教材、年级乃至学段中的地位、作用和意义,如:

(1)说出本课内容在教材中的地位、作用及与前后内容的联系。

(2)对教材内容和教材设计理念的分析。如:教学内容是什么? 包含哪些知识点?

(二)说教材的重点、难点

说课者在说教材时,应剖析教材的重点、难点。

(1)如何解决重点、突破难点,理论依据是什么?

(2)说明解决教学重点、突破教学难点的策略。

一般来说,教学重点是教材知识结构中带有共性的知识和概括性、理论性强的知识。教学难点,是指那些比较抽象、离生活较远或过程比较复杂,学生难以理解和掌握的知识。在教学实践中常见的教学难点有三种:一种是与教学重点相同的教学难点,即既是教学重点,又是教学难点;一种是并非教学重点,但与重点有着直接关系的教学难点;一种是与重点无关或没有直接关系的教学难点。确定教学难点要依据教材知识体系和学生认识能力以及教学条件等,并且要具体分析教学难点和教学重点之间的关系。即说课时教师应根据教材的编写思路和结构特点,充分考虑学生的认知水平和年龄特征,对所选内容或课题提出合理的课时安排并阐述清楚依据。

教师在说课时,必须有重点地说明解决教学重点、突破教学难点的基本策略,如:从习题的选择和思维训练、教学方法和教学媒体的选用、反馈信息的处理和强化等方面去说明解决重点、突破难点的步骤、方法和形式。

(三)说教学目标

说教学目标就是说出这节课的教学目标及其依据。具体而言,教师在说教学目标时,要注意:"第一,说清教学目标对学生核心素养培养的效果;第二,说清教学目标是如何依据课标和核心素养确定的;第三,说清教学目标对学生核心素养形成的意义;第四,说清达成教学目标的方法。"①

---

① 丁昌田.核心素养导向的说课[M].天津:天津教育出版社,2018:21.

二、说学情

学情是指学生的年龄特征、认知规律、学习方法以及已有知识和技能基础等的总和。它是教师组织教学活动的依据,是学生学习新知识的基础。教学总是在一定的起点上进行的。不同学生的学习起点是不一样的,学习个性、风格也不尽相同。说学情,就是要全面客观地阐述学生已有的学业情况和已经掌握的学习方法等,预先判断学生对新知识的关注和接受程度,为优化教学设计提供参考。

(1)知识起点分析。知识起点即学生已有的知识基础和生活经验。在学生学习新知识前必须分析他们已有的知识经验,并分析已有的知识经验对学习新知识的影响等。

(2)能力起点分析。分析学生掌握教学内容必须具备的学习技巧,以及是否具备学习新知识所必须掌握的技能和态度。

(3)心理特点分析。分析学生年龄特点以及身体和智力上的个体差异对学习方式带来的影响等。

三、说方法

教学方法是师生为达到一定教学目标而采取的相互关联的动作体系。它具有多样性、综合性、发展性、可补偿性等特点。教师在说课时要说明选择某种教学方法或综合运用几种教学方法的根据、作用、适用度等,阐明其价值性。因为教学过程是教与学相统一的过程,这个过程必须是教法和学法同步的过程,因此教师在说课时还要说明怎样教会学生学习的方法和规律。

(一)说教法

教师在熟悉教材的前提下,怎样运用教材,引导学生搞好学习,这是教法问题。教学得法,往往事半功倍。说教法要说明具体采用了哪些教学方法、教学手段及理由,以及所用的教具、学具等。还包括教师在教学过程中如何选择和使用教具、学具或电教手段,使用的依据等。

教学媒体准备是指教师为了提高教育教学活动的质量,根据授课内容或优化教学的需要,选择使用诸如音频、视频等多媒体的安排。多媒体手段的使用要恰如其分,一般在教学中通常有以下五方面功效:其一,使用课件解决学习的难点,使那些看不见摸不着的东西变得直观,协助理解;其二,展示大量背景材料(文字、图表、视频音像等),供学生分析归纳;其三,创设课堂环境氛围,进行情境教学;其四,现场查找网络资料,指导学生利用网络搜集、处理资料;其五,展示习题、板书,提高课堂教学容量。在说课时,不能简单地说"运用计算机辅助教学",而应具体说明本节课运用计算机的哪些功效解决了哪些问题。

(二)说学法

学法包括学习方法的选择、学习方法的指导、良好学习习惯的培养。如:学法指导的重点及依据;学法指导的具体安排及实施途径;教给学生哪些学习方法,培养学生的哪些能力,如何激发学生学习兴趣、调动学生的学习积极性。

需要注意的是,要根据知识点的特点选择教法与学法,如图解法、比较法、讨论法、讲授法等。其中讲授法的知识传授效率是最高的,发现法、讨论法则效率较低。在课堂教学中,他主学习与自主学习应有机地结合起来。在说课时,必须说明以什么问题让学生进行小组讨论,为什么要进行讨论(即该问题能够被讨论的价值所在),对讨论中可能提出的问题或结论有何预见,如何应对?

四、说过程

说过程就是说出这节课的教学思路,即教学活动是如何发起、展开、结束的。如怎样教、分几步完成、每步怎样做、为什么这样做、理论依据是什么等。完整的教学过程包括:怎样铺垫、如何导入、新课怎样进行、练习设计安排、如何小结、时间如何支配、如何通过多媒体辅助教学,以及如何进行作业布置与板书设计等。例如,过程可以为:①创设情境,导入新课;②根据学科知识点的教学目标、重点、难点,形成授课的结构思路,讲授新课;③反馈小结,强化知识概念和重点内容;④布置作业,课外延伸,巩固掌握。

说过程是说课的重点。说课的过程,最能体现教师的教学基本功和素质,反映教师的教学思想、教学个性与风格。只有通过对教学过程设计的阐述,才能判断教学安排是否合理、科学,是否具有艺术性。说课教师应紧紧把握教材的重点、难点,围绕教学目标,切实处理好各教学环节之间的关系,进行精练、简洁的概述。

在说教学过程时,要突出精心设计的导言和结束语。导言设计要有科学性、艺术性和趣味性。结束语设计也要巧妙安排,使人有"虎头凤尾"之感。可用简明的总结语,或精选典型的习题作结束,或为下节课埋下伏笔而设疑激趣。

说教学过程要突出学生的课堂主体性。因此思想政治教师在阐述新课程教学过程的设计时,首先,要完成角色的转变,摆正位置,成为真正意义上的参与者、组织者和促进者。其次,要改变传统的学习观念,认识到学生是具有独立意志的、有充分发展潜能的个体,要把学生视为朋友,实现师生的平等对话、共同发展,把课堂的主动权还给学生。

五、说思想

说思想就是说教学的思想,或者说,阐述本节课教学的基本理念,从课程内容与学生实际双方互动出发,说明本节课教学的基本理论支撑点。说教学思想就是说明自己以什么样的课程教学观为指导,要达到什么样的教学效果等。与教学思想有关联的是教学理念,说课时也可加以说明,比如是社会本位、知识本位,还是学生本位的教学理念?

例如,依据人本理论,则说明要面向全体,关爱每位学生,鼓励和调动每位学生的积极性;再如依据认知结构教学理论,则说明"学习最好的刺激是对所学材料的兴趣",重在引发学生好奇心、激发兴趣、开启思维之窗,从而使教学过程成为"理论与实践"循环往复、螺旋上升的主动探索过程等。

六、说反思

说课活动可分为课前说课和课后说课两种形式。课前说课应说疑点,即说明在备课中自己拿不准的疑点,求教于其他教师。课后说课就是说教后的体会,即对本课设计、教学过程、教学方式以及学生学后等方面的评析,包括对学生学得怎样的教学效果评估,明确自己的成功之处以及今后需要解决的困惑。

第三节 思想政治教学说课的基本要求

讲课是艺术,说课也是艺术。许多教师感慨"上课容易说课难",原因在于说课时间只有上课的1/3,甚至1/4(一般情况下说课时间为10—15分钟,在教学技能面试或就业面试时一般为5分钟),在这有限的时间里,需要将备课过程浓缩升华,既要详略得当,又要繁简适宜。教师将教学方案装入心中而后表达,说课时还要站在备课与上课的交界点,处于听者思维和学生思维的交汇处,的确不容易。同时,说课时听者是专家或同事,他们会自觉地站在学生的角度审视教师的说课,看教师如何选用教法、解决重点、突破难点、把握环节,教师的一字一句、一举一动,包括称呼、语气、表情等都要注意。

一、充分认识说课的重要性

说课活动是能够在短时间内较经济的大面积提高教师素质的最佳形式,也是大面积提高教学质量的有效途径。教师要充分认识到这一点,从而积极踊跃地参与这项活动,使压力变动力,积极主动地学习现代教育理论,认真钻研《课程标准》、教材、教法,从而使自己的业务能力在原有基础上再进一步。

二、做好充分的心理准备

由于说课要求教师在短时间内说完一节课设计的整体思路,如果说课教师心理压力过大,就会影响发挥,这就需要说课教师在活动之前,做好充分的心理准备。如:增强自信心,注意自我的心理调节等等。

(1)说课要有良好的心境。心境是一种平静且持续的情绪状态。在心境产生的全部时间里,它会影响人的整体行动表现。在现实生活中,心境的作用是很明显的,积极良好的心境可使人振奋,从而完成困难任务。

(2)说课要有热情。热情是一种强有力的稳定而深刻的情感。它可以掌握整个人的身心,决定一个人思想行动的基本方向,成为巨大的推动力。说课人只要以饱满的激情、稳定的心境、满腔的热情投入说课活动中,说课活动必然会结出丰硕的果实。

（3）说课要有应变力。应变力是指人根据不同情况做出非原则性变动的能力。如果说课没有较强的应变能力，那么说课活动很容易陷入困境。

三、要有一定的预见性

在说课过程中教师要把抽象的教学设想形象化、直观化、具体化，并努力将它放到具体授课实践中去印证。要尽可能地预见可能出现的有利或不利因素，预见教学过程中可能发生的问题，预先想到相应的对策，做出不同的设想，以便课堂上因势利导、随机应变。这样，就会让同行明白，教师的教学设想的内在容量有多大，并不像教案中列出的那样简单明了，并进一步了解到教师是如何面对学生主体，发挥主导作用的。

四、说课要注重"说"

说课的语言要以讲述语言为主，要做到准确流畅、生动形象、富有节奏。讲述语言是指客观的陈述性语言，说课的对象不是学生，说课的过程也不是传授知识的过程，说课的过程是一个由教师讲述教什么、怎样教和为什么这样教的过程。因此，像上课一样来说课是不妥当的，说课应当以讲述语言为主。如在说教材和教法、学法的时候，应该以讲述语言为主。

当然在说教学过程的时候，由于说的是怎样教，为了让听者听清楚课堂教学是怎样一步一步实施的，也可以使用课堂教学语言，像实际的课堂教学那样，有问有答。说课者在用课堂语言描述时，要注意把握语速、语调，应如同面对学生一样，尽量运用语言艺术吸引听者的注意力，激发听者探究的兴趣，向同行展示自己的教学艺术和语言魅力。

用好说课语言能让说课锦上添花。尽管说课是说课者的单向活动，但是如果说课者能充分用好肢体语言，会为自己的说课增色不少。因为说课面对的是同行，所以说课者不能手舞足蹈、目中无人，特别是要注意和听者做好眼神交流，在平等中温和交流。

五、说课内容应正确无误、详略得当

说课的对象是同行或领导,说课的时间不宜过长。一节课的教学设计内容很多,所以说课应突出重点、抓住关键,防止面面俱到、无主无次的泛泛讲解,应将重点放在重点、难点知识的分析和教法设计上。应围绕教学目标的确定、教材中重点难点的分析,重要知识点的教法设计和整体教学设计以及巩固训练等主要内容进行,并且要说得清楚明白,分析透彻,论证也要具有说服力。重点内容正确无误是说课的基本要求,能够体现教材内容的科学性;在处理教材,即述说教学过程的时候,不能出现知识性的差错,所涉及的名词、术语、概念必须诠释正确、表述无误。

六、突出理论性,注重理论与教学实践相结合

说课与授课不同,说课不仅要说"教什么""怎么教",更重要的是说明"为什么",这是说课的质量所在。因此,执教者必须认真学习教育教学理论,主动接受教育教学改革的新信息、新成果,并应用到课堂教学之中。因此在思想政治课说课活动中,不能呆板地说思想政治教学实践,也不能孤立地谈思想政治教育理论,而要把二者有机地结合起来,使理论更好地为教学实践服务。

七、发挥特长、锐意创新

说课没有一成不变的内容和形式,不要被某种定型的框架所束缚,要在体现说课基本特点的基础上,在说课活动的实践中不断创造新形式,采用多种多样的方法进行。只有新颖的处理才能吸引听课者的目光。优秀的说课贵在创新、灵活、有特色。所以,说课一定要注意发挥自己的特长,在不违反说课原则的前提下,努力扩大创新的空间,说出自己的特色。如可以根据具体情况,对某些环节做些拓展,设计一些与众不同的环节等。

八、掌握说课的技巧,加强"说"的功夫

　　说课有不同的类型、不同的目的,但都得用语言表述。要动口,就要加强说的训练,要有说的功夫。要注重语气、语量、语调、语速、语感;要进入角色,脱稿说课不能用背诵的语调,要用"说"或者"讲"的语气,设计意图则要用说明性语气,二者要有区别;要注意教师所处的位置,要和讲课相同,板书和操作等活动要自然和谐、落落大方。

九、勤钻研,勤积累

　　教师要勤钻研、勤积累:一是,钻研教材,真正把教材弄懂弄通,熟悉《课程标准》,使自己的说课目的明确,重点突出;二是,钻研说课,在不断"试说"中,听取老师和同学的讲评,同时虚心参与他人的说课活动,做好记录并积极参与评价,集思广益,交流提高;三是,勤写"说课后记",记下自己的感受,积累经验,许多教师正是从写"教学后记"开始走上教学科研之路的;四是,走出说课的误区,如把说课等同于背教案、将说课变成讲课,甚至读说稿、背说课稿等等。

十、勤于反思,勤思考

　　"勤于反思,勤思考",要求说课者要经常思考和反思如下问题:
　　(1)对教材分析是否透彻?
　　(2)对教学目标的定位是否准确和具体?
　　(3)教学重难点是否正确且明确?
　　(4)学情分析是否客观具体?
　　(5)教法选择是否恰当? 是否符合教材特点和学生实际?
　　(6)教具准备是否合适?
　　(7)学法指导是否明确、具体,且符合学情?
　　(8)过程设计是否科学合理?
　　(9)各环节安排是否恰当,且有针对性?

(10)思路是否清晰？

(11)语言是否流畅？是否有启发性和感染力？条理是否清晰？

(12)姿态是否自然大方？

(13)是否脱稿讲述？

第九章 思想政治教学的上课

学习要点：

1. 上课的概念、特点和作用。

2. 上课的类型。

3. 上课的基本要求。

第一节 思想政治教学上课概述

上课是由教师的教与学生的学所构成的特殊性的认知活动。这种认知活动以人类已有的知识为主要对象，力求在短时间内尽可能地传授能够用以培养学生必备品格和关键能力的知识。同时使个人认识达到当今社会发展的知识水平，促进学生德、智、体、美、劳的全面发展。

一、上课的概念

上课即课堂教学，是指在学校规定的时间内，通过班级集体授课的形式，在课堂这个相对固定的空间内，由教师的教和学生的学共同构成的教育活动，是学生在教师有目的、有计划的指导下，积极主动地学习，系统掌握科学文化知识和基本技能，发展智力和体力，增进身心健康，形成良好的思想品德和审美情趣。上课是最基本的学校教育活动之一。

随着新课程改革的全面推进，新的《课程标准》、课程目标、课程结构、课程评价、课程管理、课程组织与实践等方面的理念，赋予了课堂教学新的含义。课堂教学是师生双方的共同活动，教师是教学的领导者和组织者，教师要树立以学生发展为本的思想，积极主动地引导学生进行自主学习、探究学习和合作学习。在师生合作、生生合作的教学实践中，使学生通过上课这一学校教育活动逐步形成正确的价值观、必备品格和关键能力。

二、上课的特点

上课是教师与学生相结合并通过课堂运行程序来完成教学目标和任务的教学活动方式。上课要有固定的学生人数,有固定的上课教师,有统一的教学内容、教学安排和固定的时间与进度,教学场所也相对稳定。

上课的主要特点是"班、课、时"的统一。"班"就是以"班"为活动单位,"课"就是以"课"为内容单位,"时"就是以"时"为时间单位。这种"班、课、时"的统一,本质上是一种以活动过程为基础的人员、内容和时间的统一,从而形成一种教学主体的交往互动、教学内容的分段递进、教学时间的间断连续相统一的教学活动方式。其中,班是基础,课是核心,时是保证。这种"班、课、时"相统一的特点,又反映出上课的教学组织性、程序性和制度性。就是说,它是一种有组织、有领导的活动,是一种有严格工作程序的活动,又是一种由各种规章制度来规范和管理的活动。

三、上课的作用

上课或者说课堂教学是学校教育教学活动的核心与重要环节,不仅对学生知识的接受、能力的发展、情感的深化以及个体的身心发展都具有重要的意义,而且对学校教育教学目标的实现也具有重要作用。

(一)能有效实现新课程的教学目标

教师在上课这一教育活动中,能够系统地向学生传授基础知识、基本技能,开发学生的智力因素与非智力因素,培养学生的能力,协助学生养成良好的品质,实现课程的教学目标。

(二)能够促进学生的全面发展

在课堂教学过程中,教师会在帮助学生掌握知识的同时,关注容易引导学生在学习知识的基础上,逐步形成正确价值观、必备品格和关键能力,协助学生实现全面发展。

(三)有利于促进学生的个性发展

在课堂教学中,教师会采用与学生学龄特征相匹配的教学方法,使学生在课堂教学中真正成为学习的主人、发展的主体,从而既促进学生的个性才能,更引导学生实现全面发展。

(四)能有效地提高教学和学习质量

在上课过程中,对教师严格要求、严格管理和考核,能保证教师对教学工作认真负责;由于上课具有相对稳定的教学活动空间,能保证教学有稳定适宜的教学环境,且有利于推广现代化教学手段,提高教育管理的实效;由于众多的教师和学生在一起学习和生活,有利于开展比、学、赶、帮、超活动,使学生获得多方面的知识,更快提升自己的学习效率。

第二节　思想政治教学上课的形式

上课的形式就是教师与学生在上课中教与学的活动组织方式,即教与学各要素的结合方式和运行方式。由于教学活动中基本要素的结合方式或运行方式不同,就形成了不同的教学形式。

一、课堂教学

课堂教学是我国学校上课的基本组织形式。课堂教学又称班级授课,是将学生按年龄和知识水平分成有规定人数的教学班,教师根据规定的课程、教学进度和时间表,用适当的教学方法进行教学的一种组织形式。

二、课堂教学的类型

课堂教学的类型也叫课的类型,是根据不同的教学任务,或按一节课主要采用的教学方法来划分的课型。凡是在一课时内只完成一个任务或主要采用一种方法的课,统称为单一课。凡是在一课时内要完成两项以上任务或采用两种以上方法的课,就称为综合课。

单一课的形式很多,常用的有讲授课、讨论课、复习课、考查课。讲授课是教师运用系统讲授的方法向学生传授新知识的课型。讨论课是为了专门的目的或主题而组织的以课堂讨论为主要方式的课型。复习课是为了帮助学生系统巩固和理解已经学过的知识内容而组织的课型。考查课是对学生已经学习的知识进行测量和评价的课型。

综合课就是为了多个教学目标或采用多种教学方法来进行的课堂教学类型。从目标上讲,包括知识的掌握、关键能力的训练与提高、必备品格的培养等。从方法上讲,有讲授、谈话、讨论、演示、练习等。因而,综合课能达到综合性的效果。

以上的各种课型中,讲授课和综合课是思想政治课程最常用的课型,但在使用时要具体情况具体分析。一般来讲,低年级常用综合课,高年级常用讲授课,中学思政则介于这二者之间。

上面对课堂教学类型的划分主要是从教师"主导"的角度来划分的。如果从学生学习"主体"的角度来看课堂教学类型的话,可以分为:集体授课学习、小组合作学习和个体自主学习以及探究学习等。在第五章我们分析了合作学习、自主学习和探究学习等学习方式。合作学习、自主学习和探究学习既是一种学习方式,也是一种教学方法。作为一种教学方法,我们有必要在这里再简要讲述一下。

1.小组合作学习的教学

作为一种教学方法,合作学习有别于传统教学的双边互动观,强调课堂教学过程中的多边互动,不仅要求教师对课堂教学设计进行整体把握,分配学习任务,控制教学进程,同时要求教师关注与学生的交流互动,注重学生之间的相互启发、相互帮助。简而言之,既关注师生互动,又不忽视生生互动。

在小组合作学习的教学中,教师应注意:

(1)小组的规模不宜过大,一般以4—6人为宜。

(2)小组成员间在性别、学习能力等方面应尽量保持异质性,以确保不同学习水平的学生能够共同进步。

(3)学习内容的难度要适合,不宜太过简单。

(4)明确合作的规则,使每一位小组成员都清楚自己的义务与责任,并能够支持和鼓励其他成员。

(5)奖励要以小组为单位。

📖 **教资考试链接** ————————————————————

2024(上)道德与法治学科知识与教学能力(初级中学)

参考答案

【教学设计题】

35.阅读下列材料,根据要求完成教学设计。

运用你的经验

红耳彩龟是外来物种,其外形可爱,有些人买来当宠物饲养,甚至随意将其放到野外。红耳彩龟一旦进入江河、湖泊,就会与本地龟抢夺食物,严重威胁本地龟及相关物种的生存,对原有生态链造成极大破坏。根据《中华人民共和国生物安全法》,我国已经将红耳彩龟列入《重点管理外来入侵物种名录》。

为了更好地维护生物安全,我们应该怎么做?

面对国家安全形势的新变化,必须统筹外部安全和内部安全、国土安全和国民安全、传统安全和非传统安全、自身安全和共同安全,统筹维护和塑造国家安全。我国要构建涵盖政治、军事、国土、经济、文化、社会、科技、网络、生态、资源、核、海外利益、太空、深海、极地生物等诸多领域的国家安全体系。维护国家安全,人人可为。维护国家安全是全国各族人民根本利益所在,是我们的共同责任,我们要增强国家安全意识,树立国家安全利益高于一切的观念,自觉维护国家安全,推动全社会形成维护国家安全的强大合力。我们可以通过各种方式为维护国家安全贡献智慧和力量,既可以为维护国家安全工作提供便利和协助,也可以为维护国家安全积极建言献策;既可以检举、制止危害国家安全的行为,也可以监督和维护国家安全工作的开展。

要求:(1)写出教学目标。

(2)用小组合作学习法写教学活动设计。

2.个体自主学习的教学

自主学习作为新课程倡导的学习方式,指的是一种主动的、建构性的学习过程,是学生为自己确定学习目标、制定学习计划和安排,并对自己实际学习活动进行监察、评价、反馈、调节和控制的过程。其核心思想是:学习是学生通过主动建构生成新知识的过程,而不是被动地接受或照搬信息的过程。

在现实教学中,绝对的自主学习和绝对的他主学习都很少,学生的学习多处于两极之间。因为对学生而言,他们在学习的许多方面,如学习时间、学习内容等,是不可能完全由自己来决定的,学生也不可能完全摆脱对教师的依赖。新课程倡导的自主学习,并不是完全的"无政府状态",而是希望通过自主学习激发学生的学习兴趣,使学生获得积极的、深层次的体验,进而促进学生的发展。因此,在分析学生的自主学习时,不能简单地说成是自主学习或他主学习,而应该分清学生的学习在哪些方面是自主的,在哪些方面是不自主的,或自主的程度有多大。只有这样才能有针对性地对学生学习的不同方面进行自主性教育和培养。

3. 学生探究学习的教学

思想政治课探究学习就是把探究学习方式应用至思想政治课教学中,包括以政治课内容为主的专题研究和政治学科课堂探究学习。前者主要是指思想政治课每单元后面设置的"单元思考行动"课,强调学生在教师的指导下,提出问题或自主确定专题,通过合作探索、整理资料、调查分析,以类似科学研究的方法去获取政治理论知识并运用其分析现实问题,从而培养学生的综合素质和探究精神。而课堂探究学习是指将探究学习渗入平时的课堂教学,把探究学习的精神和本质与学科知识的学习相结合。

探究教学在实质上是一种模拟性的科学研究活动。具体来说,它包括两个相互联系的方面:一是,有一个以"学"为中心的探究学习环境,强调学生的主体性,使学生真正有独立探究的机会和愿望,而不是教师主导课堂、学生完全被动。二是,教师给学生提供必要的帮助和指导,使学生在探究中明确方向。

探究学习有其深刻的意义。探究学习是新课程改革推广和实施的要求,有利于促进学生的全面发展,培养学生理解问题,研究问题的能力,使其通过观察现象、剖析本质、探索路径,最终实现问题的有效解决。

三、课堂教学的结构

课堂教学结构是教学活动的"骨架"与"呼吸节奏",既需要严谨的逻辑框架支撑知识传递,又需动态调整以适应学生认知规律。下文将在厘清课堂教学概念的基础上,明确课堂教学应包括的基本环节。

(一)课堂教学结构概述

课堂教学的结构是指一节课的构成部分及各部分的运行顺序和时间分配,其中,教学要素的结合方式表现为课的静态结构,教学要素的运行方式表现为课的动态结构。课的运行方式是一节课的操作方法和运作程序,是指一节课内各个教学环节的程序及其运行方式,是一种微观的教学结构。

思想政治课程一节课的课堂教学结构形式和程序是多种多样的,常见的有"两步教学""三步教学""四步教学""五步教学"和"六步教学"等。"两步教学"就是将一堂课分为讲授、讨论或讨论、讲授两个阶段。"三步教学"就是将一堂课划分自学、讨论、讲授三个阶段,其中"自学"是在教师指导下进行的,不是放任自流。"四步教学"就是将一堂课划分为读读、议议、讲讲、练练四个小阶段,或读一读、想一想、议一议、练一练,或自学、议论、精讲、多练等,这种方法会更加突出学生学的主体地位和作用。"五步教学"就是将一节课分为组织教学、复习旧课、讲授新课、巩固新课、布置作业等五个环节。"六步教学"就是将一个教学单元或一节内容或一整本书的内容划分为不同的教学阶段,每个阶段用一种课型来实施和体现。这种教学程序与教学课型结合,其基本步骤是:自学课、启发课、讨论课、练习课、讲评课、总结课等。

以上思想政治课程课堂教学的程序结构,是就一般情况而言的。在具体的一堂课中,有的步骤可多可少,有的步骤可有可无,要视具体情况而定,不能够机械照搬。思想政治课程的课堂教学结构及程序形式都是多样的,应在教学实践中灵活运用。运用的基本原则是,要有利于充分发挥和调动教师和学生两个主体的积极性,从而更有效地借助课堂教学提升学生素养。

新课程教学强调多元化、个性化和创新性,固定的课堂教学模式是一大忌讳,但在课程改革之初,如果能够有一种相对成功的教学流程模式,可以有助于我们更快地进入角色。济南市的模式——"情景导入,观察生活;情景分析,理解生活;情景回归,参与生活"——值得我们借鉴。

(二)课堂教学基本结构

课堂教学基本结构是教学设计的"拼图框架"。既要有清晰的环节序列保证教学逻辑连贯,又要留白弹性空间回应学生真实生成。无论学科特质如何差异,一堂完整的课通常包含导入、组织、结尾等部分。

1.课堂导入

课堂导入是教师在讲解新课之前,运用建立情境的教学方式来引起学生的注意,激发他们的学习兴趣,使他们明确学习目标,形成学习动机和建立知识间联系的教学行为。课堂导入的方式很多,如:直接导入、复习旧知识导入、创设情境导入、置疑导入、逻辑推理导入、谈话导入、习题导入、趣味导入、寓言故事导入、新闻热点导入、歌曲小品导入等。课堂导入是为教学目标服务的,课堂导入要简洁,要有科学性、针对性、趣味性、多样性、直观性、有效性、艺术性和时代性。

教资考试链接

2022(下)道德与法治学科知识与教学能力(初级中学)

参考答案

【简答题】

32.某教师在执教"做更好的自己"时,通过多媒体展示同学认真听课、参加体育竞赛、外出研究等照片,并说出如下新课导入语:"同学们,自信、阳光、快乐写满你们的脸庞,和你们相处的点点滴滴都是我的幸福,遇到你们真好,在未来的日子里,我希望你们能做更好的自己,遇见最好的自己。如何做更好的自己呢? 让我们开始今天的角色体验之旅。"

问题:(1)说明该教师采用了什么导入方式。

(2)请结合材料,说明教学导入应符合哪些要求。

2.课堂组织

课堂组织是教学过程的核心环节,是教师综合运用各种教学方法实施教学的重要环节。在课堂组织环节,教师要树立新教学理念,明确教学目的,了解学生,尊重学生,发扬民主,调动学生积极性,机制灵活且科学地组织课堂。

3.课堂结尾

课堂结尾是指教师在完成课堂教学活动时,对教过的知识进行归纳总结,使学生对所学过的知识形成系统,并转化、升华所学知识而采取的行为方式。课堂结尾的方式很多,如:系统归纳式、练习巩固式、首尾呼应式、串联式、比较式、列表式、图示式等。课堂结尾要避免拖拉、仓促、平淡、矛盾,要语言精练,紧扣中心。

第三节　思想政治教学上课的基本要求

上课是教学过程的核心环节,是学生获取知识、提升能力的关键时刻,教师不仅要认真做好课前准备,还要认真组织课堂教学,并且在上课时更要体现科学性、艺术性,才能真正激发学生的学习兴趣,提高教学效果。

一、认真做好课前准备

课前准备既包括物质准备,也包括精神准备。物质准备方面,在上课前要带上所需要的《课程标准》和教材、教学设计、教参、教具、课件等。特别需要注意的是:如果课堂上有要播放的视频或者音频文件,在上课前一定要在上课班级的电脑上播放一下,以防课堂上播放不出来。精神方面是指教师在上课前要有充足的上好课的信心和决心。

📖 教资考试链接 ━━━━━━━━━━━━━━━━━━━━━━━━━

2021(下)道德与法治学科知识与教学能力(初级中学)

参考答案

第 33 题【材料分析题】

小张是一名道德与法治学科新教师,在学校拜王老师为师。小张经常听王老师的课,听一节,自己仿照着上一节。三周后,王老师要听小张的课,小张为此很紧张。为了准备这节课,他天天埋头在电脑上下载课件、图片及相关资料,加以整合,制作了课件,并撰写了非常翔实的教案,请王老师审阅。王老师针对小张的课件,教案中存在的问题,提出了修改意见,经王老师指点后,小张又几经修改,上了一节课。

王老师听课后,与小张老师进行交流,指出了小张老师教学中存在的问题,听了王老师的点评,小张很是困惑,自己为了这节课准备了一个多星期,而王老师并没有像自己那样殚精竭虑地备课,课却上得轻松自然,课堂气氛活跃,这是为什么呢?

问题:上述材料中,小张在备课方面存在哪些问题? 道德与法治课教师备课的基本要求有哪些?

二、认真组织课堂教学

组织教学包括广义和狭义两个方面。广义的组织教学是指对整个学期全部教学工作的组织与安排。这里指的是狭义的组织教学,即在一堂相对独立和完整的课堂教学中,集中和保持学生注意力的各种程序和方法。

组织教学的方法很多,常用的方法有教学常规法、教育引导法、教学机智法等。我们认为组织教学的根本条件是要有良好的师生关系,师生关系越好,课堂教学秩序就越好。因此其前提是要处理好课堂教学中的师生关系。

要处理好师生关系,组织好课堂教学,要注意如下几点:

1.精心设计教学过程,调动学生的乐学情绪

教师语言要生动流畅。语言是教师传授知识、传递信息的主要载体之一,课堂教学语言对传授知识和技能,引导学生体悟践行,具有重要作用。艺术性的课堂教学语言,不仅能最大限度地调动学生学习的主动性,而且能使学生对教学产生美的情感体验。

2.主动调控课堂教学,选用合理的教学方法

课堂教学方法是多种多样的,有讲解法、启发法、谈话法、比较法、观察法等。在课堂教学中,教师应根据教学实际交错使用多种教学方法,活跃课堂气氛,不断点燃智慧的火花,做到因材施教,使全体学生的内在潜能都可以得到充分发挥,从而创造一个较为理想的课堂教学情境。

3.用精彩的导语激励学生

作为教师给学生的第一印象,精彩的导语在激励学生情绪、集中学生注意力等方面有着特殊的作用。课堂教学怎样开头,应视讲授内容而定。应遵循一个共同的原则,即开头要适合本课的基本格调,要与内容协调一致,相辅相成。因此,必须周密考虑,精心设计。

4.遇乱不惊,巧妙处理课堂突发事件

当突发事件出现时,教师要善于根据反馈信息,因势利导,随机应变,正确处理。一要,注意遇乱不惊,冷静处理,在较短的时间内平息突发事件,使课堂教学转入正轨;二要,实事求是,不文过饰非。如果是教师说错了话或说漏了什么,可待机补上。教师只有实事求是,心胸坦诚,或从错误中引出教训,或设法巧妙更正,才能将事故化为故事,同时协助培养学生实事求是的作风。

 教学案例链接

　　某中学胡老师新接任一个班级的班主任,第一次走进教室,全班同学就哄堂大笑起来,在笑声中夹杂着"真像""像极了"这样一些细声碎语。胡老师随着学生的目光向黑板望去,黑板上画了一个很大的女性人头侧面像:高高的眉骨,翘翘的鼻子,加上作者在特征处明显的夸张手笔,一眼就可以断定,画的是自己。望着这带有滑稽意味的画像,她窘极了,面孔涨得发热。"太放肆了,竟敢拿老师寻开心",她真想好好惩治一下画画像的学生。但理智又告诉她:不能这样,老师的尊严不能靠训斥、压服来维护。几十双眼睛正盯着自己,看自己怎样处理这件事,任何冲动、发火都可能造成不良后果。笑声还在持续,胡老师却平静下来,像没有发生任何事情一样。这意想不到的平静,使学生们停止了笑声,好奇地望着老师。胡老师拿起黑板擦,走到画像前看了一眼,对学生们说:"画得多好啊!确实像!这位同学要把画画这个特长发挥下去。"然后她慢慢把画像擦掉,开始讲起课。这堂课胡老师格外努力,讲得绘声绘色,吸引了全班同学。正当大家听得入神的时候,下课铃响了,课没有讲完,她惋惜地合上书本,轻声说:"时间不够用了。"言外之意,讲课前那场小乱子损失了大家的时间。这时,不少同学用责备的目光投向一位同学,那位同学慢慢低下了头。以后,胡老师注意培养他的特长,还常常做他速写的"模特儿",这位同学后来成为一所著名重点学校的美术教师。

　　教育是一种艺术。胡老师在窘境中,出乎学生意料地采取了忍让、宽容的态度,泰然地进行了"冷处理",肯定了学生画画的技术,还鼓励他发挥特长,使他受到感动,产生内疚。师生之间没有产生对立,也没有挫伤学生爱好美术的积极性。在老师的爱护、扶持、鼓励下,学生的特长得到了充分发展。假如当时胡老师没有控制住自己的情绪,与学生起了冲突,不仅师生关系会紧张、恶化,而且可能摧毁这枝美术之蕾。由此可见,冷静、忍让、宽容也是一种教育手段,有时甚至会是很有效的教育手段,而它所要求的就是教师要有较强的自制能力。

　　类似的情况,在每位教师的教学生涯中都可能会遇到很多。再如,在上课的时候,突然出现了打雷和下暴雨的情况,女生尖叫,男生呐喊,课堂一片混乱。假如你在上课,你怎么办?这些问题都需要我们思考。

三、上课要体现科学性

上课的科学性体现在教学内容的科学性和教学方法的科学性上。教学内容的科学性就是教授和学习的内容要真实、准确、系统。教学方法的科学性，就是教学方法要突出重点，不要空洞，要灵活多样，不要死板。在教学开始的导入法有温故知新法、事例故事法、情景创设法、制造悬念法、开门见山法等。在教学过程中，教师要善于提问，启发诱导，问评结合。同时，教学的语言要科学、生动有趣。课程结束或归纳，或首尾呼应、或思索悬念等。

四、上课要体现艺术性

教学是一门艺术。它不仅包括备课的艺术、教学导入的艺术、教学组织的艺术、教学启发的艺术、提问的艺术、举例的艺术等，还包括语言艺术、教态艺术、板书艺术等。语言艺术，也就是语言美，表现在语音、语调、语速等方面。教态艺术，也就是教学姿态美，包括表情、动作、姿势、服饰、空间等。在课堂上，教师的表情要自然，动作要协调，姿势要端庄，服装修饰要得体，要符合自己的职业特征和身体形态等。板书艺术，就是板书设计美。板书是运用文字、符号、图表等书面语言来表达和展现教学内容的形式，是课堂教学中的书面语言，是一种视觉艺术。板书要体现教学思路，浓缩教学内容，增强教学形象，吸引学生注意。

 课堂思考

以下是某教师在讲授"坚持对外开放"一课时的课堂实录片段。

师：同学们，这是某高校做的一个关于我国国内市场中国外汽车与国内汽车所占市场份额的调查。通过材料我们发现，目前国外汽车在我国畅销，占大部分的市场份额，而国产汽车市场不容乐观。那么，我国汽车行业应该怎么办呢？对此，有这样两个截然不同的观点。

参考答案

（1）应该坚持对外开放，大量进口国外汽车。

(2)应该坚持独立自主,发展本民族汽车产业。

同学们,接下来我们就问题分组进行讨论,先给大家几分钟的准备时间。

师:时间到,大家开始讨论。

课堂较为混乱,学生争抢着发言。出现讨论离题情况,各小组讨论的结果如下:

生:国外汽车技术先进,设计合理,受到消费者青睐。国产汽车与之相比逊色不少,为了满足大家的消费需求,应大量进口国外的汽车。

师:好,有其他观点吗?

生:国产汽车在某些方面的确不如国外汽车。但是,我们不能过于依赖国外汽车,应该坚持独立自主,通过创新发展我国的汽车产业。

师:大家说的都有道理,所以我们要坚持对外开放的基本国策,并做到以独立自主作为基点,对不对?

问题:请结合初中道德与法治学科教学理论知识,针对该教师在课堂组织中出现的问题提出优化建议。

第十章 思想政治教学的策略

学习要点：

1. 教学策略的概念、特征和目的。

2. 教学策略的基本内容。

3. 教学策略的基本要求。

4. 教学方法及其基本要求。

第一节 思想政治教学策略概述

思想政治教学策略是教师基于学科属性、课程目标与学生认知规律，系统设计并动态调整的教学行动方案体系。深入理解这一体系，不仅需要明确教学策略的概念，更要厘清其与教学设计、教学方法、教学原则的关系，同时需要准确把握教学策略的特征与目的。

一、教学策略的概念

策略一般是指可以实现目标的方案集合，也指根据形势发展而制定的行动方针、方法或艺术。从词源学的角度来看，"策略"一词原指大规模军事行动的计划和指挥。现在，在一般的意义上指为达到某种目的而使用的手段或方法。

教学策略，是在教学目标确定以后，根据已定的教学任务和学生特征，有针对性地选择与组合相关的教学内容、教学组织形式、教学方法和技术，形成的高效的特定的教学方案。它是实施教学活动的基本依据，是教学设计的中心环节，其主要作用就是根据特定的教学条件和需要，制订出向学生提供教学信息，引导其活动的最佳方式、方法和步骤。在教育学中，教学策略还用来指教学活动的序列计划和师生间连续的有实在内容的交流技巧和艺术,侧重指教学过程的横向结构,即教师的教、学生的学以及教材等教学构成要素之间相互作用的稳定的组合方式,它的实质就是具体处理教与学关系问题的方法。

二、与教学策略相关的概念

教学策略作为教学理论向实践转化的中介性范畴,常与教学设计、教学方法、教学原则等邻近概念产生内涵交叉或外延重叠,导致理论认知模糊与实践应用泛化。下文将通过解构概念间的逻辑边界与功能定位,揭示思想政治学科语境下教学策略的"动态生成性"与"价值导向性"特征。

(一) 教学设计

教学设计,又称"教学系统设计",是自 20 世纪 60 年代以来逐渐形成和发展起来的,是教师为完成一定的教学任务,对教学活动进行的规划、安排和决策。具体来说,教学设计是指教师以教育理论为基础,依据教育对象和教师自己所掌握的教育理念、经验,运用系统的观点和方法,分析教学中的问题和需要,制定教学目标,合理安排教学步骤,为优化教学效果而制定实施方案的系统计划。因此,教学设计的过程实际上就是教师为教学活动制定蓝图的过程。通过教学设计,教师可以根据教学内容和教育对象特点确定教学目标,选择适当的教学方法,采用有效的教学手段,保证教学活动的顺利进行。

教学目标,是指预期的教学成果,是组织、设计、实施和评价教学的基本出发点,是思想政治课教学的起源和归属,教学设计应紧扣这个核心。教学目标确定之后,就要选择教学策略,以实现预期目标。

教学策略自然要在教学准备阶段进行设计、谋划,形成一定的方案,从这个意义上说,教学策略是教学设计的组成部分。教学策略与教学设计各有自身的内涵,在具体内容或环节上有交叉、重叠部分。进行教学设计时要考虑教学策略的制定、选择与运用。选择与运用教学策略时,又必须通盘考虑整个教学设计。教学设计一旦完成就定型了,它可以是对整节课或整个单元的设计,也可以是对整个科目的设计。教学设计涵盖的范围比较广,而教学策略的运用范围较窄,一般来说,主要集中在某一课时、某一内容的范围内,并且具有较强的灵活性。

教学策略是对完成特定的教学目标而采用的教学活动的程序、方法、形式和媒体等因素的总体考虑，所以，不同的教学目标需要不同的教学策略，不同的教学环境需要不同的教学策略。教师只有掌握不同的策略才能根据学生的实际情况制定出不同的有良好教学效果的教学方案，并根据环境的变化而调整教学策略。没有一种教学策略能够适用于所有的教学情景。有效的教学需要选择各种策略以实现不同的教学目标，最好的教学策略是在一定情况下达到特定目标的有效的方法论体系。

（二）教学方法

教学方法是为完成教学任务，实现教师的教和学生的学互相促进所采取的方式、手段和途径。教学方法是教学策略的具体化，介于教学策略与教学实践之间，教学方法受制于教学策略。教学展开过程中选择和采用什么方法，一般情况下会受教学策略支配，因此，可以说，教学策略在层次上会高于教学方法。教学方法是具体的、可操作的，教学策略则包含监控、反馈内容，在外延上要大于教学方法。

（三）教学原则

原则和方法有着密切的关系，原则可以说是宏观的方法，方法则是原则的具体运用与体现。正确认识思想政治课程的教学原则和方法，对于思想政治课程的实施有着重要的意义。

教学原则是人们对教学活动内在规律性和本质性特点的认识，是指导教学工作有效进行的指导性原理和行为准则。教学原则来源于教学的实践经验，是教学经验的科学总结和升华，"是经过检验了的教学经验，是从教学经验中抽象、筛选、概括出来的，是有效的理论"[1]。教学原则贯穿于教学活动的整个过程，对教学中的各项活动都起着指导和制约作用。

教学原则不是教学规律，也不等同于教学原理。教学规律是贯穿于教学活动的客观存在的、必然的、稳定的联系。就其本质而言，教学原理是对教学规律的说明或阐述。教学原则对教学规律的反映不同于教学原理，这种反映不是对教学客观规律的直接反映，而要取决于人们对教学规律的认识程度，在同样的教学规律面前，由于人们对同一客观的教学规律认识不同，提出的教学原则也可能会不相同。

---

① 刘强.思想政治学科教学新论[M].北京:高等教育出版社,2009:95.

三、教学策略的特征和目的

对教学策略本质属性的解读需从其内在特征与外在目的两个角度出发。因此,下文在明确教学策略的概念,厘清其与教学设计、教学方法、教学原则的关系的基础上,继续探讨教学策略的特征与目的。

(一)教学策略的特征

教学策略的特征是其区别于其他教学范畴的本质标识,也是判断策略适切性的理论依据。总结来看,教学策略具有综合性、可操作性、灵活性等特征。

1. 综合性

选择或制订教学策略必须综合考虑教学内容、媒体、组织形式、方法、步骤和技术等要素。综合性不仅表现为依据的综合,也表现为内容与形式的综合。

2. 可操作性

教学策略不是抽象的教学原则,也不是在某种教学思想指导下建立起来的教学模式,教学策略与教学原则、教学模式都是有区别的,它是可供教师和学生在教学中参照执行或操作的方案,具有明确具体的操作内容。

3. 灵活性

根据不同的教学目标和任务,并参照学生的初始状态,选择最适宜的教学内容、教学媒体、教学组织形式、教学方法,并将其组合起来,形成教学策略,以保证教学过程的有效进行,实现特定的教学目标,完成特定的教学任务。

(二)教学策略的目的

要提高学生的素质,培养学生的创新精神和创造能力,必须要减负增效,提高单位时间的教学有效性。然而日常教学或多或少可能存在以下问题:因为教学设计不合理,教学不到位,学生对知识的理解限于皮毛,教学效率不高;课内探究重视现象、结论,轻过程,不注意引发学生更深层次的思考,忽视学生学习的主体性和主动性等,所以要进行有效教学,必须要考虑教学策略。

今天的教育内容,80％以上都是方法,因为方法比知识更重要。教学有法,但无定法,贵在得法。有这样两种教师:一种教师用自己的教学方法去筛选适合的学生,结果筛出一大批差生;一种教师用自己的学生去筛选适合的教学方法,结果造就一大批人才。研究并运用教学策略,就是要我们的思想政治教学去造就大批的人才,促进学生全面而有个性地发展。

第二节 思想政治教学策略的内容

归结起来,思想政治课堂中常用的教学策略有以下几个方面:思想政治课堂教学组织的策略;思想政治课堂教学方法设计的策略;思想政治课堂教学技能设计的策略;思想政治课堂教学互动设计的策略;思想政治课堂教学媒体设计的策略;思想政治课堂教学资源开发的策略;思想政治课堂学习方式与指导的策略。

一、思想政治教学组织的策略

所谓教学组织就是对教学活动的各种因素的安排、组合或者联结。把教学活动的各种因素组织起来的形式可以是多种多样的。学校和教师会采用什么样的形式来组织教学? 通常情况下,这取决于教育者对教学任务的理解,也取决于社会发展的程度、教学技术与设施条件等。17 世纪的夸美纽斯是最早对班级授课制进行详细研究和规定的教育家。从夸美纽斯开始,班级授课制一直是学校组织教学的基本形式,甚至是唯一形式。随着社会发展,在个别教学和班级授课制的基础上,教学的组织形式正在朝着多样化的方向发展。

(一)基于能力差异的分组教学

教师把同一个班级的学生根据学习程度分成若干个小组,每个小组可能会获得不同的学习任务,采用不同的学习方法和学习进程。在很多地方,学校甚至会根据学生的能力差异,把他们编排到不同的班级当中。

(二)基于合作的分组教学

教师将学生分成若干小组的目的,是帮助学生彼此结成一种合作关系,以共同完成教学任务。这些教学小组有时是相对固定的,有时则根据需要完成的教学任务灵活地组成小组。

(三)开放式教学

开放式教学最典型的尝试是美国的教育家帕克赫斯特设计的"道尔顿制"。按帕克赫斯特的设计,个别指导代替了集体教学,各科作业室代替了教室。各科教师与学生按月制定"学习公约",每个学生都有自己的学习计划和进度。

(四)小班教学

传统的班级授课制模式下,人数太多,教师通常会感到操作困难,负担过重。小班教学的班级人数一般在 20 人以下。较少的人数让教师有可能更富创造性地组织教学过程。

(五)小队教学

小队教学更侧重于对教师进行组织。采用小队教学的学校,同一个班级当中,往往会出现两个以上的教师,教师集体、共同准备教学活动的全过程,并共同完成与学生交流、对话的任务。

(六)协同教学

协同教学更加关注家庭的力量,在这种情况下,教师、家长、学生被组织在一起。协同教学组织方式的出现,对学校的传统意义提出挑战,学校教育开始主动要求全社会参与。

(七)网络化教学

网络化教学的出现显然反映了现代信息技术对教学的巨大影响。在网络化教学中,教师、学生相互联结的媒介和时空关系与传统课堂教学相比,发生了根本的变化。在得到越来越发达的数字化网络的支持以后,人们甚至开始质疑传统意义上的学校还有没有必要存在。

(八)实践教学

传统课堂里最典型的活动是知识的灌输与接受,但是学生学习的内容不只是知识,当实践成为学生学习的重要内容时,实践教学的形式开始受到人们的广泛关注。教学的任务是完成一定的活动,教学的组织形式也必然与传统的课堂教学产生很大差异。

二、思想政治教学方法设计的策略

教学方法是完成教学任务、实现教学目标和提高教学质量的关键所在。完成教学任务需要有一定的教学方法。在教学目标、任务、内容确定以后,教师能否恰当地选用教学方法,就成为其能否完成任务、实现预期目标的决定性因素。同样的教学内容之所以在不同的教师那里产生较大差异,除了教师的知识水平和教学态度外,关键就是教学方法问题。许多教师在教学工作中取得突出成就,大都受益于他们对教学方法的创造性运用和主动探求。

(一)讲授法

讲授法是教师通过口头语言向学生系统传授科学文化知识的教学方式。它主要通过叙述、描绘、解释、推论等引导学生了解现象,感知事实,理解概念、定律和公式,从而使学生认识问题、分析问题、解决问题,并促进学生智力与人格的全面发展。课堂讲授的特点是:教师是课堂讲授的主要活动者,学生是知识信息的接受者,以听讲的方式进行学习;教师主要以言语传授知识,口头语言是教师传递知识的基本工具;教师以摆事实、讲道理的方式,促进学生理解和掌握教学内容;面向全体学生,根据班级学生的一般特点和水平进行教学。

采用讲授法应注意:(1)选择合适的讲授内容。需要教师根据学生的情况和基础选择合适的教学方式和教学手段。同样,教学方法也要适合教学内容。(2)讲授要富于启发性。教师要注意启发和引导学生思考,有意识地设置一些与所讲教学内容相关的问题,使学生产生疑问,激发其探求问题奥妙的积极性。(3)注重讲授的趣味性。教师尽可能地使讲授的内容贴近学生的生活实际,增强学生的感性认识,将抽象的,甚至枯燥的原理寓于生活事例中。(4)注意与其他教学方法相结合。在众多教学方法中,讲授法是最古老、最基本的方法,有它的固有优势。但在教学过程中容易使学生感到压抑,同时,过多的讲授会让不同层次的学生出现不同程度的掉队情况。针对这种现象,课堂教学应综合使用多种方法。

(二) 互动式教学法

互动式教学法,就是教师通过启发性提问或对话,引导学生积极思考问题来理解和掌握有关知识内容的教学方法,因而也叫"对话法"。它的特点是能够打破教师讲、学生听的单线式传递知识的局面,实现师生互动,有利于调动学生的学习主动性。谈话法的基本形式有两种:一种是问答式谈话,也称问答法,即教师提问,学生回答的方式。主要用于复习已学过的知识,旨在检查学生对知识的掌握情况。另一种是诱导式谈话。即教师在讲授新知识之前或当中进行的启发和提问,主要用于传授新知识的教学活动。这两种方式都能调动学生的积极性,培养学生的思维能力。

采用谈话法要注意:(1)教师要有充分的准备,谈话要有计划性。(2)教师提问的问题要明确、有启发性,且难易恰当,问题的表述方式应通俗易懂,含义明确,便于理解。(3)教师提问的对象要普遍,要适当地让不同水平的学生回答。(4)要注意听取学生的回答,不论学生回答的答案是否正确,教师都要有明朗的态度,给予鼓励性评价。

(三)讨论式教学法

讨论式教学法,就是在教师组织下,学生围绕某个问题进行探讨和争论以获得共同认识的教学方法。讨论法有科尔伯格的讨论教学法、人本主义德育理论的讨论教学法和苏格拉底谈话法等。科尔伯格的讨论教学法主张选择两难的问题进行讨论,人本主义的讨论教学法主张选择有价值的问题进行讨论。总之,讨论法的特点是以教师为指导,学生为主体,从而改变了教师单向讲授知识的情况,因而是教师与学生相结合的较好形式。讨论法的应用,一般可采取两种基本形式:一是主题式讨论,二是辅助性讨论。

讨论式教学的主要步骤:(1)定题。根据教学目标,确定讨论题目和讨论方式。(2)分组。将学生根据选题的情况进行分组,组内也要进行分工,通过资料获取、陈述准备等环节,由各组分别确定参与讨论的主要观点。(3)组织讨论。教师主持讨论,或者指定学生主持,学生充分展示自己的观点和想法。(4)评价总结。教师要对学生的表现进行点评,并对讨论中的不同观点进行评价总结,引导学生全面深入地理解问题,进而完成教学任务。

讨论式教学注意事项:(1)材料的选择。材料要与学生的经验世界和精神世界密切联系,这样才能引起学生的极大兴趣。讨论要有明确的指向,讨论的题目要有针对性。(2)营造民主的课堂氛围。建设民主平等的师生关系,营造轻松活跃的课堂氛围。(3)合理分组。应本着学生自愿组合与教师指导相结合的原则,做到"组间同质,组内异质"。(4)注意求同存异。小组成员要充分发表个人见解,采人之长,补己之短,经过讨论,总结各方意见，形成较系统的观点。

 课堂思考 ────────────────

在讲授"文化在交流中传播"一课时，针对韩剧、美剧在国内的风靡，外来文化对"80后""90后"的影响越来越大的现象，王老师组织了全班同学进行讨论：中国的本土文化是否会受到冲击？你对此是担忧还是乐观看待？学生们踊跃发言，发言内容归纳如下。

参考答案

担忧者认为：

"文化自尊与文化自信是相辅相成的。没有文化的自尊何来文化的自信，没有文化的自信又何来文化的自尊。国产电视剧引不起国人的关注，韩剧被引进国内，却受到了热烈追捧。""中国传统文化在近20年中急剧流失，几百种传统戏剧几乎是以每几天消失一种的速度走向'死亡'。一旦传统文化流失，属于中国人自己的价值观也就缺失了，空出来的位置就留给了外来文化。""改革开放以后，日剧、韩剧、欧剧、美剧都进来了，这一领域的教化是潜移默化完成的。如果现在国产电视剧和电影还是只想着收视率和赚钱，可能到时候就来不及了，因为一旦年轻人都接受了外来文化……"

乐观者认为：

"国外的文化在国内流行是一种自然现象。韩国的鸟叔引来了美国士兵的模仿，风靡一时之后，STYLE风也过去了。披头士乐队当时也是到美国之后逐渐流行起来的，这说明开放的世界是流通的，这并不可怕。""韩剧在国内有众多粉丝是很正常的事，虽然有冲击，但没有必要恐慌。国内的电视剧、电影行业也发展得很好，这种冲击是很有意思的，能刺激中国影视市场的发展。""这种现象非常好，可以让影视从业人员有压力，观众不好糊弄，老是片面看票房的升高，那个没有意义，不提高内在的质量，就没有持续发展的空间。"

王老师点评：

文化需要交流，因为文化多样性是人类社会的基本特征，也是人类文明进步的重要动力。同时要关注外来文化对我们的影响，因为外来文化的风靡在一定程度上会削弱我们对民族文化的自觉与自信。

问题：(1)教师开展课堂讨论要坚持哪些原则？

(2)结合背景材料，说一说王老师组织课堂讨论给教学带来的效果。

(四) 练习指导法

练习指导法,就是在课堂教学中,基于教师指导,学生运用已学知识解答有关问题并达到巩固知识和培养能力目标的方法,因而也叫课堂练习法。

练习指导法有口头练习和书面练习两种基本形式。适当的课堂练习是必要的,因为它能起到巩固当堂知识和培养学生能力的作用,并且能有效地减轻学生的课外作业负担。

练习指导法的注意事项:(1)明确练习的目的和要求;(2)精选练习材料;(3)指导学生掌握正确的练习方法;(4)适当分配练习的容量、次数和时间;(5)了解练习的结果,每次练习结束后,教师都要及时检查了解学生的练习情况,发现问题及时纠正,达到教学预期目标。

(五)价值澄清法

价值澄清法是美国教授路易斯·拉斯等人基于研究分析传统的价值观教育法提出来的,曾在美国风行一时,对学校道德教育的实践产生了很大影响。价值澄清的目的不是灌输给学生一套事先安排的、严谨的价值观,而是通过指导学生反省自己的生活,并学会对自己的行为负责,从而澄清自己的价值观,减少价值认识的混乱。这种方法适合在集体的情境中使用。学生可以在共同的价值辨析讨论中,经过一系列心理互动来达到主动学习、自我评估、自我改进的目的。

价值澄清方法包括三个阶段:选择、珍视和行动。这三个阶段又分为七个步骤:即自由选择、从多种可能中选择、对结果深思熟虑的选择、珍惜爱护自己的选择、确认自己的选择、依据选择行动、反复地行动。

使用价值澄清法应注意:(1)价值澄清方法主要用于价值观教学。(2)价值澄清法不是教给学生一套概念体系让学生去背,而是尽可能接近学生生活,尽可能在不被学生觉察的情况下潜移默化地进行教学。(3)价值澄清法重视学生自己的选择。(4)不要忽视教师的正面引导。

(六)情境教学法

情境教学法是指在教学过程中,教师有目的地引入或创设具有一定情绪色彩的、以形象为主体的生动具体的场景,以引起学生一定的态度体验,从而帮助学生理解学科知识,并使学生的心理机能得到发展的教学方法。

根据教学情境的真实性与可感受性,可以将教学情境分为四种类型:(1)可体验情境,是一种学生可以产生切身感受的真实情境;(2)可再现情境,是可以通过情景剧、小品等形式,让学生参与并在参与过程中形成体验、深化认识的情境设置;(3)可借用情境,是把现实中曾经发生过的真实情境,通过视频、图片或文字资料等形式,借用到课堂上,让学生设想自己面临类似选择时的行为和价值倾向,再与真实情境中的真实情况进行比较,进而实现教育目的;(4)可想象情境,不是真实发生过的情境,而是教师为教学需要设计的学生可能面对的情况,学生通过对该情境的想象,为自己的价值选择提供基础。

情境创设的途径:(1)生活展现情境;(2)音乐渲染情境;(3)表演体会情境;(4)语言描述情境等。

情境创设的基本要求:(1)情境创设在导入环节,要吸引学生的注意力,增强学生求知欲,引发对本课学习的兴趣;(2)情境创设要与本课的教学内容相联系,以达到本课的教学目标;(3)情境创设要注重形象性,以利于学生理解复杂知识点;(4)情境创设要遵循启发原则,引发学生的思考,达到教学目标;(5)情境设置要营造民主、平等、宽松的教学环境,注重学生的全员参与。

情境教学法注意事项:(1)情境选择应以学生的需求为标准;(2)情境的选择应与时俱进;(3)情境教学应设置有意义的问题。

有学者在情境教学法的基础上提出情景剧教学法的概念,即教师在课堂中根据教材内容,通过各种辅助教具,创设一种具有一定情绪色彩的形象生动的场景,为学生营造一个融视听说于一体的环境,使学生身临其境,激发他们的情感态度,从而达到对教学知识的有效学习。

此外,还有一种概念——情景教学法。情景教学法不是一种独立的教学方法,而是以其他教学方法为载体,渗透在它们之中的一种教学方法。它是通过调动学生的兴趣和积极性,培养学生积极肯定的道德感、理智感和美感,促使学生提高对马克思主义理论常识和社会主义道德规范、法律规范等的认知,从而达到知、信、行统一的一种教学方法。

教资考试链接

2021(下)道德与法治学科知识与教学能力(初级中学)

【教学设计题】

35.要求:请依据"做负责任的人"教材内容,运用情境教学法设计教学活动方案,并说明设计理由。

参考答案

(七)探究式教学法

探究式教学法是以学生的体验、参与和探究为主的教学方法。探究式教学的基本步骤包括:创设情境,激发自主探究欲望;开放课堂,发掘自主探究潜能;适时点拨,优化探究方向;课堂上合作探究,训练自主学习的能力;课后留"创新"作业,激励学生自主学习等。需要注意的问题是:在探究教学中,教师是引导者,基本任务是启发诱导,学生是探究者,其主要任务是通过自己的探究,发现新事物。因此,必须正确处理教师"引"和学生"探"的关系,在探究教学的课堂上,让学生交流自学成果。

使用探究教学法应注意:(1)选择合适的内容进行探究。(2)充分考虑探究内容应达到的目的以及应发挥的作用。(3)充分尊重学生的主体地位。(4)充分发挥每一个学生的最大潜能,从而满足不同水平学生的发展需要,使教学过程更能满足其个性发展的需求。(5)在教学中教师应根据实际的教学内容和学生特点,组织不同程度的探究活动,并结合其他教学方式,使教学更具时效性。(6)探究活动要把思想性和科学性统一起来。

(八)演示教学法

演示教学法是教师运用一定的实物或者形象性手段来说明概念、观点和原理的教学方法。演示教学法可以充分发挥教师和学生的主观能动性,使课堂不再那么沉闷、枯燥,同时也能充分体现学生的主体地位。

演示教学法主要包括两种:挂图演示和计算机演示。挂图是教学中最早使用的一种教学辅助工具。它不但制作方法简单,而且使用灵活方便,不受地点条件的限制。计算机演示具有图像鲜明生动、直观形象的特点,并且图像、声音同步。这类演示能使教学内容得到充分表达,有助于激发学生的学习动机,集中学生的注意力,加深学生对知识的理解,拓宽学生的知识面,发展他们的思维能力等。

演示教学法的操作步骤包括：提出主题、说明目标、进行演示、练习强化。

使用演示教学法要注意：(1)根据学生的具体情况运用演示教学法。(2)控制演示时间，难度不宜太大。(3)演示内容要贴近生活，否则难以激发学生的学习兴趣。(4)吸引学生的注意力，确保达到预期目标。

(九)体验式教学法

体验式教学法是指教师在教学过程中精心设计活动、游戏的情境，让学生通过观察、反思、分享，获得对自己、他人和环境的生动感受和认识，获得知识，提高能力，并把它们运用到现实中去。体验式教学的类型包括：在情境中体验、在讨论中体验、在辩论中体验、在调查中体验、在舞台中体验等。它是一种师生互动、生生互动的教学，能够充分调动学生的积极性、主动性和创造性。

使用体验式教学法应注意：(1)教师应善于引导学生体验。(2)教学过程应注重创设情境。(3)教师应注重现代教学手段的运用，激发学生的学习兴趣，吸引学生的注意力，增强课堂教学的效果。

 课堂思考

王老师在教学过程中善于设置辩题，引导学生在辩论中明辨是非，掌握知识。在讲授"我与父母交朋友"时，王老师设置了"代沟的责任主要在父母还是在子女"的辩题。在讲授"网络交往新空间"时，王老师设置了"中学生上网利大于弊还是弊大于利"的辩题。同学们围绕辩题，唇枪舌剑，展开了激烈的辩论，两节课都取得了很好的教学效果，高效达成了教学目标。

参考答案

问题：结合上述案例，谈谈道德与法治课教学确定辩论主题的基本要求。

(十)案例式教学法

案例式教学法是指教师在教学过程中通过对一些典型案例的判定、分析和研究，阐明某一学科的一般规律、某一问题的具体认识，从而使学生了解并掌握所学知识的一种教学方法。

案例教学的基本步骤：(1)确定目标。教师首先应明确通过案例展示和分析,希望学生逐步形成的正确价值观、必备品格和关键能力。(2)选择案例。应选择学生感兴趣、富于生活气息、积极向上的案例,作为教学展开的基础。(3)案例分析。引导学生通过对案例的讨论,找到解决问题的方案,从而得出正确的结论。(4)案例总结与点评。教师应注重对学生讨论过程的评价和对案例本身的评价,归纳和总结案例中蕴含的道理。

使用案例教学法应注意:(1)从生活中精选案例。案例教学法中的案例应来源于现实生活,引用的例子要贴近学生生活,以学生为主体,符合学生的认知特点,注重知识性、趣味性和实效性。(2)运用案例要适当。案例教学应为教学内容、教学重难点、教学目标服务,避免盲目地运用,应符合教学的特点。(3)引用案例应注重方向性,应以正面教育为主。(4)案例需要平时的积累与创新。

📖 教资考试链接 ————————————————————

2022(上)思想政治学科知识与教学能力(高级中学)

【教学设计题】

35.请根据材料内容,按要求完成教学设计。

材料内容:

一家企业能否经营成功,取决于很多因素。

企业要制定正确的经营战略。一家企业只有战略定位准确,才能顺应时代发展的潮流,抓住机遇,加快发展,为企业插上腾飞的翅膀。反之,一家企业在战略上定位不准,就会遭受挫折,甚至导致破产。

企业要提高自主创新能力,依靠技术进步、科学管理等手段,形成自己的竞争优势。企业的竞争优势是多种多样的,如价格、产品质量、服务水平、品牌效应等。这些优势的取得,或是由于企业掌握了独特的技术,或是由于企业的管理水平较高,或是以上因素的综合。企业必须在这些方面有所作为。

某企业以生产婴幼儿奶粉著称,曾是我国乳制品市场销量位居前列的企业。然而,该企业漠视产品质量,生产的婴幼儿奶粉含有有害物质,酿成重大食品安全事故。这家全国闻名的乳制品企业因此破产,整个乳制品行业也受到沉重的打击。问题:①导致该企业破产的根本原因是什么?②联系身边事例,说明诚信对企业生存和发展的重要意义。

企业要诚信经营,树立良好的信誉和企业形象。企业的信誉和形象作为一种无形资产,是经过长期的努力形成的。它渗透在企业经营和管理的每个环节,通过产品和服务在市场上成本企业的竞争优势。企业是否诚信经营,关系到企业成败。企业如果通过不正当手段谋取利益,不会真正取得成功,违法者还要受到法律的制裁。

要求:(1)请根据上述材料写出教学目标。

(2)请根据材料结合案例教学的相关要求,设计一个教学简案。

(十一)议题式教学法

议题式教学法,也称作议题为本教学法或议题导向教学法,是基于议题和自主合作探究学习的一种教学方法。议题式教学法是以社会争议性或与学科探究相关的实证性议题为起点,让学生在开放民主的教学氛围中,直面社会冲突情境、深入讨论议题、采取自主合作探究体验等学习方法进行深度学习的一种教学方法。探究的议题一般包括两类:一是,与学科探究相关的实证性议题,二是,与价值伦理相关的一些争议性议题。

议题式教学法的步骤包括议题呈现、情景经历、自主探究、议题讨论、理性选择、展示交流、反思践行等七个方面。

使用议题式教学法应注意:(1)议题选择的内容要合理、有意义,如一些实证性议题、有争议的议题等。(2)议题的呈现应遵循由简到繁、由易到难的原则。(3)教师要调动学生参与议题讨论的积极性,引导学生学会学习、自主发展和实践创新。(4)教师要转变知识本位观,由知识本位向能力本位、素养本位转变。

📖 教资考试链接

2023(上)思想政治学科知识与教学能力(高级中学)

参考答案

【材料分析题】

33.材料:下面是某教师讲授"伟大的改革开放"的教学实录片段。

第一篇　忆往昔峥嵘岁月

议题一:改革开放是如何推进的? 从改革和开放两个角度,以时间轴方式呈现改革开放的重点事件。议学活动:回顾改革开放对你有哪些启示?

议题二:为什么要改革开放? 议题情境:依次展示教师自己小学、初中、高中、大学、结婚的照片。出示20世纪80年代火车站、汽车站、出租车、立交桥照片。议学活动:从这些照片中你看到了哪些方面的变化? 根据材料结合所学知识,分析党为什么要在十一届三中全会做出实行改革开放的决策。

第二篇　展未来民族复兴

议题三:新时代如何推进改革开放? 议题情境:2018 年 12 月 18 日,庆祝改革开放 40 周年大会在人民大会堂举行。100 名"改革先锋"称号获得者和 10 名"中国改革友谊奖章"获得者在大会上受到表彰。议学活动:表彰改革先锋人物对推进改革开放有何启示?

问题:依据思想政治课程的相关教学理论,分析该教学设计中的议题式教学法的优缺点。

用什么样的教学方法教学,不仅影响着学生对知识和技能的掌握情况,而且对学生正确价值观、必备品格和关键能力的逐步形成也有重大的影响。教师的教学方法不科学,就很难使学生形成科学的头脑,使学生掌握科学的学习方法。因此,可以说,教师对教学方法的掌握意义重大。

三、思想政治教学原则运用的策略

教学原则在教学活动中的正确使用和灵活运用,对提高教学质量和教学效率发挥着保障性、指导性和调节性的作用。

其一,作为教学活动的准则,它能够指导、调控教学活动的各个方面,为教师提供积极有效开展教学活动的依据。

其二,教学原则在一定程度上决定了教学内容、教学方法与手段、教学组织形式的选择。教学原则确定之后,对教学活动中的内容、方法、手段、形式的选择,都会产生积极且重要的作用。

其三,科学的教学原则可以有效地提高教学效率。科学的教学原则灵活有效地运用于人们的教学实践活动中,对教学活动有效顺利开展,以及提高教学活动的质量和效率都会产生积极作用。

关于思想政治课程的教学原则究竟应该表述为几条? 可谓"仁者见仁,智者见智"。我们认为,教学原则是教学活动中的基本要求和准则,其中,总的和最根本的要求和准则就是理论联系实际。但是这一要求又具体表现在教师对教学目标、教学内容、教学方法和师生关系等问题的认识和处理上。从这个意义上讲，"思想政治课教学原则的核心和根本要求（根本方法论）是理论联系实际，也叫理论与实际相结合。理论联系实际这一根本原则具体表现为'四个结合'原则，即科学性与思想性相结合、全面教育与正面教育相结合、启发诱导与因材施教相结合、民主平等与严格要求相结合"①。

四、思想政治教学技能设计的策略

思想政治教学技能设计是落实课程目标的具体实践路径。本部分将着重探讨课堂教学的六个核心环节技能：导入、讲解、演示、提问、举例与结尾。

（一）导入技能

导入技能是教师在进入新课时，运用建立情境的教学方式来引起学生的注意，激发他们的学习兴趣，使他们明确学习目标，形成学习动机，建立知识间联系的一种教学行为。

📖 **教资考试链接** ─────────────────────

2023（下）道德与法治学科知识与教学能力（初级中学）

【材料分析题】

33.某教师在执教"共享发展机遇"时，先通过多媒体展示中国国际进口博览会的宣传片，并说出如下导入语："看完了
视频，相信同学们已经了解，举办进口博览会不仅能够彰显我国实力，还能为其他国家创造发展机遇。那么我国在创造国际交流平台方面还做出了哪些努力？下面让我们一起走入今天的课堂。"

问题：结合材料，谈谈优秀的导入有哪些特点？

参考答案

---

① 张建文，童贤成.思想政治（品德）课程与教学概论［M］.北京：人民出版社，2013：160、163-164.

(二)讲解技能

讲解技能是指教师运用语言表达并辅以各种教学手段和媒介,对教学内容进行分析、综合、抽象、概括、论证、阐述等,以达到向学生传授知识和方法、启发思维、表达思想感情、进行思想教育等目的的技巧和能力。讲解要语言流畅、准确、明白,要有启发性,要有明确的讲解结构,要善于使用例证,要善于进行强调,要重视获得反馈,并据此对讲解及时调控。

(三)演示技能

演示技能是指教师在向学生传授知识和信息的过程中,通过运用实物、样品、标本、模型、图表、幻灯片、投影、录像等直观教具、电教媒体或实验仪器,进行直观展示或示范,为学生提供感性材料,使学生获得对事物现象的感性认识,从而更好地学习知识,以培养其观察、思维、记忆和操作的技巧和能力。

(四)提问技能

提问技能是指教师在课堂教学过程中向学生提出问题以及对学生回答作出反应的技巧。它是教师进行启发式教学,调动学生学习积极性,培养学生思维能力,了解学生学习状态的一种教学技能。提问要因人制宜,设问要"巧",要运用多种方式,要给学生思考时间,要面向全体学生提问,要有公正的评价,要机动灵活。

📖 教资考试链接

2023(下)思想政治学科知识与教学能力(高级中学)

参考答案

【材料分析题】

34. 下面是某校一道学业水平考试的模拟试题及答案要点。

人类离不开海洋,离不开资源丰富的家园,随着人们对海洋资源的肆意开发和狂捕滥捞,近海渔业资源急剧衰竭。浙江象山21名渔老大呼吁每年在鱼类产卵和繁殖的高峰季节禁止捕鱼,并发起"蓝色保护"志愿者行动。渔老大的呼吁和倡议,折射出政治、经济、哲学等多方面的问题。

问题:结合上述材料,以"从渔老大的呼吁看……"为题,分别从《经济与社会》《政治与法治》《哲学与文化》的角度拟一个课题,并说明理由。

【答案要点】

(1)从渔老大的呼吁看国家宏观调控的必要性。市场调节具有自发性、盲目性和滞后性的特点,在近海渔业资源急剧衰竭的背景下,需要国家规定相应的禁渔期以增加渔业资源的发展量。

(2)从渔老大的呼吁看,国家必须加强社会主义法治建设。国家应制定渔业生产法规,以规范渔民捕捞行为。

(3)从渔老大的呼吁看,必须正确处理尊重客观规律和发挥主观能动性的关系。如果在鱼类产卵和繁殖高峰期捕鱼,势必影响今后的渔业生产。

(其他答案,可根据是否与题目具有相关性以及所运用知识的合理性酌情给分。)

问题:运用思想政治课程与教学评价理论,对课堂实录中教师的设问及解答进行点评。

(五)举例技能

思想政治课举例是教师在课堂教学过程中,为了使学生更好地通过课程学习逐步形成正确价值观、必备品格和关键能力而以典型事例说明解释教材内容,启发诱导学生深入理解教材内容的教学技能。

(六)结尾技能

结尾技能是指教师在完成课堂教学活动后,对教过的知识进行归纳总结,使学生对所学过的知识形成系统,并转化、升华而采取的行为方式。

另外,还有板书技能。运用板书要处理好板书与教材的关系、板书与讲解的关系、内容与形式的关系、正板书与副板书的关系、传统板书与"电子板书"的关系等。

五、思想政治教学互动设计的策略

互动教学策略的应用是以开发学生优势潜能、优化学生个性为目标归宿的,它首先着眼于学生主体性的开发。主体性是人与环境相互作用时表现出来的主动性、独立性与创造性,表现为主体对外部世界关系的积极主动的掌握。主体性发展在学生潜能开发与个性优化中处于"牵一发而动全身"的核心地位。教育是发展人的活动,课堂教学作为教育的主要渠道,应确立学生主体性发展的教学观,把学生主体性发展放在一切发展之首。

互动式合作学习正是从学校满足学生主体性发展需要的基本假设出发,通过创设互动式合作学习的教学组织形式,给学生提供开展互动式学习的场所和机会,使之在学习中相互交流,彼此尊重,共同分享成功的快乐,从而真正体现学生作为学习主体的尊严,使之产生"我要学"的强烈愿望,进而取得最大最优化的学习效果。

就课堂互动的方式而言,课堂互动又可以分为双向型、多向型和网状型等。传统观念上的课堂教学被看作一个教师向学生传授知识的过程,使用"满堂灌",强调应试教育,把学生看成被动接受知识的对象,是一种"填鸭式"的教学,严重缺乏课堂互动。

双向型的教学模式是,师生之间信息互送、互收、互相反馈。在课堂上主要表现为师问生答或生问师答等师生对话形式。

多向型互动与双向型互动不同的是,互动过程中除了师生之间有相互作用之外,学生之间也有相互作用和信息的双向流通。它强调信息的多向传递反馈。在课堂上的常见形式有:同桌讨论、小组合作学习、小组竞赛等。

在网状型的互动中,学生和教师构成一张紧密联结的网,每位学生、每位教师都是这张网上的一个结点。能够牵一点而动全网,互动的辐射范围非常广。这种互动强调师生应平等参与学习活动,信息全面开放,教师不再是唯一的知识供给方。

在实际教学中,这三种互动往往交织在一起,缺一不可。就教学效果来说,在这三种互动形式中,双向互动的效果相对差一些,多向互动的效果比较好,但效果最好的是网状互动。但是在实际操作中,前两者因更容易操作而被广泛应用。

六、思想政治教学媒体设计的策略

现代媒体能够同时获取、处理、编辑、存储、展示包括文字、图形、声音、动画等不同形态的信息,它进入课堂,超越了教育、教学的传统视野,使课堂冲破了时空限制,丰富了教学内容,增加了教学的密度和容量,能创造出使知识、学问来源多样化的文化教育环境,为学生个性、素质的发展提供无限广阔的天地。

在思想政治课堂教学设计中，选择教学媒体主要依据：教学目标、教学内容、学生特点、媒体特性、媒体的易获得性、使用者的媒体操作技能、媒体的成本等。一般情况下，会优先选择那些既能达到最佳教学效果又容易获得，使用者能操作且成本低的媒体。

七、思想政治课程资源开发与利用的策略

"课程资源对于提高学校的教学质量和办学水平具有越来越重要的作用，所以越来越多的中小学校长和教师开始重视课程资源的开发和利用问题。"[①]课程资源是课程设计、编制、实施和评价等整个课程发展过程中可资利用的一切人力、物力以及自然资源的总和。课程编制的过程实际上是一定课程资源被发掘、选择、开发与利用的过程。没有课程资源就没有教材的编制，就没有课程与教学活动，因此课程资源与课程密切相关，特别与课程内容的选择密切相关。因此，加强课程资源的建设与开发十分重要。

（一）对普通高中思想政治课程资源的结构进行调整，优化课程资源结构

除了传统的校内资源、教材之外，校外资源、网络资源等也是课程资源结构的重要组成部分。（1）开展当代社会调查，不断地跟踪和预测社会需要的发展动向，以便确定或揭示有效参与社会经济、政治、文化生活和把握社会所给予的机遇而应具备的知识、技能和素质。（2）审查学生在日常活动中以及实现自己目标的过程中能够获益的各种课程资源。（3）开发和利用课程实施的各种条件。（4）研究学生情况，了解他们已经具备或尚需具备的知识、尚需完善的技能，以确定制定课程教学计划的基础。（5）鉴别和利用校外课程资源，包括自然与人文环境，各种机构、各种生产和服务行业的专门人才等资源，不但可以而且应该加以利用，使之成为学生学习和发展的财富。（6）建立课程资源管理数据库，拓宽校内外课程资源及其研究成果的分享渠道，提高使用效率。

（二）重视教师在课程资源建设中的作用

课程资源能否在课堂层面发挥作用，是课程资源开发和利用的关键。

---

① 　吴刚平.中小学课程资源开发和利用的若干问题探讨[J].全球教育展望，2009，38(3)：19.

课程资源只有进入课堂,与学习者发生互动,才能彰显其应有的教育价值和课程意义,才能最终体现课程资源的价值。那么,作为课程实施主要途径的教学活动,无疑在课程资源的开发和利用过程中起着不可忽视的作用。教师应:(1)调查学生的兴趣以及喜欢的各种活动,以有针对性地激发学生学习的动机。(2)确定学生现有发展基础和差异。(3)为学生提供反馈资料。(4)安排学生从事课外实践活动。(5)总结和反思教学活动。(6)发挥网络资源的作用。(7)关注各类报纸、杂志等。思想政治教师应有开发和利用课程资源的敏感性,赋予平常生活以思想政治的课程意义。

 课堂思考

某教师想激发学生对高中政治的学习兴趣和热情,请依据课程资源开发与利用的相关理论,给该教师提几条建议。

参考答案

八、思想政治教学模式运用的策略

教学模式是指在一定教学思想的指导下,在教学实践中形成的一种组织和设计教学活动的理论和操作程序。传统的教学模式有很多,如:意义讲解式教学模式、问题教学模式、交往教学模式、"非指导性"教学模式、建构主义教学模式等。我们在这里主要介绍一种 OMO 教学模式。OMO 是 Online-Merge-Offline 的缩写,指线上教学和线下教学融合的教学模式。随着网络技术和人工智能的不断发展,学生对教学的需求呈现出多样化和个性化的特点,为满足学生学习的需求,OMO 教学模式成了目前课堂辅助教学的必然趋势。

就思想政治教学而言,什么是线上教学?我们认为应包含这么几方面:其一,线上师生互动。教师充分运用线上网络的各种手段了解学生的学习、能力、心理等各方面情况,为教学设计做准备;其二,线上直播或录播课。在线上灵活地协助学生做好课前预习、案例学习、复习、课外拓展、讨论、探究等,提供各种听觉、视觉及文字材料;其三,学生在线提问和提交作业。老师除能随时随地在线答疑辅导、在线批改作业、点评作业及微信群服务之外,还可组织在线教研等。线下教学,在这里主要指课堂教学。课堂教学是线上教学和线下教学融合的重要方式。在课堂上教师要及时总结评价学生线上学习的各种情况,要指导班级学生接下来如何更好地开展线上学习,要把线上教学变成课堂教学的重要组成部分或课堂教学的延伸,形成线上线下联动的"全场景闭环",实现线上线下深度融合,更好地提高、巩固和强化教学效果。

需要注意的是:OMO教学模式不是简单地把线下授课搬到线上去,也不是将课程录好后放到网络上,而是结合学科教学的特点或教师自身教学的实际需要,把教师在课堂教学中做不到的或课堂教学效率比较低的教学服务场景搬到线上去,方便学生预习、复习,满足学生多样化、个性化的需求,回归教学的本质——因材施教;或通过录播课、在线答疑、在线批改作业等,实现线下课堂教学的有效补充;或把优秀教师的优质教学资源放到线上去,实现优质资源利用效率的最大化等。总之,线上教学和线下教学融合的教学模式对教师而言,不是教学轻松了,而是要求更高了,挑战更大了。

九、思想政治学习方式与指导的策略

课程改革的目标之一是推动学生学习方式的变革。要实现这一变革,在师生互动、生生互动的教学活动中,还应引导教师逐步实现下列转变:

(1)由"权威"向"非权威"转变。

(2)由"指导者"向"促进者"转变。

(3)由"导师"向"学友"转变。

(4)由"灵魂工程师"向"精神教练"转变。

(5)由"信息源"向"信息平台"转变。

(6)由"一桶水"向"生生不息的奔河"转变。

(7)由"挑战者"向"应战者"转变。

(8)由"蜡烛"向"果树"转变。

(9)由"统治者"向"平等中的首席"转变。

(10)由"园丁"向"人生的引路人"转变。

第三节　思想政治教学策略的基本要求

进行有效教学的策略研究,其目的是创设优化的教学情境,提高课堂教学效益。

一、创设优化教学情境

人的知识是通过各种感觉器官获得的,因此,教师在课堂教学中应采用多种教学方法,交叉刺激学生的感觉器官,让学生耳闻、目睹、口诵、心维、读写、讲练。这样做可以拓宽学生获得知识的信息渠道,还可以使课堂教学轻松愉快、生动活泼,增强学生的学习兴趣,使学生兴趣盎然地学习知识。

教师在教学中要注意运用各种直观教学手段,如实物展示、表演体会及利用电脑投影、电视、录像等多媒体进行图画展现、音乐渲染等,这样可以将枯燥、抽象的理论知识生动形象地展现出来,使学生如见其形,如闻其声。另外,教师要善于设置疑问,创设问题情景,以问题引导学习,形成认知冲突,不仅可激发求知欲,激活思维,而且能在解决问题的过程中培养学生的各种能力,提高课堂的教学效益,达到课堂教学的有效性。同时,教师要以"情"入景,创设优化的教学情景。这个"情"字,一是指教师个人的激情,二是指教师要以"真情"关爱每一个学生。教师要在课堂上顺利开展教学活动,必须想方设法创设良好的氛围,活跃学生的思维,教师要用真情实感去感染学生,要想打动学生,首先要打动自己。同时,教师要缩小与学生之间的心理差距,融洽师生关系,认真考虑学生的个人爱好,机智地将其纳入课堂教学,还要给不同需要的学生提供不同类别的专门帮助。经常以学生的眼光看世界,看问题,这样才能真正发挥感染和移情作用。

二、灵活运用教学策略

俗话说:"法无定法。"良好的教学策略,可以发挥教学智慧,不妥的策略可能达不到预期的教学效果。然而,策略又无定法,教学策略必须机动灵活。教学策略虽有一定的规律可循,有一定的法则和模式,有一定的基本方法,但教学方法和技能等不是机械、教条的,而是灵活多变的,富有个性、充满灵性的。也就是说,我们的教育教学活动必须根据教学内容、学校条件、教师特点,更重要的是根据学情来合理地选择适用于学生的方法策略。例如,如何将学生的学习内容与学生的生活实际联系起来,让学生的生活经验能在课堂上运用和发挥,使其感受到课堂的亲和力,这就是教师的教学方法生活化的问题,也就是教学策略的问题了。这就要求教师充分熟悉并利用好学生的所见所闻,努力寻找教学内容与学生生活经验的共同点,引发学生共鸣,主动参与教学。同时教师要培养学生走近生活、观察生活的能力,将教学与日常生活有机结合起来。然而,由于不同的学情、环境、条件等,使得教师对学生通过课程学习要逐步形成的正确价值观、必备品格和关键能力等的考虑也会有很多区别,由此引起的教学方法和策略必定不尽相同。因此,作为教师,在运用教学策略的时候必须灵活。

三、及时反馈调节教学策略

任何方法与策略的运用都不是一蹴而就的,都需要在实践中检验,发现问题并及时反馈与调整。用公式表示就是:选择策略→运用策略→反馈策略→修改策略→运用策略……再循环或再总结。

要做到及时反馈并调节教学策略,重要的一步就是要善于经常反思自己的教学活动或教学策略。教学反思就是教师对自己已经历过的教学实践及其效果的反问和思考。即教师自觉地把自己的课堂教学实践,作为认识对象进行全面而深入的冷静思考和总结,从而进入更优化的教学状态,使学生得到更充分的发展的教学环节。教学反思是一种有益的思维活动和再学习活动。这里所说的反思与通常所说的静坐冥想式的反思不同,它往往不是一个人的独处放松和回忆漫想,而是一种需要认真思索甚至要付出极大努力的过程,而且常常需要教师合作进行。根据不同的标准,教学反思会有不同的分类:从反思主体来看,分为集体反思和个体反思。集体反思指与同事一起观察自己的、同事的教学实践,与他们就实践问题进行对话、讨论,是一种互动式的活动。它注重教师间成功的分享、合作学习和共同提高,有助于建立合作学习的共同体。个体反思就是一节课之后及时总结思考,写好课后一得或教学日记,如:写成功之处、写不足之处、写教学机智、写学生创新、写再教设计等,发现问题及时纠正。从教学反思的阶段来看,分为课前反思、课中反思和课后反思。从教学反思的内容来看,分为反思成功之处、反思失误之处、反思学生见解、反思学生的问题和建议。

下 编
思想政治教学评价论

　　教学评价是教学理论的重要组成部分。学习和研究教学评价有利于引导监督课程实施;有利于了解教师的教学水平和学生学习目标的达成度,从而帮助教师改进教学、促进教师的发展,帮助学生了解自己的成长状况、促进学生的发展。思想政治教学评价论包括:教学评价概述、听课、评课和考试等内容。

第十一章　思想政治教学评价概述

📷 **学习要点：**

1. 教学评价的功能。
2. 对学生进行全面评价的方法。
3. 思想政治教学评价的原则与理念。

第一节　教学评价概述

教学评价是教学理论的重要组成部分，也是教学研究中的一个重要课题。研究和了解教学评价对课程实施有着重要的导向和监督作用，还能考查教师的教学水平和学习成效，从而帮助教师改进教学，促进教师的发展；帮助学生了解自身成长状况，促进学生的发展。

一、教学评价的内涵

"教学评价"这一概念从 20 世纪 80 年代开始逐渐进入我们的视野。随着课程改革的一步步推进，对教学评价的研究也日益受到重视。然而，学术界对教学评价的概念至今还未有一个清晰的界定，学者们都有不同的见解。美国学者泰勒认为："评价过程实质上是一个确定课程与教学计划实际达到教育目标的程度的过程，是一个确定实际发生的行为变化的程度的过程。"①也就是说，泰勒将评价当作判断教学目标实现程度的手段，关注教育参与者在教学过程中的实际变化。美国的克龙巴赫则认为，评价是"为

---

① 泰勒.课程与教学的基本原理[M].施良方,译.北京:人民教育出版社,1997:15.

做出关于教育方案的决策,搜集和使用信息的过程"[①],强调通过评价来改进教育方案,将评价当作资料收集的工具。此外,还有不少学者从价值判断的作用角度出发定义教学评价,在此不再赘述。我们认为,教学评价就是依据一定的客观标准,运用合理的方法和手段,对教学的各个方面进行全面考察和判断的教学活动。

那么,什么是思想政治教学评价呢? 胡田庚教授认为:"思想政治教学评价是依据思想政治《课程标准》和教学目标,运用切实可行的评价方法和手段,对思想政治教学活动及其效果进行全面考察和价值判断。"[②]即思想政治教学评价是根据思想政治学科的科学评价标准,运用切实可行的评价方法和手段,对思想政治课堂实施教学活动过程中出现的客观对象及其效果进行全面考察和价值判断的过程。

二、教学评价的对象

教学评价是对教学活动、教学过程和教学结果的价值判断,以教学的各个领域为评价对象。任何包含在教学活动中的元素都属于教学评价的对象,如教学目标、教学过程、教学方法、教学内容、教学活动安排等。但若以主要对象论之,可以概括为以下三类。

(一)教学的结果

对教学结果的评价是教学评价最传统且最主要的对象。对教学结果的评价是总结性评价,着重衡量学生是否通过学习逐步形成了正确的价值观、必备品格和关键能力。一般采用课堂表现、作业反馈等方式,能够直观反映出教学效果。对教学结果的评价是依据思想政治课程标准所规定的学习目标和学习内容进行的,帮助人们从整体上了解教学质量,全面检查教学任务的完成程度和教学目标的达成程度,从而迅速掌握教学效果。

(二)学生学的行为

在传统的教学评价中,评价对象往往局限于教学结果,也就是学生成绩的好坏。这是对教学评价的误解,这不仅窄化了理应广泛和丰富的评价

---

① 瞿葆奎.教育学文集·教学评价[M].北京:人民教育出版社,1989:164,301.

② 胡田庚.新理念思想政治(品德)教学论[M].北京:北京大学出版社,2019:164.

范围,而且影响了教学评价功能的发挥和教学评价的效果。科学的教学评价需要对学的过程予以持续和充分的关注。在学的过程中隐含着影响教学结果的丰富内容,它是提高教学质量的重要环节。学的过程中,学生的行为捉摸不定,而且是一个不断变化,表现出明显差异性、倾向性和导向性的过程,它们既受到教师教学行为的影响,也直接影响教师的教学行为。通过对学生学习行为的评价,评价者能更全面、准确地获取关于学生学习的信息,从而科学地评价学生的学习,并为有效地改进教和学提供针对性的素材。

(三)教师教的行为

教学活动的直接责任人是教师,教师教的行为是否恰当直接影响学生的培养质量。教师教的行为包括多个方面,如教学设计行为、组织实施行为、课堂管理行为、师生互动行为等。对教学设计行为的评价主要看教师是否深入钻研了《课程标准》和教材,是否深入了解了学生实际;所确定的学习目标是否确切、全面具体;教材处理是否符合逻辑性、思想性,是否易于学生理解,是否突出重点、抓准关键,注意新旧知识的内在联系,讲究系统性和整体性;能否理论联系实际,并使教学密度和教材处理深度恰当。对教学方法的设计应重视启发引导,灵活多样地选择各种教学方法,重视学法指导和因材施教。对组织实施行为的评价主要看课程结构是否科学合理,富有新意,是否注重组织学生思考、探索;是否有练习活动,是否有严密的计划性、组织性,还有言语表达、提问和板书技巧、教学方法和现代教学技术手段的使用等。对课堂管理行为的评价主要看课堂气氛是否浓厚,学生是否有高涨的学习热情,能否主动投入或参与学习活动,思维是否活跃,教学过程是否生动活泼。对师生互动行为的评价主要看师生间是否形成了民主、平等的关系。总之,对教师教的行为的评价是教学评价不可或缺的一个方面,恰当地评价教的行为将为全面改善教学评价奠定重要基础。

三、教学评价的功能

教学评价的功能是指教学评价活动本身所具有的能引起评价对象变化的作用和能力。它通过教学评价活动与结果作用于评价对象而体现出来。教学评价具有诊断功能、激励功能、导向功能、调控功能以及教学功能。

（一）诊断功能

诊断是教学评价的重要功能。对于教师来说,诊断可以帮助教师了解教学目标的实现程度、教学方法和手段是否运用得当、教学的重点和难点是否阐释清楚、学生目前的学习状况及遇到的困难。对于学生来说,诊断可以帮助他们分析成绩不良的原因。

（二）激励功能

激励功能主要体现在教学评价对教学过程的监督、调控、促进和强化作用上。例如,当教学评价较高时,它可以使教师和学生在心理上和精神上得到鼓舞,激发他们朝着更高目标努力的积极性;当评价较低时,它也能使教师和学生反思自己,找出不足之处,明确改进方向,争取下次进步;等等。

（三）导向功能

教学评价具有导向作用,能给教学提供目标性的指导。可以说,教学评价就是课堂教学活动的指挥棒,下达着行动的命令。持续的教学评价可使教学活动的过程朝着特定的教学目标逐步迈进。当然,评价内容和评价标准要依据教育课程与教学目标制订,只有这样才能更好地发挥课堂教学评价的导向功能。

（四）调控功能

评价最后呈现的结果是一种反馈信息,既可以使教师及时了解自己的教学情况,也可以使学生体验到学习成功与失败的过程,从而为师生调整教与学的行为提供客观依据。教师据此修订教学计划、改进教学方法、完善教学指导;学生据此调整学习策略、改进学习方法、增强学习的自觉性。

（五）教学功能

评价本身也是一种教学活动。在这种活动中,学生能够通过课程学习逐步形成正确的价值观、必备品格和关键能力,甚至会有质的突破。结合评价结果,组织学生对教材进行复习,巩固和整合已学到的知识和能力,进而不断提升自己;教师可以在评估学生水平的前提下,有针对性地制订测试试题,提升题目对于学生的学习效度,促使学生自己去探索、领悟,获得更加可靠的学习经验,从而达到更高的教学目标。

教学评价应从评价方案的制订、评价指标体系的设计、评价实施者的选择、评价过程的监督与监控、评价结果的反馈等方面做好调控工作,扬长避短。我们在重视教学评价的优点的同时,切记防范它的缺点带来的负面影响,尤其要关注不得当的评价结果可能给教师和学生带来的副作用。

 教资真题链接

2020(下)道德与法治学科知识与教学能力(初级中学)

第 34 题【材料分析题】

在某班学习"关心国家发展"内容后,老师组织了当堂测验。下面是其中一道测试题及测试结果。

参考答案

【测试题】下列是关于我国发展的三幅图片,它们共同反映出　　　(　　)

经济总量世界第二　　发展观念悄然更新　　全球大片同步观看

A. 我国已解决了社会发展中的各种问题

B. 中华民族伟大复兴的目标已经实现

C. 我国人民的消费观念发生了巨大变化

D. 我国社会主义现代化建设取得巨大成就

【测试结果】选择 A 项占 20%;选择 B 项占 9%;选择 C 项占 30%;选择 D 项占 41%。

问题:请结合材料,分析教师应如何发挥道德与法治课教学评价的功能。

第二节　思想政治教学评价的性质与特点

思想政治教学评价是课程实施的关键环节,其本质在于通过价值判断与事实判断的统一,实现知识内化与价值认同的双重检验。相较于一般学科评价的认知导向,思想政治教学评价呈现出过程的复杂性、方法的多样性、结果的不确定性以及对素质发展的特别关注等特点。

一、思想政治教学评价的性质

思想政治的课程性质决定了思想政治教学评价既有教学评价的共性，又有区别于其他学科教学评价的个性。思想政治教学评价的性质属于目标性评价，即达标性评价，而非选拔性评价。思想政治课程的性质决定了其教学评价不能只关注知识传授和知识运用能力的培养，还要立足于当代社会的生活实践，围绕学生关注的时事热点问题，着眼于思想观点的交流、情感的沟通和价值的引导，培养学生逐步形成正确的价值观、必备品格和关键能力。

二、思想政治教学评价的特点

从思想政治教学评价的性质可以看出，它的教学评价目标的特殊性在于其不仅涉及认知领域的基础学科知识等，还涉及情感、行为、思想意识等非认知领域，并且对非认知领域的评价显得更为重要。尤其是新课标制订后，更强调对学生思想政治学科核心素养的关注。这不仅是思想政治教学评价的特殊性，也是思想政治学科的特殊性所在。本课程的特殊性质决定了其教学评价有着与一般文化课程不同的特点。

（一）评价的过程存在复杂性

教学评价是一个综合过程，包含对教与学行为的定性和定量分析，以及对期望行为的价值判断。学生的品德测评是一项艰巨的任务，这种艰难一方面表现为学生思想品德的复杂性、品德行为表现的能动性和情境性、思想观点和情感态度及行为动机的隐蔽性、思想品德的难以量化和考查内容的有限性、测评者的主观性以及被测评者活动时空的不完全一致性；另一方面表现为学生的思想品德是多种内外因素共同作用的结果，难以确定所测得的思想品德是否是思想政治课教学的结果。因此，评价是一个复杂的过程，而且教学评价也需要经历准备、实施、反馈、调节四个步骤，每个阶段都会依据变化来进行相应调整，并不是一帆风顺的过程。

(二)评价的方法呈现多样性

学生的知识掌握情况可以通过纸笔测验的方法进行评价,但是思想政治教学评价应更加关注学生正确价值观、必备品格和关键能力的逐步形成过程。要获得深层的结果反馈,需要运用多种评价方法给出客观准确的评价。既有正式评价又有非正式评价,既有量化评价又有质性评价,既有规范性评价又有非规范性评价,既有他评又有自评,每个方法都有其优势和不足,多样评价方法,进行优劣互补,这样才能获得更多真实客观的信息,做出全面评价。一般说来,没有正确的评价方法,只有适合的评价方法,只要能够得出需要的信息,无论什么评价方法都是有效的。

(三)评价的结果具有不确定性

学生在经过教师教学或者是某些事故的变化后会产生一些情感和行为的变化,因此,评价得出的结果并不是对学生的最终定论,评价的结果只能作为其中的一个参考依据,而非全部。即使得到比较可靠的评价结果,也很难据此确定是哪些因素导致的这一结果,因为影响学生正确价值观、必备品格和关键能力最终形成的因素有很多,我们在教学评价过程中很难将某些因素完全剔除出去。而且,评价学生是否形成了正确价值观、必备品格和关键能力本身就具有难度,一般的考查和考试难以准确反映学生的实际品德发展状况。

(四)评价目的关注素质发展

与其他学科主要测试学生的学科知识掌握情况如何不同,思想政治教学评价的目的是关注学生的素质发展。它以思想政治《课程标准》规定的课程目标和内容目标为依据,立足学生自身实际,关注学生发展的最终结果,突出思想政治和道德法律素质发展评价,着力考查学生对当代社会经济生活、政治生活、文化生活的观察和体验能力、认识和实践参与能力,以及从中发现、提出问题和分析、解决问题的能力。从学生素质发展的角度,为每个阶段的学生进行持续的追踪评价,总结学生发展的优点和不足,以促进发展为目的做出评价。

第三节　思想政治教学评价的原则与理念

思想政治教学评价的有效性,依赖于评价原则的规范性与评价理念的先进性之间的动态统一。可以说,思想政治教学评价的原则与理念构建了兼具方向引领与育人机制灵活性的评价框架,为破解思想政治课存在的重知识轻价值、重结果轻过程等评价难题提供了方法论支撑。

一、思想政治教学评价的原则

思想政治教学评价原则是思想政治课程在教学评价环节中需要遵循的基本要求,为实现思想政治教学评价目标提供方法论指导。这些原则是指导思想政治教学评价的法则和操作规范,我们在思想政治教学评价中主要遵循发展性、激励性、全面性、多主体化、科学性和可行性等原则。

(一)发展性原则

发展性原则是指思想政治教学评价要立足于学生的全面发展,强调评价本身不是目的,而只是思想政治教学过程中的一个重要环节,是改进教学、促进学生成长与发展的手段。发展性原则可以说是思想政治教学评价必须遵循的最重要的原则,体现了思想政治教学评价的根本要求和新课程背景下思想政治教学评价的本质特征。贯彻坚持发展性原则,具体有以下几点要求:第一,通过评价对学生的思想政治课学习和思想道德素质的发展从总体上给予方向性引导;第二,通过有机结合形成性评价和终结性评价,指导学生的学习和思想道德素质的发展;第三,通过教学评价激发学生的内在发展需求。需避免两种倾向:一是,把评价当作单纯的管理手段,对学生进行管理、压制,这样会使学生反感被评价,不愿意了解自身真正的发展需要,遏制学生的发展。二是,把评价当作甄别、选拔学生的工具,只关注学生的知识获取,忽视学生的能力和思想道德素质的发展,对评价的这种认知不利于学生的全面发展。

(二)激励性原则

激励性原则是指在进行思想政治教学评价时,要注重激发学生在学习和提高自身素质上的积极性。激励能够调动人的积极性和创造性,进而充分发挥人的主观能动性。实施激励性原则的根本目的是引导学生走向正确的目标。思想政治教学评价在坚持激励性原则上应注意:第一,以激励为主,惩罚为辅。第二,激励要适度,对学生的评价要真实中肯,不应过度夸大,否则会收到相反的效果。第三,注意激励语言的规范性。遵循激励性原则的时候,要把握语言的艺术性,要对学生起到启发作用。

(三)全面性原则

全面性原则是指在进行思想政治教学评价时,要对组成教学活动的各个方面进行多角度、全方位的评价,而不能以点带面、以偏概全。教学过程由多方面因素构成,教学效果是多种因素综合作用的结果。因此,进行教学评价时,必须树立全面的观点,全面考察教学工作,多方面检查评定。第一,评价标准要全面,要使评价的指标体系涵盖教学目标的各项内容。第二,收集的信息要全面。务必要多方面听取不同的意见,收集充足的信息,为做出准确的评价提供坚实依据。第三,评价手段要全面。要把定性评价与定量评价结合起来,终结性评价和形成性评价结合起来,把分数评价、等级评价和语言评价结合起来。

(四)多主体性原则

多主体性原则是指思想政治教学评价的主体不应只局限于教育系统之内,而是要多主体化,从不同角色视角出发去认识学生。因此,在教学评价中,应让学生、家长、教师、学校乃至社区共同参与。第一,重视学生的自评。第二,认真收集其他主体的评价意见。第三,注意主体身份的保密性。

(五)科学性原则

科学性原则是指思想政治教学评价要科学,不仅要保证评价目标、标准的科学化,而且要确保评价程序、评价手段和对评价信息处理的科学化。第一,坚持实事求是的科学态度。在认识评价对象时要依据其行为表现和发展事实,不主观臆断和弄虚作假。第二,确立科学的评价目标。要根据学生全面发展、全员发展的教育目的,制订具体的教学目标,并以科学的顺序排列,使评价目标系列化。第三,制订科学的评价体系。要从教与学统一的角度出发,经过调查研究,以教学目标体系为依据,确立综合衡量教与学的统一评价指标体系。第四,设计科学的评价程序。从制订计划、进行调查、资料收集到分析整理资料,到最终做出判断和信息反馈,都应精心安排与设计。第五,选用科学的评价方法。对学生的学习评价不仅要关注结果,更要重视过程,把形成性评价与总结性评价、定量评价与定性评价结合起来;既要结合学生原有的基础,又要关注学生的现实发展水平;既要看学生的发展结果,又要看其主观努力的程度和过程。

（六）可行性原则

可行性原则是指思想政治教学评价在实际中是否切实可行，具有可操作性，能够最后生成教学评价结果的原则。第一，评价标准和评价指标体系的制订要从实际出发，既要符合思想政治《课程标准》的规定要求，又要充分反映自身学校、本班学生的学业和思想品德发展的实际情况。第二，评价标准的指标要适中，不能过高或过低，这样才能真实反映学生的状况，发挥评价的激励作用，达到以评价促发展的目的。第三，评价指标体系既要全面完整，又要简明具体、实用易行，使评价的角度能够直观反映学生情况，并被评价对象理解和接受。第四，评价的组织实施要力求简单高效，避免评价者疲劳厌倦。

二、思想政治教学评价的理念

思想政治教学评价理念是思想政治课程在教学评价环节上的实际指导，是教学评价的灵魂性指引，确保教学评价不偏离正确的方向。根据思想政治新课程理念及其教学评价的内涵、特点与要求，在教学评价中，我们应遵循以下几个理念。

（一）评价目的的发展性

思想政治教学评价要淡化甄别与选拔的功能，要关注学生、教师、学校和课程发展的需要，用发展的眼光来看待问题，突出评价的激励与调控功能，激发学生、教师、学校和课程的内在发展动力，促使其不断进步，实现自身价值。

（二）评价内容的综合性

思想政治课除了自身课程的专业性知识，应更重视知识以外的综合素质的发展，尤其是创新、探究、合作与实践等能力的发展，适应社会发展对人才的多样化需求。评价标准要关注学生的差异性和发展的不同需求，要全方位把握学生的情况，要了解学生的优点与不足，促使其在原有水平上得到提高和发展。

（三）评价方式的多样性

每种评价方法都有其优势和局限性，运用的方法越多样就越能真实客观地评价对象。量化评价与质性评价相结合，适应综合评价的需求，丰富评价与考试的方法，如成长记录袋、学习日记、情景测验、行为观察和开放性考试等方法，追求评价的科学性、实效性和可操作性。

（四）评价主体的多元性

以往的评价是评价主体自上而下的活动，学生这一主体被忽视，仅作为被评价者。如今的教学评价则要求评价主体由单一的管理者评价走向多方位评价，建立起学生、教师、家长、管理者、专家等共同参与、交互作用的评价制度，实现评价主体的多元化，最终借助多渠道反馈的信息来促进被评价者的发展。

（五）评价关注的过程性

思想政治教学评价应该更多地关注教学发展过程。发展过程中蕴含着成长的各种信息，若只注重结果容易造成评价片面。教学评价必须将形成性评价和终结性评价有机结合起来，将学生、教师、学校和课程的发展过程纳入评价之中。

（六）评价方法的情境性

评价方法情境化指的是在学生生活和学习的自然环境下对学生的学习成效进行评价。这样可以真实、全面、自然、客观地反映被评价者的个人情况，并对其进行相应评估。这种评价方法打破了课堂教学评价的界限，把评价有效融入日常的教学中，更便于我们掌握学生的实际状况。

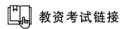 **教资考试链接**

2021(下)思想政治学科知识与教学能力(高级中学)

参考答案

【材料分析题】

34.材料:

社会实践表现性评价表

评价环节及权重	评价标准(评价内容目标及权重)	得分	评价等级		
			自评	互评	师评
选择议题(20分)	能够围绕所学或将要学习的内容选择议题,具有可行性				
方案制定(15分)	活动有明确的目标和实施步骤,方法恰当,具有可操作性				
分工协作(15分)	组内成员分工明确,积极参与,在活动过程中团结协作				
收集资料(20分)	收集的资料翔实,并能归类整理				
成果交流(30分)	观点明确,支撑材料准确充分,演示文稿制作清晰美观,口头表达清楚、有条理				
最终成绩(合计总分)			成绩等级		

问题:分析该评价表蕴含的思想政治课程教学评价理念。

第四节　思想政治教学评价的方式

思想政治教学评价的方式根据不同的角度可以分为多种具体形式。接下来,我们将探讨几种典型的思想政治教学评价方式,分析其优势和局限,为教学评价实践提供方式上的指导。

一、诊断性评价

诊断性评价是思想政治教学评价体系的逻辑起点,其核心在于通过精准识别学生的认知起点与价值倾向,为教学策略的动态调整提供科学依据。

(一)诊断性评价的内涵

诊断性评价也称"教学前评价",一般是在某项教学活动开始前对学生的正确价值观、必备品格和关键能力等状况进行的预测。通过这种预测可以了解学生的知识基础和准备状况,判断他们是否具备实现当前教学目标所要求的条件,从而为实现因材施教提供依据。在教学活动中,诊断性评价的主要功能是检查学生的学习准备程度、决定对学生的适当安置和辨别造成学生学习困难的原因。

(二)诊断性评价的优势

1.有利于制定合适的教学方案

诊断性评价是"前瞻性评价",通过探明评价对象的情况、已经存在的条件和不利因素,有针对性地考虑实际状况,设计出合理的教学方案。

2.有利于提高教学质量

诊断性评价通过对教学情况进行摸底测试,设计合理的教学计划,能对实际的课堂教学起到促进作用,有利于教学效果的最大化,是提高教学质量的有效方法。

3.有利于进行效果对比

通过前期对学生情况的摸查,可以与教学后的情况进行对比,这也是是否达到教学效果的一个重要参照标准。

(三)诊断性评价的局限性

1.只能关注部分,不能顾及全局

诊断性评价的视野范围比较狭窄,只能反映前期对学生的预测情况,无法预料学生后期的发展状况,难以从整体上评价学生。

2.无法追踪学生发展的过程

诊断性评价只是前测评价,它的主要任务是提前了解学生,而对后期学生朝什么方向发展、如何发展缺乏参与,存在感稍显薄弱,仅为学生的发展奠定基础。

诊断性评价需要坚持客观、科学的原则,尽可能全面地掌握学生的情况,并依据现有状况对未来做出准确的预测。

二、形成性评价

形成性评价是思想政治教学过程中动态化、持续性的反馈机制,旨在通过实时监测学生的学习进展,为教师调整教学策略、为学生优化学习路径提供科学依据,最终实现教学相长的良性循环。

(一)形成性评价的内涵

形成性评价是相对于传统的终结性评价而言的评价方式,是对学生日常学习表现、所取得的成绩以及在正确价值观、必备品格和关键能力等方面的发展所做出的评价,是基于对学生学习全过程的持续观察、记录、反思而做出的发展性评价。其目的是激励学生学习,帮助学生有效调控自己的学习过程,使学生获得成就感,增强自信心,加强合作精神。

(二)形成性评价的优势

1.关注学生"未来",注重学生的发展

形成性评价是对学生"未来"的评价,关注学生的学习过程,而非只重视学生的学习结果,在学生学习的过程之中慢慢观察学生的成长变化,更侧重学生自身的发展,有利于学生未来朝向好的趋势发展。

2.有利于转变学生评价角色,增强学生自信心

形成性评价使学生从被动接受评价的对象转变为主动评价的主体和参与者,教师与学生紧密配合,作用于实际的教育教学活动,增强学生的自我判定能力,让学生更深入地了解自己,增强自信。

3.更能真实反映学生的状况

形成性评价直接指向正在进行的教育实践活动,强调通过信息反馈来服务决策评价的结果,进而对学生的阶段性发展形成更丰富的认识,掌握学生的实际发展态势,最终做出真实评价。

（三）形成性评价的局限性

1.操作困难

形成性评价没有固定的模式，存在许多的变化，而且结果的获得往往需要耗费大量的时间，这在现实生活中是比较难实现的。

2.概括水平低

形成性评价只能从某角度对学生进行评价，例如学习积极性、同学关系等，难以实现面面俱到，而且也需要更高能力的人对相关元素进行概括。

思想政治新课程理念下的教学评价强调在强化形成性评价的发展、引导和促进功能时，不能陷入极端，直接忽视终结性评价的鉴别性功能。

三、终结性评价

终结性评价是以阶段性或课程终点的学习成果为对象的总结性判定，其核心在于通过系统化的测评工具，对学生在一个教学周期内的知识掌握、关键能力培养等情况进行整体性评估。一般而言，终结性评价能够有效反映教学目标的实现状况，并与形成性评价互为补充，共同构建"过程—结果"一体化的思想政治教学评价体系。

（一）终结性评价的内涵

终结性评价是针对课堂教学结果的达成状况所进行的评价，是指在教学活动结束后为判断其效果而进行的评价，具体来说，是一个单元、一个模块或一个学期的教学结束后对最终结果所进行的评价。终结性评价是对一个学段、一个学科教育质量的评价，其目的是对学生阶段性学习的质量做出结论性评价，从而区别优劣，评出等级。

（二）终结性评价的优势

1.有利于考查学生整体的发展水平

终结性评价可以为确认和鉴别、评优和选拔提供参考依据，从而在一定程度上缓解抉择困境，促进公平。

2.为教师和学生确定后续教学起点提供依据

终结性评价通过对学生进行阶段性的把握，能为教师和学生确定后续教学起点提供依据。

3.激发学生拼搏向上的信心

终结性评价具有外部导向性，会对学生形成一定的压迫感，造成一定的压力，但适当的压力能够促进学生努力，通过学习之中的竞争机制强化学生奋发图强的信心。

(三)终结性评价的局限性

终结性评价有其局限性，如评价主体、内容、环节的单一性。终结性评价是对学生"过去"的评价，只关注结果，会忽视过程，因此，不利于学生的发展，还容易让学生安于现状，不主动突破自己，错失发展时机。

切记不要把评价当作单纯的管理手段，变成压迫学生的工具，也要拒绝通过评价直接给学生定性，忽略学生的改变和发展。评价的过程也是教育的过程，应充分发挥评价的发展功能。

四、定量评价

定量评价是以可测量、标准化的数据为核心的教学评价方式，其优势在于通过量化指标实现对教育教学效果的客观分析。借助数值化呈现，该方式能够在排除主观干扰的前提下，完成跨群体、跨时间段的可视化比较。然而，过度依赖定量评价可能弱化对思想政治学习过程中情感态度、创造性思维等隐性维度的评价。

(一)定量评价的内涵

定量评价是指采用数量化的方法对教学的实际情况从数量上进行描述、分析和处理，并依此对其进行价值判断，它是目前教学评价中使用最广泛的评价方式。如：通过试卷测试获取学生对知识的掌握情况，用数值对评价对象的特性进行描述和判断等。

(二)定量评价的优势

1.易操作和使用

定量评价有着固定的模式与标准，比如考试、测验等工具，操作更加方便快捷，也能得出明确的结论。

2.结果比较标准化、客观化

定量评价总体上能够体现学生知识和技能的掌握水平,同时,定量评价的指标往往是客观化的指标,因此它有助于提高评价的客观性,进而做出明显的等级区分。

3.有利于提高评价的准确性

定量评价便于进行数据处理,数据真实客观,这样有利于提高评价的精确性。

(三)定量评价的局限性

1.不能评价无法量化的方面

虽然量化评价对思想政治学科基础知识的测评有很好的效果,但是对于判断学生是否通过课程学习逐步形成正确价值观、必备品格和关键能力却差强人意。

2.效度和信度有局限性

量化评价实际上缩小了评价的范围,它只关注可测量的部分,得出的结论限于表面,难以揭示深层的本质原因,而且容易出现虚假数据破坏结论的情况。

3.过于强调甄别与选拔功能,忽视个性发展和多元标准

量化评价易将复杂的思想政治教学现象简单化,忽略评价的最终目的是要促进学生的发展,将学生的个性湮没,不利于其自由生长。

定量评价应该注意测量目标的可行性,定量评价只能应用于可测量的方面,对于不可测量的内容要选取合适的方法,避免追求表面的形式化,要从实际出发。

五、定性评价

定性评价主要关注学习过程中难以量化的维度,如学生正确价值观的塑造、必备品格的培养以及关键能力的发展。虽然这种方法在客观性上不及定量评价,但能提供更丰富的细节信息,因此,现代教育实践中通常主张将定性评价与定量评价有机结合,从而构建更为全面的教学评估体系。

(一)定性评价的内涵

定性评价是从性质的角度出发,通过非数量化的方法对教育事实进行

分析和综合,然后做出原则性的、趋向性的价值判断。例如:评出等级、写出评语等。定性评价是利用专家的知识、经验和判断通过记名表决等进行评审和比较的评价方法。定性评价强调观察、分析、归纳与描述。

(二)定性评价的优势

1.有利于全方位评价学生

定性评价从多方面出发,对学生进行各方面的评价,例如总结整个学期学生的表现情况,最直观的就是成长记录袋,将学生的表现存档,还有教师学期末对学生的评语。

2.有利于关注学生的个体发展和需求

定性评价是从每个学生个体出发,针对的是每个学生的发展,而不是学生整体的发展倾向,并强调对学生的优缺点进行系统分析,就有利于学生通过他评认识自己,有利于教师对学生发展苗头的把控。

3.有利于使评价结果客观公正

定性评价是对定量评价的补充,对学生平时的表现、情感价值观的取向进行价值判断,对无法用数据得出的结论进行补充,使学生的形象更加具体。

4.有利于对学生进行创造性培育

定性评价关注"质"并且走向具体,它在把握学生个性的同时,也强调对学生可能发展方向的关注,挖掘每个学生的特点,并对其进行针对性指导,从而创造性地培养出具有独特风格的学生。

(三)定性评价的局限性

1.不易操作,要求的条件较多,不确定因素也较多

由于定性评价没有统一的标准,它有时会使评价结果模糊笼统,弹性大,有时甚至千篇一律,难以对学生进行精确把握。

2.对教师素质的要求比较高

定性评价只有深入学生内部才能获取一手资料,和睦的师生关系有利于教师工作的开展。教师需具备客观公正的态度,教师素养要高,另外还要有相当丰富的经验来评判某些行为或现象,并对其进行细致分析。

3.耗费的时间和精力比较多,容易流于形式

定性评价强调观察和分析,需要时间积淀。在现实生活中,若缺乏充足的时间和精力深入了解学生,那么定性评价只是走个过场,存在形式化

倾向。

定性评价要避免主观随意性,不能只凭自己的感受就对学生下定论,而应通过细致的关注和缜密的分析,确保结果的客观性和公平性。

 教资考试链接

2021(下)道德与法治学科知识与教学能力(初级中学)

参考答案

【简答题】

32.描述性评语是思想品德评价的基本方法,下面是道德与法治教师给学生写的评语。

评语1:该生团结同学,学习努力,热爱劳动,尊敬师长,遵守班规校纪,希望今后更加努力,改正缺点,取得更大进步!

评语2:你知识面广,经常阅读报刊,对一些社会问题有自己独到的见解,但老师希望你能多看到社会积极的一面;作业、考试中,你书写字迹清楚,语言逻辑性强,但常因基础知识掌握不好而失分;你在课上能积极回答问题,但有时候会做一些搞怪的动作,影响自己和其他同学学习。老师希望你扬长避短,争取能有更大进步,你能办到吗?

问题:比较两则评语的差异,并简要回答撰写描述性评语的基本要求。

第十二章　思想政治教学的听课

学习要点：

1.听课的概念、特点和作用。

2.听课的基本内容。

3.听课的注意事项。

第一节　思想政治教学听课概述

一般情况下,听课既指学生听教师讲课,也指教师同行、专家、领导进入课堂听教师讲课。听课既是学生学习的主要方式,也是教师教学工作的重要组成部分。但在这里,我们所讲的听课仅是针对教师而言的。

一、听课的概念

听课是教育行政或教学业务部门检查、指导教师教学活动的重要形式,也是教师自身教研活动的一项经常性的工作任务。会不会听课、能不能听好课或怎样去听课,不仅关系到是否能够正确客观地评价被听课教师的教学质量,更关系到教师的持续专业发展,甚至关系到课程改革的持续有效深入。

什么是听课? 听课是教师凭借感官或有关的辅助工具,如记录本、调查表、录音录像设备等,从课堂情景中获取相关的信息资料,从感性到理性的一种学习、评价及研究的教育教学活动。听课是一种技能和方法,听课者既需要具备一定的教学修养和经验,也要掌握一定的听课技术要领。听课既是教学研究的重要手段,也是教师相互交流、相互学习和促进教师自我反思的重要途径。①

听课可分为检查型听课、评比型听课、观摩型听课、调研型听课等类型。

（1）检查型听课是为了了解学校和教师教育教学工作的情况而进行的听课活动。它是上级教育部门和学校领导监督、检查教师教育教学工作的一种最普遍的形式。目的在于检查学校或教师执行《课程标准》的情况，了解学校或教师的教学思想、教学态度、教学方法改革以及学生的学习情况。

（2）评比型听课主要是为了对教师课堂教学做定性评价而进行的听课活动。如为评优质课，评优秀学科教师、特级教师等所进行的听课就属于这个范畴。

（3）观摩型听课是为了总结、推广、交流教学经验和方法等进行的听课活动，包括听公开课、示范课、展示课等。

（4）调研型听课是为了研究、探讨有关教育教学问题或了解教学改革实践进展而进行的听课活动。研讨课、实验课、调研工作中的听课等都属于这个范畴。

二、听课的特点

听课是教师专业发展的重要实践形式，其核心在于通过课堂观察与互动反思，促进教学经验的共享与教学策略的优化，具有目的性、理论性、评价性、情境性特点。

（一）目的性②

为什么要去听课？听什么样的课？要解决什么问题？听课者应该有明确的目的和任务。如新教师听课，最主要的目的就是观摩学习，主要看上课教师怎样突破重点难点、如何设计板书、如何运用教学手段和教学媒体、如何活跃课堂气氛等，并在今后自己的教学中学习、创新。

（二）理论性

理论性即听课者需要一定的教育教学理论做支撑。要听好课，听课者

---

① 周勇，赵宪宇.新课程：说课、听课与评课[M].北京：教育科学出版社，2004：64.

② 周勇，赵宪宇.新课程：说课、听课与评课[M].北京：教育科学出版社，2004：65.

必须具备一定的教育教学理论基础,以理解和评价他人的教学过程。在听课中及听课后,听课者需要针对授课者的课堂教学情况进行思考分析,并做出相应的定量或定性评价。

(三)评价性

绝大多数听课活动在听课后都要针对授课者的课堂教学情况形成一定的评价反馈,并提出指导性意见、要求或改进措施等,尤其是上级对下级、领导对教师、专家对新手的听课,以及学校内部的公开课、研讨课等。

(四)情境性

听课是一种在课堂教学现场进行的活动,即听课者和被听课者都处于一定的情境之中,不同的时间、地点、教学条件下可能出现不同的教学过程和结果。同一名教师对不同的学生讲同样内容的课也可能会产生不同的教学效果。因此,听课获得的信息及有关的感觉和理解依赖于一定的情境。

三、听课的作用

听课是教师在日常教学活动中经常性的不可缺少的教研活动,是促进教学观念更新、教学经验交流、教学方法探讨、教学艺术展示、研究成果汇报、教学水平提高及教学工作管理等的重要途径和主要手段,也是教师在互动中获取经验、自我提高的过程。

(一)有利于了解教师的教育教学理念及水平

课堂教学是学校教学工作的主要阵地,是学校教学质量和教师教学水平最基本的体现形式。通过听课,从授课教师对新课程理念的理解和运用、驾驭课堂教学的水平等角度对教师的教育教学理念进行评价,并提出持续改进建议。

(二)有利于促进教师的专业化发展

听课不仅能学习别人的经验,吸取别人失败的教训,用别人的方法指导自己的教学,更能对自己的教学进行反思和研究,将听课得到的感性认识归纳上升为理性认识,发现自己教学中的不足,通过取长补短、相互交流,改进自己的教学,达到共同提高的目的。

(三)有利于总结和推广先进的教学经验和方法

听课是教师专业化发展的重要途径,是最有效、最直接、最经济的学习方式。通过听课,可以将一部分教师优秀和先进的教学理念、教学方法和教学经验等经过思考分析及论证总结后,运用到自己的教学实践中。

(四)有利于学校良好教学风气的形成

通过听课,教师不仅可以了解自己或其他教师课堂教学的实际情况,做到相互学习和交流,取长补短,共同提高;而且可以融洽各方面的人际关系,增进相互信任,促进教学改革的深入和质量的提高。

(五)有利于了解教师贯彻落实教育教学法规和政策的情况

课堂是教育政策、教学要求等最终落实的地方,教师的课堂教学是各方面要求的最终、最直接的体现,教育决策部门和教学指导部门的工作人员通过听课能够掌握一线教学的实际情况,了解教学中存在的实际问题。如:教育教学管理是否到位,学科核心素养是否有效落实等。通过听课,有关部门可以基本了解课堂教学,从而持续优化教育教学法规与政策。

第二节 思想政治教学听课的环节与任务

思想政治教学的听课活动以价值引领与知识建构为核心,贯穿听课前、中、后三个阶段的系统化观察与分析。这要求听课者在课前做好充分准备,在课中实现听觉观察与视觉观察相结合、同步做好详细记录与即时思考,在课后开展系统性分析与客观评价。

一、听课前:做好各种准备

盲目是效率的大敌,听课也是如此,教师盲目进行听课与做好准备听课,效果大不一样,听课前应做好如下准备工作。

（一）相关教学的准备

1. 理论准备

在掌握教学常规知识的基础上学习《课程标准》，了解本学科教研状态，熟悉新的教学理念和理论。

2. 学情准备

了解听课班级学生的情况。

3. 师情准备

了解上课教师的教学特点。

4. 内容准备

了解教材编排体系，弄清知识的内在联系，熟知教学重点、难点。

5. 设计准备

在头脑中设计出所教内容的课堂教学初步方案，粗线条勾勒出大体的教学框架，以便对比优劣，提高自己的教学水平。

（二）角色转化的准备

1. 转入"学"的角色

即进入学生角色，将自己置于"学"的情境中，从学生的角度看执教者的教学。当听课者进入学生的角色时，就能较多地关注：学生是否在教师的引导下积极参与到学习活动中；学习活动中学生经常做出怎样的情绪反应；学生是否乐于参与思考、讨论、争辩、动手操作；学生是否经常积极主动地提出问题等。另外，听课者在听课中要抱着虚心学习的态度，去发现授课者的长处，发现课堂教学的闪光点，以及对自己有启迪的经验，做到取长补短，努力提高自己的业务水平。

2. 转入"教"的角色

即进入执教者角色，设想自己会怎样上这堂课，并把自己的想法与现场教师的教学进行对照，比较优劣，写下建议。当听课者进入教师的角色时，就能较多地关注课堂教学确定了怎样的教学目标、何时采用何种方式呈现目标；如何引导学生复习回顾、回顾什么；新课如何导入，包括导入时引导学生参与了哪些活动；创设了怎样的教学情境，采取了哪些教学手段；设计哪些问题让学生进行探究、如何探究（设计活动步骤）；设计怎样的问题或情景引导学生对新课内容和已学知识进行整合；安排哪些练习题让学生动手练，使所学知识得以迁移巩固；课堂教学氛围如何等。

3.转入"导"的角色

即进入指导者角色,细心观察课堂教学,准确抓住优点和不足,居于学术高度,运用掌握的教育理论素养和自身的教学经验,对课堂教学做出分析和评价。既能抓住执教者每一启发性思想的闪光、执教者的教学风格和长处,又能准确地发现执教者的失当和不足。要对课堂教学细心地观察,敏锐地发现教师的优点,以便评课时及时给予肯定。

4.转入"管"的角色

即进入管理者角色,把自己置于管理者的角度,用统观全局的观点,发现教学中存在的典型性和普遍性的问题。要根据教师的课堂教学情况,对教师的工作态度、责任心,乃至业务水平等方面做出评析,为做好教师的思想工作和提高业务水平提供依据。

二、听课中:听看结合,详细记录,积极思考

听课的核心在于动态捕捉课堂的真实生态,既要观察教师的教学行为,也要关注学生的实际反应,做到听看结合,详细记录,积极思考,为后续评课提供具有时效性的观察依据。

(一)听看结合

教学是涉及教师与学生双边的活动过程。在听课时,不仅要关注教师教的活动,而且要关注学生学的活动。

1.关注教师教的活动

(1)关注教师的基本状态:看教师的精神是否饱满,教态是否亲切,表情举止是否沉着自然;看教师的课堂语言是否具有艺术性、富有美感,注意轻重缓急,语调抑扬顿挫,与教学内容吻合贴切。

(2)关注教学目标实施与教材处理情况:看课堂教学中确定了怎样的教学目标,教学目标在何时采用何种方式呈现给学生;看教学目标与教学内容是否紧密结合,教学过程是否围绕教学目标展开。

(3)关注教师优化教学的情况:看教师如何引导学生复习回顾,回顾了哪些内容,这些内容与新授课有何关系;看新课如何导入,导入时引导学生参与了哪些活动,设计了哪些问题,看新课的导入能否为后面的教学作好铺垫,为解决问题服务;看教师创设了怎样的教学情境,采取了哪些教学手

段,情境的创设、教学手段的应用是否有效、恰当;看教师设计了哪些问题,安排了怎样的活动让学生进行探究,如何探究;看教师设计了什么样的问题或情景引导学生对新课内容和已学知识进行整合;看教师安排了哪些练习,使所学知识得以迁移巩固;看教师是否抓住了重点、难点,精心设计了问题来启发点拨;看教师如何对学生的学习活动做出评价。

(4)关注教学方法与手段的选择与运用:看教学方法是否为教学内容服务,做到形式与内容统一;看教学手段是否多样化、是否繁杂。

(5)关注教学结构的状况:看教学活动是否体现教师为主导、学生为主体;看教学内容是否有机整合并具有逻辑性;看教学各环节安排是否有序流畅等。

2.关注学生学的情况

由于教学是一种学习活动,其本质是学而不是教,而且教师教学活动是围绕学生的学习活动展开的,因此,在听课时,要更关注学生的学习活动。

(1)学生是否在教师的引导下积极参与到学习活动中。

(2)学生经常做出怎样的情绪反应。

(3)学生是否乐于参与思考、讨论、争辩、动手操作。

(4)学生是否经常积极主动地提出问题。

(二)详细记录

听课记录是重要的教学资源,是评课的依据。听课笔记应详略结合,突出重点。记录的一般内容包括板书、教师的重点提问、学生的典型发言和质疑、师生活动的主要情况,以及有效的教学方法和手段,特别是教学中的创新及失误之处,并对出彩及失误之处做出评价记录。

1.记概况

记录概况就是记录时间、地点、班级、姓名、课的类型、课的性质(示范课、研讨课、随堂课、研究课等)。

2.记过程

记过程,主要是记录教学的整个流程,包括各环节内教与学的状况。如:导入新课、讲授层次、课堂总结等;环节与环节之间的衔接、过渡,以及转换过程中的关键语言,包括师生语言、师生问答、学生活动形式、学生的参与态度等。

3.记时间

记时间即记录听课过程中各环节、各步骤的时间。如:教师"教"用的时间,学生"学"用的时间,包括学生自主学习、小组学习、集体展示等时间的安排。除此之外,还要考查时间安排是否合理、是否注意突出重点,是否依据学生的年龄特征和认知规律施教。

4.记方法

记录教法和学法的选择与应用,记录情境创设、过渡的语言、引导的技巧、激励的方法、组织活动的方式等。

5.记生成

记录教师挖掘与利用课堂生成资源的情况,记录灵活处理偶发事件的情况等。

6.记媒体

记媒体包括记录板书的内容、媒体的实用性、辅助的效果等。

7.记特色

记录课堂上的亮点,如教学模式的创新、教学方法的创新、幽默风趣的语言、师生巧妙的问答等。

8.记点评

记点评就是记录听课时即时的看法与建议。如:对教学步骤、环节、所采用的方法、策略、学生反应等,从教育教学理论的角度加以肯定或提出建议或进行理论上的总结。在课堂上进行迅速简要的点评与总评是听课者必要的工作,听课者的思想活动、认识水平也是课堂教学的一种再创造。对执教者做总体的评价,要充分肯定成功的一面,也要针对性地提出存在的不足和值得进一步推敲的地方。

课堂记录因人而异,没有刻板的模式和教条。因为每个人的记录速度不同,记录内容的多少也不同,虽然如此,但不要为记录而记录,不要因为记录过多而影响听课的效果。

(三)积极思考

听课者的思维要先于教学过程,遵循教育教学规律进行多种合理预测,摸索课堂发展的趋向,为分析评价赢得时间,变被动听课为主动听课。在听课过程中,将实际教学与课前预设的方案及以往的经验(听过的优秀课)进行对照,以便寻找课堂教学中的突出亮点和存在的问题,并依据教育教学理论和《课程标准》给予评价;同时指出存在的问题及相应的解决方法和依据。最后,将这些点评纳入听课记录,为评课做准备。

在听课过程中应重点思考的问题包括如下方面:

1.教学环节设计

即情境创设→新课导入→新知探究→新知巩固、应用与拓展等。能够做到随机应变,灵活调整,调控课堂,达到激活课堂的目的。各环节如何控制时间,完成每一环节的过程和过渡的情况;听课时还要注意思考,教师为什么这样安排课堂教学环节,怎样使课堂结构符合本节课的教学目的、教材特点和学生实际,各个步骤或环节之间是否环环紧扣、安排得有条不紊;什么时候教师引导,什么时候学生自主探究,什么时候学生合作交流,什么时候学生练习展示,什么时候反馈评议,什么时候质疑讨论,什么时候归纳小结,是否做到合理安排、科学调配,充分发挥每一分钟时间的效能。

2.重点和难点的突出与突破

听课时要关注教师怎样充分、灵活、简便、有效地运用学生已有的知识再现纵横联系;是否采用举例说明、引导比较、直观演示等手段;如何运用比较、分析、综合等逻辑思维方式帮助学生突破重、难点,理解掌握新知;如何将书本知识转化为学生的正确价值观、必备品格与关键能力;如何组织学生自主探究,亲身体验,学会新知。

3.教学方法与学习方法的运用

听课时要关注教师怎样在教学过程中与学生积极互动、共同发展;怎样处理好传授知识与培养能力之间的关系;如何创设学生主动参与的教学环境,激发学生的学习积极性,培养学生的学习能力;怎样培养学生学会观察、质疑与比较,学会分析、判断与推理,学会概括、归纳与小结,学会操作与演示,学会讨论、辩论与争论,学会调查与探究等。

4.辅助手段与板书设计

听课时,要认真琢磨教师如何把信息技术与学科教学整合,充分发挥信息技术的作用,为学生的学习提供丰富多彩的教学情境,从而激发学生的学习兴趣,提高课堂教学实效;还要关注教师如何设计板书,是否做到详略得当,层次分明,脉络清晰,重点突出,提纲挈领。

5.练习设计与知识拓展

练习设计是否做到有针对性、层次性、拓展性,达到巩固新知、培养能力的目的。同时,要关注练习形式是否多样,是否能够培养学生应用所学解决日常生活实际问题的意识,提高学生解决实际问题的能力。

三、听课后:分析与评价

听过一节课后就应及时进行综合分析,找出特点和闪光处,总结出一些有规律性的认识。明确对自己有启迪、能学会的方面,并针对这节课的实际情况,提出一些建设性的意见与合理性的修改建议,与执教者进行交流切磋,从而互助互学。

评价一节课,一般从两个方面进行。一是,看教师是否善于引导:是否创设良好教学环境,是否组织学生开展活动,是否留有静思的空间和时间。二是,看学生是否积极主动:是否积极参与,参与面有多大;是否主动探究、合作交流;是否敢于质疑,提出有价值的问题;关键还要看学生学得怎么样,得到多少,得到些什么,掌握了哪些学习方法等。

 知识链接 ————————————————————

教师听课的基本方法

教师听课的基本方法可以概括成以下五个字:听、看、记、想、谈。要做到听、看、记、想、谈有机结合。

1.听

①听授课教师的教学过程。具体讲就是听授课教师是怎样复习旧知识的;是怎样引入新知识的;是怎样讲授新课的;是怎样巩固新课知识的;是怎样结尾的;是怎样布置作业的;还要听学生是怎样回答问题的;是怎样提出问题的;教师是怎样组织学生讨论问题的;是怎样启发学生思维的;是怎样进行学法指导的。只有这样多问几个为什么,听后对本节课的成功和失败进行客观分析,才能达到心中有数。而要做到这些,听者在听课之前必须有所准备。首先,要掌握《课程标准》中的具体要求;其次,要了解授课教师的教学特点和听课班级学生的基本情况。这样听课才能达到良好的效果。

②听授课教师的教学语言。课堂教学活动多是通过教师的教学语言传递信息的。因而要听教师的语言是否科学准确、言简意明;是否生动有趣、富有感染性;是否具有激励性;引导是否得当,组织是否到位以及课堂随机应变的艺术等。

③听听课学生的发言。通过听学生的发言甄别教师的教学目标的达

成和学生智慧的生成效果。

2.看

①看授课教师在课堂教学中折射出的教育教学思想,特别是与当前的课程改革理念是否相符。要看教师关注的是自己的"教",还是学生的"学",是关注少数学生,还是全体学生,是关注学生的知识学习,还是促进学生的成长发展;要看教师是否将学科新课程理念贯穿于教学过程中,能否体现新课程"三维目标"的落实;还要看教师的教学作风是否民主,学生是否得到"解放",是否构建和谐课堂等。

②看课堂教学的效果。课堂教学效果是检验教师课堂有效教学和教学目标是否落实的试金石。这里不仅要看学生对知识的理解、掌握和运用程度,也要看学生技能的培养和达成情况,更要看在教学过程中教师是否着力培养学生的科学素养和人文素养,使学生收获的不仅是知识与技能,更有科学方法、科学态度、科学精神、科学情感,收获的是良好的行为习惯和思维品质,收获的是终身发展的能力。

③看授课教师对教材的理解、挖掘和处理,看教师的课程意识,看教学重点难点的突出和突破,看教学时间的分配,看教学程序是否优化、教学方法是否科学、教学手段的运用等。

④看授课教师的教学基本功。看教师的精神是否饱满,教态是否自然亲切;看教师板书是否合理;看教师运用教具,特别是现代化教学设备是否熟练;看教法的选择是否得当;看教师指导学生学习是否得法;看教师对学生出现的问题处理是否巧妙。

⑤看学生的主体作用发挥得如何。看学生的"学习"。这里的"学习"不是指传统意义上的学,而是新课程理念下学生的全面发展和成长。看整体课堂气氛,学生是否情绪饱满,精神振奋;看学生的注意力是否集中,思维是否活跃;看学生在课堂上是被动接受,还是主动学习,学生是否主动参与教学活动;看学生对教材的感知,分析问题、解决问题的能力如何;看各类学生特别是后进生的积极性是否被调动起来;看学生与老师的情感是否交融;看学生能否主动提出问题,敢于发表自己意见,善于合作、乐于交流,是否有创新意识和创新精神;还要看学生的思维品质的表现。学生是教师的一面镜子,学生的课堂表现能折射出教师的教学思想,反映出教师的教学素质。

3.记

就是记录听课时听到的、看到的、想到的主要内容。记听课的日期、节数、班级、学科、执教者、课题、课型;记教学的主要过程,包括主要的板书要点;记学生在课上的活动情况;记本节课的教学思想和教材处理,了解课堂上是否做到面向每一个学生,在面向每一个学生的前提下是否兼顾"两头"(优秀生和基础差的学生),使得各个层次的学生都学有所得;记对这堂课的简要分析。记录要有重点,详略得当。教学过程可作简明扼要的记录,讲课中符合教学规律的好的做法或存在不足的问题可做较详细记载,并加批注。

4.想

听课者在课堂上不仅要边听、边看,还要边想。想一想这堂课有什么特色;教学目的是否明确;教学结构是否科学;教学思想是否端正;教学重点是否突出;难点是否突破;注意点是否强调;板书是否合理;教态是否自然而亲切;教学手段是否先进;教法是否灵活;学生学习的主动性、积极性是否得到充分的调动;寓德育、美育于教学之中是否恰到好处;教学效果是否好;"双基"是否扎实;学生的创新精神和实践能力是否得到培养;有哪些突出的优点和较大的失误;听者听后可设身处地思考这样一些问题:"这节课我该怎样上""假如学生这样质疑怎么办""为什么她的学生听课兴趣这么浓"等。

5.谈

就是和授课教师谈,和听课学生谈。可先请授课教师谈这节课的教学设计与感受,请学生谈对这节课的收获与不足,统计学生对这节课的满意情况和目标达成情况,再由听课教师谈自己对这节课的看法,谈这节课的特色,谈听这节课受到的启迪与所学到的经验,谈这节课的不足之处,谈自己的思想与建议。交换意见时要抓住重点,做到明确的问题不含糊、吃不准的问题不回避,但要注意可接受性,切忌信口开河、滔滔不绝、夸夸其谈。要突出教学思想、教学方法和教学效果,特别是教学效果方面,因为一堂课的优劣,最终还是体现在教学效果上。

在新课程理念下,如果听课教师能做好一听、二看、三记、四想、五谈,那么听课教师肯定会有所收获,这不但会促进听课教师的自我反思能力的提高,提高听课教师的授课水平,而且有利于教师的专业成长,有利于教师更好地适应新课程的发展。

第三节　思想政治教学听课的基本要求

部分听课者思想上不够重视,把听课当成一种任务来完成,在听课时马虎应付或做其他事情;有的事先不做任何必要的听课准备,匆匆忙忙走进教室,糊里糊涂地听,不理解授课教师的教学意图,不熟悉教材;有的只关注教师的讲,很少关注学生的学;甚至还有听课者迟到,影响教师的讲课、学生的学习,不尊重教师的劳动,在课堂上随意和他人闲谈、打电话等现象。那么,如何开展听课活动呢? 要注意以下几点:

一、了解新课改信息和相关教育教学理论

当前新课程改革要求教师的教学做到如下转变:由单纯的知识传授向知识探究转变,树立问题意识;由重教师"教"向重学生"学"转变,树立主体意识;由重结果向重过程转变,树立训练意识;由"师道尊严"向"平等融洽"的师生关系转变,树立情感意识;由教学模式化向教学个性化转变,树立特色意识;由研究教师教什么、怎样教向研究学生学什么、怎样学转变,树立角色转换意识等。如果听课者不了解这些新的要求,就不可能用新的教学理念去审视课堂教学,就可能出现"听不懂"的现象,甚至有可能产生错误的判断。要不断地学习教育教学理论,了解学科的新课改信息。

二、态度端正,注意力要集中

首先,听课教师要严格遵守时间,按时进课堂,不能迟到或早退。现实中,时常有个别教师因为各种原因,在授课教师都进入课堂了,才匆匆忙忙推门而入,这既是对授课者的不尊重,还会给学生造成不良影响。每个教师都应该坚决杜绝这种现象的出现。

其次,听课教师要认真听讲,深入思考。部分教师在听课中出现消极倦怠的情绪,表现为焦躁、不耐烦、呵欠连连、打瞌睡、低声说笑,甚至拿出无关课堂内容的书报来阅读。出现此现象多数是因为课堂总体效果较差,但这并不能成为不认真听课的借口。作为教师,时时处处都应该率先垂范,做学生的表率。

最后,听课时必须关掉手机等通信工具。个别听课教师心不在焉,丝毫不顾别人的感受,旁若无人地摆弄手机、接听电话等。换位思考,假如别人在自己的课堂上如此表现,我们会作何感想?

所以,听课者要想获得理想的听课效果,必须本着向别人学习的态度,

进入课堂后就自觉遵守课堂纪律,要求学生做到的,听课者必须首先做到。保持注意力高度集中,全身心投入,做到认真听、仔细看、重点记、多思考,避免漫不经心、东张西望、思想开小差、随意说话议论,不要干扰学生学习,不要干扰教师上课,更不要迟到、早退、衣冠不整或抽烟等。如果听课者心不在焉、左顾右盼、迷迷糊糊地打瞌睡或嘀嘀咕咕相互讲话,心思全然不在听课上,这种听课的效果就可想而知了。听课是单调的,长时间的静坐容易使人疲劳和困倦,这就要求听课者用意志来克制自己,使自己自始至终进入角色和状态,使意识随着课堂情境活动而活动,这样才能避免走神。

三、转变听课的关注点

(1)从偏重关注教师的教转向关注师生互动、关注学生自主、主动学习。

(2)从偏重关注知识点的掌握转向关注学习的过程和方法,以及学生在真实情境与任务中运用知识分析问题、解决问题时所表现出的核心素养发展水平。

(3)从偏重关注学生回答问题的情况,转向关注学生发现、提出、解决问题的能力。

(4)从偏重关注教科书内容的解读转向关注课程资源的充分开发和利用,关注教师是否联系社会科技和生活实际。

(5)从偏重关注单一化的教学手段转向关注多种媒体的科学选择与合理运用。

(6)从偏重关注结果的评价转向关注课堂教学的过程性评价。

四、听课后进行反思

根据新课程教学理念的要求,听课教师对课堂教学的课后反思,应该着重围绕以下十个方面展开:

1. 从教学目标、内容、重点、方法等的协同程度方面反思

反思教学目标是否明确,主要看师生是否都明确各自的教与学的目标;反思教学重点是否突出,难点是否突破,主要看是否在把握了知识规律和应用知识规律的基础上进行教学,是否遵循了同化、顺应的规律,是否讲

清了理解知识的关键点；反思教学方法组合是否得当，主要看所采用的基本的教学方法、教学方法组合的原则、教学方法选择的依据等。教学目标是统领性的，是教学展开的依据和核心，只有与教学内容、重点、方法相互协调，才能真正落到实处。

2. 从课堂教学结构的适宜程度方面反思

课堂教学是按照一定的顺序展开的，有着这样或那样的步骤，表现为多个不同的环节。这些环节安排的适宜程度直接关系到教学目标的达成程度。反思课堂教学结构的适宜程度，主要是看课堂教学程序的展开是否符合学生的认知规律，是否符合既定学生的认知特点。

3. 从师生关系中"两主"作用是否协调方面反思

主要看教师对教材的组织，对学习任务的表达、解释与顺序安排是否适合既定的学习者；学生对教材和教师指导的理解是否透彻；学生参与教学过程的动机是否强烈；课堂上教师与学生是以怎样的关系出现的，师生互动是如何展开的，互动的类型有哪些；学生是否有主动发言、提问的机会，是否有表达自己情感和观点的机会等。

4. 从教材的示范作用是否得到发挥方面反思

教材是教师与学生相互交流的媒介，教师不能只是讲授《课程标准》以及教材中的内容，而是要对教材内容进行筛选或者说"二次加工"，主要看授课教师是"用教材教"还是仅仅"教教材"。

5. 从"时量"的分配与"容量"的合适性方面反思

"时量"分配主要看重点、难点的教学与教学高潮的呈现是否同步；各教学环节的"时量"与教学任务是否匹配；是否安排了充足的学生活动时间。"容量"主要看教学是否做到了有张有弛，知识呈现是否有密有疏等。

6. 从教学手段的运用是否适当方面反思

教学手段要服务于教学方法和教学组织形式，主要看在当时当地的条件下，是否充分运用了能够运用的教学手段，效果是否尽可能达到最好。

7. 从反馈矫正的实施是否有效方面反思

主要看教师是否有意识去收集能够反馈学生学习成效的信息，教师反馈学生学习情况是否及时；矫正时应尽量避免重复，尽可能以不同的方式处理教材，从不同的方面、不同的角度，采用不同的教学方法和教学媒体，用不同的比喻，列举不同的例子，来讲授同一知识内容。

8. 从训练是否贯穿课堂教学的始终方面反思

主要看课堂教学是否始终强调对学生的观察能力、表达（口头表达和书面表达)能力、操作能力、思维能力(核心)的训练。

9.从教学效果是否显著方面反思

主要看学生的学习积极性是否高涨,学生回答问题和练习的正确率高不高,师生的情感体验是否愉悦、欢畅。

10.从教师的基本功是否扎实方面反思

主要看教师的导入、讲解、课堂教学语言、提问、板书、应变、反应、反馈、演示、结束等教学技能是否得到充分发挥。

五、听课后的评课

无论是成功的课,还是失败的课,教师都在不同程度上花费了心血,因此在评课时,评课者首先要充分肯定这一点。其次,要褒贬得当。评课的赞扬和批评要有个"度",绝不是褒越多越好,贬越少越好,过多而不切实际的肯定,会给人虚假逢迎之感,在谈缺点时要讲究分寸,应以商量和建议的口吻与被评者交流意见。最后,要主次分明,评课时在关键重点问题上要多加分析,把道理讲透,而在一般问题上可简单提及,让被评者自己思考。评课本身是要充分说理的,把理讲透,有些问题可以提供思考线索,让教师自己去琢磨。

在听课评课的活动中,每位教师都兼具听课者和评课者的双重身份,在听课时取人之长,评课时避人之短,这样就能使每位教师的课堂不断完善,形成教师每节课都欢迎其他教师去听去评的氛围,打破文人相轻、自以为是的局面,促进教师间的交流与合作,从而提高教师整体素质,进而优化课堂效果。

众所周知,听课是学校教研工作的常规活动,对听课者而言无疑是极为难得的学习机会。听老教师、经验丰富的专家讲课,是取经鉴宝;听新教师、经验不足的人员讲课,也能从中学到不少。对每个听课者而言,无论讲课者教学经验多寡、教学技巧高低,都能从正反两方面获得启发。听课应本着尊重知识、尊重同行、取长补短的初衷,既当好台上先生又当好台下学生,从小事做起,从尊重做起,使自己的教学技艺在尊重中得以完善和提升。

第十三章　思想政治教学的评课

📷 **学习要点：**

1. 评课的概念、特点和作用。
2. 评课的基本内容。
3. 评课的注意事项。

第一节　思想政治教学评课概述

思想政治教学评课是以立德树人为根本导向，对课堂教学的价值引领、知识传授与能力培养进行系统性分析与反思的专业活动。其核心在于通过"以评促教、以评促研"，推动思想政治课教师深化教学改革、提升铸魂育人实效。

一、评课的概念

评课，即课堂教学评价，是在听课活动结束后，对上课教师的课堂教学是否树立现代教学观，以及课堂教学实效进行评议的一种活动。

评课，能打开"教"与"评"相长的通道，能对课堂教学的成败得失及其原因进行切实中肯的分析和评价，能够从教学理论的高度对一些现象做出正确解释。所以说，评课是加强教学常规管理、开展教科研活动、深化课堂教学改革、推进素质教育的重要手段。

二、评课的特点

思想政治教学评课是兼具专业性与教育性的特殊教研活动。作为学科铸魂育人本质属性的具体实践载体,其核心价值主要体现在三个方面:通过系统性评价促进教学改进,借助激励性机制强化育人效果,依托互动性交流推动专业发展。

(一)评价性

评课要对课堂教学的优劣与成败得失及其原因做出鉴定,或者说评课要对课堂教学成败的原因做出评析,总结经验教训,提高教学认识。否则,评课就没有任何意义。

(二)激励性

评课的最终目的不是单纯的评价,而是激励执教者尽快成长,提高其教学水平,特别是帮助青年教师尽快成为课堂教学的中坚力量。

(三)交流性

评课是教师围绕课堂教学亮点进行交流、相互学习、相互促进的过程,不是打棍子、扣帽子,而是评课者与被评者心理的零距离接触。因此,评课需要用诚恳的态度去面对,用沟通的方式去进行。

三、评课的意义

评课作为教学研究的一种形式,既有利于监督检查和评估考核,也有利于激励教师加快知识更新、优化教学艺术,更有利于调动教师的教学积极性和主动性,帮助和指导教师不断总结教学经验,提高教育教学水平,转变教师的教育观念,促使教师在教学过程中逐渐形成自己独特的教学风格。

(一)促进提高作用

评课是听课后最重要的一个环节,通过听课后的评课,可以使参加活动的教师交流教学思想,总结教学经验,探讨教学方法,取他人之长,补自己之短。特别是对青年教师,可以帮助他们改进教学方法,规范教学行为,从而达到提高教学水平的目的。

(二)激励发展作用

一方面,通过在评课中树立教学典型榜样,激励教师积极向上。另一方面,评课给教师提出了具体奋斗目标,激发了教师努力向上的心理需求,是中青年教师成长为教学名师的直接动力因素。

(三)监督检查作用

学校领导深入课堂教学第一线,能获得第一手材料,也能促使教师更认真、谨慎、积极地完成教学任务,使学生更集中精力听课,认真思考、慎重回答教师提出的问题,从而形成一种教师认真教、学生认真学的教学氛围。有的教师讲课时随意性强,偏离教学大纲和授课计划;有的旁征博引,冲淡授课中心;有的喜欢滔滔不绝地讲述,忽视学生的主体地位。这些不利于教学活动的现象,都可以通过听课评课予以控制及纠正。

(四)评估考核指导作用

通过听课不仅可以了解教师对教材的把握情况、重点难点的处理情况、教法学法的设计情况、师生互动情况和现代化教学手段的运用情况,而且可以了解教师的知识结构、教学水平、讲课质量、驾驭课堂的能力、治学作风、改革意识和身心状态。在教师评优评先、职称晋级、聘用等工作中,听课评课有着重要的考核评估作用。同时,听课还可以了解学生的学习态度、课堂秩序、参与情况、学习方法和习惯,了解学校的风气和规范管理的水平。

第二节　思想政治教学评课的内容

思想政治教学评课以铸魂育人为逻辑主线,围绕教学目标的设定与达成、教学思想的贯彻、教学思路的设计等要素,通过动态评估教师主导作用与学生主体地位的协同效应,最终指向提升思想政治课程落实为党育人、为国育才根本使命的实践成效。

一、评教学目标的设定与达成

教学目标是教学的出发点和归宿,它的正确制订和达成是衡量课程好坏的主要尺度。所以评课首先要分析教学目标。

(1)制订的教学目标是否能对学生核心素养的综合发展状况进行评价,兼顾学生学习态度、参与学习活动的程度以及对课程内容的理解和应用水平。

(2)制订的教学目标是否具体,是否能够为学生指出明确的课堂学习方向与方式,帮助学生加强学习过程的自我管理,提高学习效率。

(3)制订的教学目标是否适切,是否以本学科的《课程标准》为指导,难易适当,体现学生的年龄特点和认识规律,同时考虑到学生的基础和个体差异。

(4)教学目标是否明确体现在每一教学环节中,教学手段是否紧密围绕目标、为实现目标服务,重点内容的教学时间是否得到保证,重点知识和技能是否得到巩固和强化。

二、评教学思想

新课程强调培养学生的创新精神和实践能力,教学应以适合学生主动发展为出发点,从激发学生学习兴趣入手,把教学重点从单一的"教"转向学生的"学"。评价一堂课的质量,关键在于审视教师的教学思想是否端正。正确的教学思想应将教师定位为活动的组织者、引导者和合作者,同时将学生视为学习活动的主体。若教师将教学简单地理解为单向的知识传授,即将教学过程视为教师单方面讲述、学生被动听讲,则在实际操作中往往会采用填鸭式、满堂灌的教学手段。如果教师的教学目标仅限于关注学生的分数提升和名校录取率,那么他们很可能会忽视基础一般和成绩较差的学生,只关注尖子学生的发展。[①]

---

① 彭亚青,周振军,张君维.中小学评课:问题与策略[J].中国教育学刊,2006(1):63.

三、评教学思路

教学思路既是教师上课的脉络和主线,也是学生学习的过程。它是根据教学内容和学生水平两个方面的实际情况设计出来的,反映了一系列教学事件和教学措施的编排组合、衔接过渡的设计、详略安排等。

（1）教学的内在逻辑是否清晰、科学有序,如重点是否突出,难点是否突破,层次是否分明,详略是否得当等。

（2）教学设计思路是否符合学生实际及认知规律。

（3）整堂课安排的几个大的教学环节是否能够解决教学重点,突破教学难点;每一个教学环节的引出和上下环节的过渡是否自然,设计的问题是否能有效引导学生的学习。

（4）教师在课堂上教学思路的实际运作效果如何,如教法的选择是否有利于学生的学习,教学难度的设置是否适合学生,教学容量的确定是否得当等。

（5）教学结构是否严谨、环环相扣,过渡是否自然,时间分配是否合理,教学密度是否适中。

（6）教学思路是否有一定的独创性,展现出个性特点,是否形成了教师自己的教学风格。

（7）教学活动是否与教学目的和要求一致,有无教师讲授时间过多、学生活动时间过少的现象。

（8）学生个人活动、小组活动和全班活动时间安排是否合理,有无集体活动过多,学生个人自学、独立思考、独立完成作业时间太少的现象。

（9）是否明显体现了新课改下的学生学习方式,如自主学习、合作学习和探究学习。

（10）是否围绕教学目标设计教学步骤并进行教学,有无脱离教学内容、浪费宝贵课堂时间的现象。

四、评教学内容

（1）教学内容的正确性。教学过程中是否有知识性或思想性错误;教师教材处理和教法选择是否突出了重点,突破了难点;教学内容的选择是否凸显学习的价值功能,是否重视教材的范例作用。

(2)教学内容设计的整合度。内容设计是否注重课程资源的开发、利用和整合;教师是否从整体把握学科知识体系,深入研究教学的重点、难点,把教材作为教学的必备工具,创造性地灵活运用教材;是否能从学生的现有实际出发,将教材内容加工、处理成符合学生认知水平且有利于学生全面发展的学习内容,使学生易懂乐学。

(3)教学内容的组织是否符合学生的学习情况。课堂上确立学生的主体地位后,应以学生的参与度为保障,若学生没有参与,或参与得不够,都算不上"主体"。学生的参与状态,既要看参与的广度,又要看参与的深度。就广度而言,要求每个同学都能参与到课堂教学的各个环节中;就深度而言,要判断学生是被动地、应付地学习,还是积极主动地探究。那种看似热闹,实际上无法引起学生认知冲突的课,都不是优质课。

五、评教学方法和手段

教学方法是指教师在教学过程中,为完成教学目标、任务而采取的活动方式的总称。包括教师"教"的方式,还包括学生在教师指导下"学"的方式,是"教"的方式与"学"的方式的统一。

(1)教材处理和教法选择是否明确了目的,解决了重点,突破了难点,抓住了关键。

(2)教学方法是否因课程、因学生、因教师自身特点而"量体裁衣"、灵活运用,是否富有艺术性和有改革与创新的精神。

(3)是否关注了对学法的指导,如是否帮助学生认识学习规律,掌握科学的学习方法,提高学习能力,从而有效提高学习效率。

(4)是否能激发学生学习的兴趣,并协助学生养成良好的学习习惯。

(5)是否能培养学生独立思考、敢于探索、敢于质疑的精神。

(6)是否注重学法指导和能力培养,特别是对学生创新能力、实践能力的培养。

(7)现代化教学手段的运用是否恰当。

六、评教学效果

(1)教学效率是否高,学生思维是否活跃,气氛是否热烈。

(2)学生受益面如何,不同学习程度的学生在原有基础上是否都有进步。

(3)时间利用率是否高,学生是否学得轻松、愉快,积极性高,当堂问题是否当堂解决,学生负担是否合理。

(4)师生配合是否到位,信息反馈是否良好。

(5)教学时间控制是否准确恰当。

七、评教师的基本素养

(1)教师是否熟练正确地掌握《课程标准》。

(2)教态是否亲切、自然、端庄、大方。

(3)教学语言是否准确、生动、简洁、通俗易懂、逻辑严谨;表达是否做到口齿清楚、语音清晰、音量适中、节奏适当、音调抑扬顿挫。

(4)是否能熟练运用现代化教学手段,运用多种媒体,并将它们有机地整合起来。

(5)教师是否具备应变和课堂驾驭能力,遇到突发情况,能否从容处理。

(6)板书是否简明、规范,条理清楚,重点突出,恰到好处。

(7)是否尊重、关心、爱护、信任学生。一切以学生为中心,心中装有学生,关注学生的喜怒哀乐、身心健康、知识掌握和人生幸福,让学生真正体验生命的涌动、精神的拓展。能否把学生看作学习的主人、学习的主体,看作独立的人,尊重学生的独特性。

八、评教学管理

(1)能否创设宽松、民主的课堂学习氛围,师生之间是否有互动,双方的情感是否得到了充分交流。

(2)学生的思维是否活跃,课堂气氛是否热烈,学习积极性是否高,学习过程是否轻松、愉快。

（3）是否充分确立了学生在课堂教学活动中的主体地位。

（4）教师的教态是否亲切、自然,教学是否有激情,是否给学生创造机会,让他们主动参与、主动发展。

 知识链接

评课的内容

一是,知识的落实。目标是否明确、具体,是否体现了"三位一体"的目标内容;教材的处理,重点、难点的确定是否得当;知识的广度、深度是否符合《课程标准》、教材的要求及学生的实际,知识的传授是否准确无误;教学是否达到了教学要求。

二是,教学过程要素:(1)在教学目标的设计上,是否体现出层次性、拓展性、灵活性。(2)在教学内容的组织上,是否体现出基础性、发展性、现代性;教与学的安排是否合理,教学内容的呈现是否符合学生的认知规律和心理特点。(3)在教学方法的选择上,是否符合学科特点、学生实际和教师的个性特点;能否依据具体情况选择科学教法,使书本知识变得深入浅出、明白晓畅;是否能模拟学生的理解及知识能力程度向学生示范学习方法。(4)课堂结构设计是否科学,环节是否完整、严谨。(5)在课堂的操作上,导入是否自然、并有很强的启发性;时控是否合理,双边活动是否协调和谐;是否创设了良好的自主、合作、探究学习的学习场景;整个课堂是否做到"实而不死,活而不乱";重点、难点的把握及解决是否到位;学生参与意识是否强、主动发挥是否好等。(6)在组织教学的活动上,是否在"全面育人"和"结合渗透"上下功夫;是否在"突出重点"上做文章;是否在"因材施教"上想办法;是否在"持续发展"上花时间等。

三是,课堂语言。教师的语言是否清晰、标准、生动,语调是否抑扬顿挫、有变化、充满激情。

四是,教学效果。学生独立思考、回答问题的情况;学生能力的培养情况;课堂容量及课堂效益情况;教学总任务的完成情况等。

五是,课堂板书。板书设计上是否体现重点、难点;板书是否简洁并展示了清晰的知识框架,构建知识之树;是否反映出清晰的教学思路、学习思路;板书是否新颖有特色等。

六是,教学特色。教师是否引入新的教学思想、体现新的教学观念、渗透新的教学理念,在教学方法上有无新颖、特色及课堂教学的改革情况等。

📖 教资考试链接

2022(下)思想政治学科知识与教学能力(高级中学)

参考答案

【材料分析题】

34.学科任务设计是议题教学的核心环节。某思想政治课教师在公开课展示前,请教研组其他教师为其教学设计出谋划策。该教师围绕《经济与社会》中"践行社会责任,促进社会进步"的内容开展了说课活动。下面是其中的任务设计展示。

任务	任务设计
任务一(新课导入)	播放并观看视频《大国工匠》
任务二(小组交流)	交流分享各自心目中工匠的感人之处,确定小组发言的关键词
任务三(班级展示)	分组展示:我们心目中"工匠"的感人之处(表现形式不限)
任务四(探究提升)	研究探讨:"工匠精神"基本内涵
任务五(研讨深化)	讨论:今天我们需要"工匠精神"吗
任务六(反思升华)	自由发言:学生联系现实和未来,谈谈"工匠精神"对自己成长的意义

中心议题:今天我们需要"工匠精神"吗?

任务清单:(略)

问题:作为教研组同事,请你根据思想政治课的教学和评价理论,对其任务设计进行评议。

第三节　思想政治教学评课的基本要求

思想政治教学评课需以立德树人为根本遵循,坚持政治性与科学性相统一、理论性与实践性相融合的评价原则。评课前应全面了解授课教师的教学背景及教学对象的实际情况;评课时须秉持虚心诚恳的态度,聚焦核心教学内容;评课后应及时总结交流成果,积极改进教学实践。从而推动中学思想政治课实现从知识传递向价值塑造的深层转型,切实增强铸魂育人的时代性与感召力。

一、评课前要了解被评课堂的背景

在评课前，评课者要了解被评课堂的背景，比如，教师上这一课，是在什么基础上进行的，学生是什么基础，为什么要这样设计。弄清这节课在学期教学中的位置，了解教师在选择教学方法、安排教学进程时是如何考虑的，再进行评价，否则就会断章取义。

二、根据受教对象的实际情况来评课

课堂教学的主体是学生，教学目标的落实最终应体现为学生在真实情境与任务中运用所学知识分析问题、解决问题时所表现出的核心素养发展综合水平。因此，课堂教学评价要改变传统的以"评教"为重点的现象，把评价的重点转移到"评学"上来，以促进教师转变观念，改进教学。要把评课的关注点，从教师传授知识转移到学生有效学习的方向上来，转移到对学生的因材施教上来，把过多的统一讲授转变为适当的统一讲解与有指导的自主式学习或有条件的探究研讨相结合的形式上来。

对于教学效果，可以在听课学生中做一个问卷调查。课堂教学设计是否合理，教学方法是否巧妙，教师的水平如何，可以在问卷中集中反映，这也是评课最容易忽视的地方。即使是同一个教师讲的同一节课，表面上效果相同，如果听课学生的层次不一样，评课也应该是不一样的。比如，评课者认为课"挖得太深"或"讲得太浅"，可能正是以自己班上学生的水平为基准做判断的。评课不能以自己班上的学生来评价其他班上的学生，更不能用自己的认知水平去评价。评课不是评教师，我们的重点应多放在学生身上，我们要看学生的感觉。课堂教学是学生有效学习的过程，那么评课最终是要通过看学生表现，推测他们是否有效学习。

三、评课要虚心且真诚

要尊重所有讲课的教师，每堂课的背后都有大量的准备工作。我们要虚心观课，真诚研讨。虚心与真诚能换来讲课教师的真情相助，他会毫无保留地把自己的心得讲述出来。在评课中,我们要用新的教学思想来审视教学设计、教学过程,要善于发现教师新的教学手段和方法,以及新颖的问答形式。只要讲课教师有一点点的创新之处,我们都要给予充分的肯定。

参评者应先虚心求教,了解授课者的设计初衷,再有理有序有节地提出自己的建议意见,切忌盛气凌人、咄咄逼人。掌握好评课的尺度后,最重要的就是合理表述。本着谦逊商讨之心,本着为活动负责,为同事、集体负责,为教学负责的坦荡之心,要有理有据、条理清晰、口齿清楚地表达自己的见解。这样,既能显现参评者的能力,又能体现参评者的素质。

四、评课要突出重点

评课要讲究效果,避免空话、大话、好话连篇和面面俱到、不深入实际的评价。要抓住关键和要害,突出重点,讲究针对性,要提倡"一课一得"的课堂教学评价。评课应重点围绕教学任务的完成情况、课堂教学的组织结构、学生活动的质量、教师的基本功等方面进行。应根据上课教师授课的目的和课型,根据听课的目的解决主要问题,避免在琐碎问题上吹毛求疵,抓住偶发性错误不放是舍本逐末的做法。评课也不能以自己班上的学生来考量他人班级的学生。

外行看热闹,内行看门道。有些课堂表面上很热闹,但仔细分析,不少形式是"花架子",师生讨论始终浮于表面,不得要领,浪费大量宝贵时间。例如,有一种情况,"很好""你真棒""你真聪明""你真了不起",甚至"你是瓦特""你是爱因斯坦"等教师激励性评价充斥课堂。如果学生的回答确实有创新之处,适度表扬无可厚非,但是如果滥用表扬反而可能误导学生。另一种情况就是形式主义的合作学习泛滥。不论哪一门学科,不论何种内容,讨论似乎已成为某些教师的法宝。他们很少思考该不该讨论、该在什么时机讨论。且在学生讨论时,教师既没有巡视指导,也没有引导学生深入探究,致使学生的讨论始终停留在问题的表面。所以,课堂表面的热闹不等于有好的教学效果。

五、评课要以激励为主

评课要从调动教师教学的积极性、主动性和创造性出发,要善于发现教师教学的闪光点,要给教师理论上的指导、方法上的点拨、过程中的反馈、让教师在评课的过程中收获启发,得到教益。听课中,有的教师在某一方面有突出的优点从而让人印象深刻,有的教师则因某一方面的缺陷而令人失望,这种情形是很常见的。在评课时要避免感情用事、以偏概全。公开课对授课教师有一定挑战,所以应以激励为主,带动更多的人参与探讨,用研究的眼光看待每一节课。评课的目的不是去区分好坏,而是通过评课帮助大家改进教学实践。评课要实事求是,还要注意语言的技巧、发言的分寸,要能够调动教师参与教学、研究的积极性。

当然,评课不能搞"一刀切",要根据评课对象区分对待。对于骨干教师,评课的标准可适当高一些,对于新任教师,刚开始标准可以适当低一点,逐步提高标准要求。并且要根据"优质课""研讨课""汇报课""过关课"等不同课型的要求区分对待。

六、评课要客观公正

评课要实事求是,客观公正;要一分为二,坚持两点论,防止走向极端。教学是一门艺术,艺术的追求是无止境的。因此,课堂教学没有最好的,只有更好的。课堂教学也要与时俱进,要不断创新以契合新的教学理念对课堂教学的要求。评课时,参评者要客观公正地对授课者做出评价,既不吹毛求疵,也不曲意奉承。评课者不能抱着"当局者迷,旁观者清"的态度去听课和评课,也不必顾虑挑不出毛病别人会认为自己没水平。正确的心态应是客观公正,有多少讲多少。评论要简而精,切中要害,对症下药,使授课人有所启发和感悟。评课必须从观察到的、感受到的情况出发,不能想当然。既要肯定成绩,总结经验,又要提出问题,给出相应的改进措施,切实起到促进教师专业发展的作用。

七、评价要善于换位思考

评价者发现教师的不足时,应先换位思考:假如这节课是自己上,能否避开这个问题?给教师提出改进意见前,也应先思考:自己能否做到?要是评价者不换位思考,给出的评价意见要么吹毛求疵,要么要求过高,要么脱离实际,对教师不会产生很大帮助。

八、平等交流

评价者要充分尊重受评者,认真倾听受评者的自评,在此基础上结合听课情况进行评价。若是带着居高临下的优越感,不管不顾地长篇大论,既可能是空话大话,也可能是无的放矢。教师左耳进右耳出,毫无实际意义。当评价者与教师意见不一致时,不应该感到尴尬。此时最好的办法是各自保留意见,也可以展开争论,但不能为了面子而进行学术压制。

九、克服不良的评课心理

一要克服"老好人"思想。评课是一种教研活动,不要担心自己的观点不能被授课人接受而"得罪"人。要充分表达自己的观点,只有在辩论中,大家才能互相学习、共同提高。二要克服人云亦云的从众心理。三要克服附和权威的心理。

十、评课要提倡创新,培育个性

正确评价一堂课,不必顾虑冒犯权威而瞻前顾后,要敢于向经验挑战。既要体现课堂教学的一般特征,又要提倡创新,打破传统的评价模式。教师的个性化教学,是实施新课程理念的需要。

十一、评课教师要有良好的心态

评课不是为了证明自己的教学能力和理论功底,而是为了教学能力的共同提高。大家齐聚一堂,共同就课堂教学中出现的问题进行研讨和交流,进而逐步达成共识。评课本不应该有任何思想压力和负担,因为评课本身是一次相互交流、相互学习的过程,需要我们认真对待、积极参与、主动探讨。只要是为了教学,就应该充分表达自己的观点,畅所欲言。有了争议,才更能引起大家的重视,真理总是越辩越明,这无疑是一件好事。因此，评课不需要引用和套用一知半解或知之甚少的理论来装点门面，以免弄巧成拙。关键是要放下思想包袱，大胆提出自己独特的见解。"水本无华，相荡乃成涟漪；石本无火，相击乃成灵光"，这样的评课才是真正意义上的评课。

第十四章　思想政治教学的考试

学习要点：

1. 思想政治考试的内容。
2. 思想政治考试的方法。
3. 思想政治试卷编制的基本要求。
4. 如何进行思想政治试卷分析？
5. 如何进行学生成绩的评价？

第一节　思想政治教学考试概述

考试是学校教学工作的重要组成部分，是检查教与学的手段与工具，也是教学评价研究中的重要课题。研究和了解考试有利于对教学实施质量进行监督，有利于考查教师的教学水平和学生的学习成效，从而更好地帮助教师改进教学，促进教师的发展；帮助学生了解自己的成长状况，促进学生学业的发展。

一、考试的含义

考试是指对教师教学活动和学生学习活动的情况和效果进行的测量和评价，其中重点是对学生学习情况的测量和评价，因为学生的学习情况和学习效果，更能集中体现整个教学的效果和质量。测量是依据一定的目的，并通过一定的程序与方法，对教师教和学生学的状况进行衡量。评价则是依据一定的教育价值观或教育目标对教育现象进行的价值判断。测量是评价的基础和手段，评价是对测量结果的价值判断。测量与评价是同一活动过程的不同阶段，两者相互联系又相互区别。测量与评价的有机结合即教学测评,也就是考试。

通过学生的考试,能对教学情况进行质量分析,找出教学的不足,从而有的放矢地进行教学改革,更好地为教学实践与研究服务;可以更好地了解学生的学习水平与学习情况,诊断出学生在学习中存在的问题与误区,从而为学生的全面发展提供有力保障。

按照不同的分类标准,考试有不同的类别。按照学期进度来看,有单元测试、期中考试、期末考试等;按照考试目的来看,有达标性考试、诊断性考试和选拔性考试等,如毕业考试或会考是达标性考试,模拟考试是诊断性考试,高考是选拔性考试;按照考试方式来看,有闭卷考试和开卷考试两大形式。

二、考试的性质

思想政治教学考试要贯彻教育部印发的《基础教育课程教学改革深化行动方案》(教材厅函〔2023〕3号)的基本精神,使考试成为促进学生发展和提高教师教学水平的有效手段。

道德与法治考试的"目的是检测学生在义务教育结束时道德与法治的学业成就,为高一级学校招生录取提供重要证据,为评价区域和学校教学质量、改进教学提供参考"①,也为确认学生学习进度,水平或行为转变以及教师教学的效果,还能为调节和控制教学过程提供依据。即考试的目的是判断教学目标是否达成,分析教学方法是否有效,所选的教学资料是否适宜,是否促进了教师的教学。思想政治课程的评价要避免单纯为评价而评价的形式主义,要创造使家长、同伴参与评价及学生自评的氛围和方法,重视形成性评价。这说明思想政治课教学评价的性质属于目标性评价,即达标性评价或发展性评价,不是选拔性评价。

《普通高中思想政治课程标准(2017年版2020年修订)》指出:"学业水平考试坚持以学生的思想政治学科核心素养发展水平为考查对象,考查学生能否综合运用相关学科内容,参与社会实际生活,在真实情境中提出问题、分析问题和解决问题;重点关注能否坚持正确的思想政治方向,形成正确的世界观、人生观、价值观,是否展现出了适应当代社会发展和终身发展

---

① 中华人民共和国教育部.义务教育道德与法治课程标准(2022年版)[S].北京:北京师范大学出版社,2022:53.

所需要的、必备的思想政治学科核心素养。"①这也说明思想政治课考试的性质属于目标性测评或发展性评价，不是选拔性测评。

三、考试的方式

思想政治学科的考试设计遵循素养导向、以新课程标准为基本原则，依据初中道德与法治与高中思想政治《课程标准》的阶段性要求，系统规划中学阶段的考核方式。

（一）初中思想政治考试的方式

考试的目的与教学的目的是一致的，旨在检验学生是否达到《课程标准》的要求，让学生通过考试明确自身与课程目标的差距，找到自己的不足，同时看到自己的优势，树立自信，进一步明确努力的方向，是一种发展性评价。《义务教育道德与法治课程标准（2022 年版）》要求，"期终考核要依据本学期的课程目标、内容、教学实际组织实施，注重采用具有综合性的题目或任务，针对学段特点，可运用家校劳动任务、作品成果展示、纸笔测试、档案袋等方式"②，要避免只用终结性的、单一的、知识性的考试来对学生思想政治课程的学习及思想状况做出评价。

1. 表现性测试

传统的纸笔测验需要与表现性评价相结合，通过关注不同情境中学生日常品行表现，以全面获取和掌握学生核心素养发展的相关信息。

（1）口试测验。口试是指学生通过语言阅读或回答老师的试题，最终按照考生的回答内容和语言的流畅度给出相应的分数。口试要求学生当面回答问题，需要学生动脑思考、动手备考、动口回答，旨在从多方面培养和锻炼学生的独立思考能力、口头表达能力以及现场应变能力，有利于调动学生的学习积极性，使学生真正成为学习的主体。口试不仅为学生提供了一个锻炼提高综合素质和能力的场所和机会，也能为学生今后的发展做出必要的演练和准备。

---

① 中华人民共和国教育部.普通高中思想政治课程标准（2017 年版 2020 年修订）［S］.北京：人民教育出版社,2020:49.

② 中华人民共和国教育部.义务教育道德与法治课程标准（2022 年版）［S］.北京:北京师范大学出版社,2022:52.

（2）辩论测验。辩论是持不同意见的双方或多方针对同类事物或同一问题在思想上的交锋，辩论诸方有共同的话题，但意见不同。辩论可以开阔学生思维，锻炼其口头表达、资料查找、统筹分析的能力；可以让学生开动脑筋，从多角度去考虑问题，发散思维，追求真理；可以加强辩论团体之间的默契、团结协作能力，增进友谊。通过辩论等表现性的测查，可以较好地反映学生的表达能力、思维的逻辑性和概括能力，还能在一定程度上反映学生的思维过程及其对所掌握知识的理解程度。

总之，对能力目标的评价伴随相应的活动展开，根据学生在活动过程中的表现，进行动态的、综合的、有侧重的评价。对正确价值观目标的评价，既要坚持正确的价值标准，又要尊重学生的个性表现，关注学生情感和态度变化的趋向。

 课堂思考题

王老师在教学过程中善于设置辩题，引导学生在辩论中明辨是非，掌握知识。在讲授"我与父母交朋友"时，王老师设置了"代沟的责任主要在父母还是在子女"的辩题。在讲授"网络交往新空间"时，王老师设置了"中学生上网利大于弊还是弊大于利"的辩题。同学们围绕辩题，唇枪舌剑，展开了激烈的辩论，两节课都取得了很好的教学效果，高效达成了教学目标。

参考答案

问题：结合上述案例，谈谈道德与法治课教学确定辩论主题的基本要求。

2.情境性测验

情境性测验是指在特定的情境中教师为了准确把握学生的某种状况而针对性地进行的一种测验。情境性测验能客观地记录学生某时某刻的学习状况和思想品德的成长发展过程，是关注学生的发展差异及发展中的不同需求和特点，并进行针对性指导的过程。情境性测验体现了发展性评价，是一种评价与教学融为一体的评价方式。这种评价方式更容易引起学生的重视，对调动学生的积极性和主动性有很大的促进作用。例如，学生在多大程度上达到了教学目标？学生进步程度如何？什么时候进行复习最为有效？在学习的时候学生有哪些学习困难？等等，都可以通过情境测验来了解。

教资考试链接

2022(下)道德与法治学科知识与教学能力(初级中学)

参考答案

【材料分析题】

33.下面是某地为评价道德与法治课教学情境而设计的观察量表。

内容	情景类型							情景目标指向			效果达成指向及达成情况				
	实物情境	表演体会情境	新闻情境	视频情境	图片情境	问题情境	其他情境	知识	能力	情感态度价值观	激发兴趣	引发质疑	引导多为	补充内容	达成目标
环节1															
环节2															
环节3															
环节4															

问题:请运用初中道德与法治课程评价理论,对上述观察量表的设计进行分析评析。

3.开卷考试

开卷考试是考生可携带资料、课本参加的考试。考生可以自由查看资料、课本,但是不能相互商量答案。开卷考试的试题具有开放性、灵活性,有利于考生充分发表自己的见解,展现自己的能力,发挥自己的水平。开卷考试注重考查学生运用知识分析社会生活和解决实际问题的能力,改变学生死记硬背的习惯。开卷考试的试题应从社会实际出发,贴近学生生活;开卷考试的评分标准和答案不求统一,主要看学生分析问题时所运用的理论观点是否正确。

4.闭卷考试

闭卷考试是教育评价的一种重要手段。发展性评价中,闭卷考试的命题是以《课程标准》为依据的,试题的价值取向是使学生在一个相对宽松的氛围中答题,让学生能充分展示自己的学习成果、体现自身的价值。试题不仅关注结果,更注重答题的过程和方法。闭卷考试的形式可以是多种多样的,如随堂测验、单元测验、期中测验、期末测验等。闭卷考试的结果呈现也可以是多种多样的,如分数、等级、评语等。

 课堂思考题 ———————————————————————

道德与法治课程倡导的学习评价的方法有哪些?

参考答案

(二)高中思想政治考试的方式

高中思想政治考试的主要目的是测试思想政治学科核心素养发展水平,而测试思想政治学科核心素养发展水平,就需要把握每个水平等级的素养表现特征。核心素养是学生为适应终身发展和社会需求所必须具备的品格修养与关键能力。这一概念具有抽象性和综合性特征,虽然无法通过单一维度直接观测或量化评估,但它会通过各种具体任务的执行,外显为行为表现特征,从而借助这些行为表现来评价思想政治学科核心素养发展水平。因此,高中思想政治的考试方式,仍然包括前文提及的辩论、情境测验、开闭卷考试等。只不过在延续初中思想政治考试方式的基础上,更加突出了对理论知识的掌握与解决问题能力的测试。这是因为,"考查学生的核心素养发展水平,需要以具体的真实情境作为执行特定任务和运用学科内容的背景与依托"①。考试的方式更多表现为闭卷考试,考试的内容更强调与社会实际的联系,重视对学生理论知识的掌握、解决问题的能力、思维的培养以及创新意识的考查等。

在高中各类考试中,"高考"不容忽视。高考是"普通高等学校招生全国统一考试"的简称,是一种选拔性考试,是高中学业结束后学生自愿参加的高等教育的入学考试,是高中毕业生选择、进入大学的资格标准之一,也是国家教育考试之一,也因此得到全社会尤其是高中学生及其家长的高度重视。在这里介绍一下目前全国推广实行的新高考"3+1+2"模式。所谓的新高考"3+1+2"模式,"3"是指语文、数学、外语三门必考科目;"1"是指

在物理、历史两门科目中必选一门；"2"是指在化学、生物、政治、地理四门科目中任意选择两门。

第二节　思想政治教学的试卷设计与编制

不管哪种方式的考试，一次完整的考试一般都包括考试设计、考试实施、试卷评阅和考试分析等环节，其中难度最大的是试卷的编制与考试分析。所以，下文我们就试卷的编制进行探讨，一般来说，"试卷编制的程序和方法是：①制定命题计划；②编制试卷；③试卷的组合与试卷的编排"①。

一、试卷的设计

在试卷设计前，要认真研读《课程标准》，《课程标准》是教学与评价的重要标准。另外，高中的命题还要认真研读《考试大纲》和《考试说明》等高考指导性文件，这些文件都是考试命题的重要依据。否则，命题就会迷失方向，容易出现超纲或走题情况。

（一）设计目标命题计划

命题计划是根据考试的指导性文件或计划的要求，通盘考虑、安排整套试卷中全部试题所涉及的内容范围、重点、难点、测试的目标以及试题的类型与题量等。命题计划包括：考试内容与考试目标的命题计划、考试内容与试题类型的命题计划。如果没有命题计划，试题与试卷的编制就有可能偏离方向，无法达到考试的目标要求。

制定命题计划的第一步，是对考试内容与考试目标的各项比例作出明确的规定。基本要求是：第一，内容覆盖面广且突出重点；第二，考试目标要全面，尽可能体现识记、理解、运用等认知和能力目标要求。考试内容与目标的命题计划，一般是通过"内容与目标双向细目表"的方式来呈现。现以新课程高中一年级思想政治必修 3《政治与法治》期末考试为例，制定命题计划表（双向细目表）（见表 14-1）。

---

① 张建文，童贤成.思想政治（品德）课程与教学概论［M］.北京：人民出版社，2013：229.

表 14-1　命题计划表

考试内容 ＼ 考试目标	识记	理解	运用	合计
第一单元 中国共产党的领导	10	10	10	30
第二单元 人民当家作主	10	10	15	35
第三单元 全面依法治国	10	10	15	35
合　计	30	30	40	100

(二)设计题型命题计划

　　制定命题计划是对考试内容与考试题型的各项比例作出明确的规定。考试作为中学学习成绩的重要评价方式,应注重考查学生理解和运用知识的真实能力,在提供多种题型的同时,应倡导综合、开放的题型。尤其应注重结合具体情境,考查学生分析问题的逻辑思维和解决问题的实践能力。

　　基本要求是:第一,内容和题型的比例要同前文的计划(内容与目标计划)一致。第二,在考试时间允许的范围内,题型和题量都要尽可能丰富,这样才能充分体现考试内容和目标的全面性。

　　内容与题型的命题计划,一般也是通过内容与题型双向细目表的方式呈现,让人一目了然。现仍以前表的内容为例,制定内容与题型命题计划表(双项细目表)(见表 14-2)。

表 14-2　内容与题型命题计划表

考试内容 ＼ 题型	单选题	多选题	填空题	判断题	简答题	论述题	合计	备　注
第一单元 中国共产党的领导	8	8	2	2	5	10	35	①单选题每题2分
第二单元 人民当家作主	8	8	2	2		10	30	②多选题每题2分
第三单元 全面依法治国	8	8	2	2	5	10	35	③填空题每题1分 ④判断题每题1分
合　计	24	24	6	6	10	30	100	⑤简答题每题5分 ⑥论述题每题10分

二、试卷的编制

　　有了命题计划,我们就可以根据命题计划表进行试题编制。具体方法是:从第一课开始,根据"考试内容与题型命题计划表"的要求依次选够每一课所需要的题型和题量。①

试题的种类很多,归纳起来可以分为客观性试题与主观性试题两大类,每种类型的试题又各有自己的特点和编制要求。

(一)客观题的编制

客观性试题就是答案唯一,评分不受主观影响的试题。主要有选择题、填空题、判断题等。

1.填空题的编制

填空题属于再现型试题,是指在一个完整的陈述中,命题者故意抽去关键性的短语、词组、时间或重要的概念、地名、人名等,让考生补充完整。填空题的编制较容易,可用来测量学生对知识的回忆,特别适用于诊断性测验。不足之处是,该题型只能评价学生对知识的回忆和再现能力,多测量一些零碎的知识点,不利于学生对知识的应用和迁移。其编制要求是:填空题的内容陈述要简洁、明确,一道试题不能有太多空格(一般 1—2 个),而且所填答案要正确唯一;空格一般放在句末,若有 2 处以上空格,长度要尽可能相等,防止学生猜答。

2.是非题的编制

一般而言,是非题适合考查学生对基本概念、原理、性质等的认知和判断能力。其编制较容易,能在较短时间内考核较多的教学内容,效率较高,评分客观公正。但是,由于是非题只有两个选项,评价的信度往往不高。为了提高是非题的信度和鉴别力,可以要求学生改正错误或说明理由等。在编制试题时要注意:题目的陈述应简洁,表述应清晰明确;应尽量避免用否定句;避免在题目的陈述中使用"所有""通常""只有""可能"等暗示性字词或特殊的限定词句;每一题应避免同时出现两个或两个以上的概念,做到措辞准确、答案唯一;是与非的题数要有适当比例,而且应采用随机方式排列。

3.选择题的编制

选择题是指从多项选择中挑选一项或几个正确选项的试题类型,它由一个"题干"和几个"选项"组成。题干是根据所要考查的内容而编制的一个问题或不完整语句,选项则是根据题干设计的几个备选答案。选择题是

---

① 张建文,童贤成.思想政治(品德)课程与教学概论[M].北京:人民出版社,2013:231.

各类客观性试题中最灵活、最有效、使用最广泛的一种题型,是客观题的主要形式。选择题的形式很多,大体上可以分为 3 类,即单项选择题、多项选择题、不定项选择题。单项选择题的答案不但有正误之分,而且有优劣之别;多项选择题的答案只有正误之分,没有优劣之别。但无论单项选择题还是多项选择题,都有可能存在猜答现象,而不定项选择题则是综合了两者的优点,可避免猜答。

教资考试链接

2023(上)思想政治学科知识与教学能力(高级中学)

参考答案

【材料分析题】

34. 材料:下面是学业水平考试中的一道选择题。

工业遗产的开发利用是城市转型发展亟待解决的问题。许多城市巧妙利用闲置的厂房和设备,精心打造文创产业园、时尚设计园、爱国主义教育基地等,厂房变成博物馆,仓库改为音乐厅,厂区转为影视基地……工业遗产的"华丽转身"表明(　　　)

①事物间的联系是客观的,与人的意识无关

②把握联系的多样性是正确认识和有效利用事物的前提

③事物发展的关键在于把事物的内部联系转变为外部联系

④人们可以通过实践调整事物之间原有的联系,建立新的联系

A.①②　　　　B.①③　　　　C.②④　　　　D.③④

问题:请结合材料,根据教学评价理论说明思想政治学科选择题编制的注意事项。

(二)主观题的编制

主观题就是答案不唯一,评分易受主观影响的试题。主观题的形式很多,但常用的是两类,即简答题和论述题。简答题是主观性试题中的"小题",主要用于测量学生对知识的记忆和理解程度。论述题是主观性试题的主要形式,主要用于测量学生综合运用所学知识的能力。

主观题表述形式多样,以题干的表述形式为例,可以表现为比较型、因果关系型、归纳型、总结型等。例如:比较型的题干,可以表述为"比较……和……的相似与不同";因果型的题干,可以表述为"……的主要原因是什

么"或"……最可能的结果是什么";总结型的题干,可以表述为"请陈述……中的关键内容"或"请简单总结……的内容";归纳型的题干,可以表述为"请对下面的信息进行有效归纳"或"请说出能够解释下面现象的原理";推理型的题干,可以表述为"根据已有事实,当……的时候,什么最有可能发生";归类型的题干,可以表述为"请根据……将下面的项目分类";创造型的题干,可以表述为"请列出你能想到的尽可能多的……";应用型的题干,可以表述为"使用……原理作为指导,请描述你会怎样解决下面的问题";分析型的题干,可以表述为"请列出并且描述……的主要特征是什么";综合型的题干,可以表述为"描述一个能证实……的方案";评价型的题干,可以表述为"使用给定的标准,写出对……的评价"等。

主观题的命题要注意的事项:

(1)可以根据考试的目的、设问和答案的要求去选取材料。

(2)材料中的文字、图表不要太多、太复杂,尽量简洁、明了。

(3)尽量不要照搬教材上的例子和材料。

(4)要根据考生的生活经验和理解程度来选取情境材料。

(5)材料要科学、可信、新颖。

教资考试链接

2022(上)思想政治学科知识与教学能力(高级中学)

【材料分析题】

34.材料:下面的材料是某高校在高三思想政治复习教学中使用的一道测试题。

参考答案

在外出旅游时,我们既会看到景点的题字,也会看到游人"到此一游"式的涂鸦。

有人认为"到此一游"式的涂鸦只是个人行为,影响微不足道。然而在信息技术高度发达的当今社会,一个公民的个人行为往往会被快速传播,无限放大,从而影响世人对国家形象的直观印象。

(1)比较图1和图2,运用文化生活知识,分析文人墨客的题字、题诗和游人"到此一游"式涂鸦的区别。

(2)运用辩证法知识,说明每一个中国公民都要用自身的正能量为国家形象增光添彩。

问题:结合上述材料,分析命题立意。

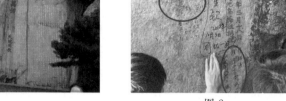

图1   图2

(三)试卷的综合编排

试题出好以后,就要对各种试题进行排列和组合,形成试卷。试卷的排列要科学,符合人的认识规律,主要应做到以下几点:第 ,同类组合,先易后难;第二,每类试题都应有解题说明和答题要求;第三,试题的序号应保持同类序号的连续性。同时,还要进行如下的审核工作:

(1)审核试卷结构,即审查题型、题量、分值等是否符合命题计划。

(2)审核考点分布,即审查考点分布是否合理、全面。

(3)审核难度系数,即审查基础题和能力题的分布是否合理。

(4)审核考纲范围,即审查试题是否有超纲现象。

(5)审核原创度,即审查试题的原创度,切忌照搬原题。

(6)审核试题严谨度,即审查试题各个组成部分是否严谨。

(7)审核试题完整度,即审查试题答案是否完整,评分标准是否合理等。

三、试卷编制的基本要求

思想政治试卷的编制除应遵循科学性、客观性、公平性、发展性、实践性、知识能力态度统一性、理论和实践统一性、主观和客观统一性等原则外,还要关注如下要求。

(一)目的的准确性和实效性

试题目的的准确性是指考试的任务指向要明确,要有明确而具体的目的。试题要求学生完成的具体任务的含义和指向应该确定明晰,避免歧义,以提高推断的准确性。试题的实效性是指试题要符合考试计划的性质、目的,能真实地测试出学生的学习水平。

(二)内容的科学性和趣味性

科学性是指试题要有较高的信度和效度,要有一定的难度和区分度;要考虑试题的条件和结论,要考虑试题的解答基础和方法。例如,选择题的编制要求文字叙述准确、规范,"限定词"的使用要谨慎,错误选项的似真性要强,不能有提示正确选项的情况出现,各选项在形式上应协调一致,在次序上应作合理安排,答案要科学无争议,否则就难以达到有效训练的目的。趣味性是指试题要联系生活实际,化抽象为具体,如试题选用的材料要新颖有趣,设问方式要新颖、巧妙、灵活等。

(三)问题的典型性和多样性

试题要有重要性和普遍性,要坚持正确的政治方向和价值导向,避免偏题、怪题、冷题。典型性是指选编的试题在同类试题或某种方法中具有代表性,学生解答之后,能以题及类,以点带面,掌握此类问题。多样性是指试题的方法和题型的多种多样。

(四)难度的恰当性和系统性

试题的恰当性又称阶梯性,即试题应形成一个从易到难的恰当的"梯度",试题的选编和布置要根据教材知识的内在联系和学生的学习认知规律,循序渐进。试题的系统性是指按阶梯跨度要求设置试题比例,其中基础题占 50%,易题和难题各占 10%,有一定难度的题占 30%。

(五)试题情境设置的真实性与试题的创造性

试题情境设置的真实性是指试题应对源于真实生活的情境进行有针对性的建构,保留关键性的事实与特征,剔除无关紧要的细枝末节,试题创设的情境应该是中学生能够理解的。试题的创造性是指试题既是学生识记、理解、分析、综合、评价、运用所学知识的过程,又是思维的外显过程。因此,试题选编应具有发展智力的价值,应有利于学生灵活运用已有的知识和经验,创造性地发现、分析和解决问题。

(六)项目的独立性与赋分的合理性

项目的独立性是指,试题之间及同一试题内部都应避免互相交叉、暗示、重叠,注意情境材料中不能出现答案。赋分的合理性是指,在制定赋分标准时要充分估计学生的水平、考试的性质,注意赋分的科学性和合理性。

(七)表述的简明性与方式的经济性

表述的简明性是指试题的行文、材料要简明扼要。整张试卷的字数不要超过 4000 字,漫画、插图要简洁明了、通俗易懂。特别注意选择题的选项不能含糊,文字要简明。文字多了,内容多了,会加重学生阅读的负担。方式的经济性是指题型和题量不应该太多,要充分考虑学生的文字阅读水平和答题的能力程度。试卷中题目的排列,应注意将同类知识归纳在一起。同时,要从易到难,从简到繁,排版印刷要考虑是否便于学生的阅读,是否便于教师的评阅等。

总之,试题要有科学性、公平性和难度适宜性等。试题要符合《课程标准》的要求,符合思想政治课程考试的命题框架,也要符合教育测量科学性、公平性和难度适宜的一般要求。要兼顾地区和城乡差异,避免使用学生不熟悉的术语,充分考虑试题难度分布和区分度。

四、试卷评分标准的制定

完成试卷的编制后,就要制定评分标准。题型不同,评分标准也会不同。有的试题要有唯一答案,有的试题又要有开放的答案;有的试题只需呈现最终答案,有的试题则可能需要解释答案、展示解题过程。

(一)根据学科任务制定评分标准

针对不同类型的学科任务制定试题评分标准,要根据划分思想政治学科核心素养水平的基本原则,建立评价不同学科任务完成质量的具体评价指标体系,以提高评价的科学性、公正性和可操作性。

(二)评分标准要兼顾共同性与差异性

根据思想政治学科核心素养评价的特点,学业水平考试应该有相当数量的开放性试题。制定这种试题的评分标准,要兼顾共同性与差异性。共同性体现为有共同的基本立场、观点和价值观,有共同的评价尺度。在共同评价尺度的框架中体现差异性,例如,采用不同视角,运用不同素材,采取不同思路,表达不同见解,提出不同的问题解决方案,即评分标准要有一定的开放性等。透过这种有差异的解题过程与思维过程,划分评价等级,判断学生在特定情境中学科任务完成的不同质量,推断其学科核心素养的发展水平。

第三节　思想政治教学的试卷分析与成绩评价

思想政治教学的试卷分析与成绩评价是以核心素养为导向、以《课程标准》为基准的诊断性研究活动,旨在通过数据挖掘与质性分析,揭示教学成效与育人目标的契合度。

一、试卷分析

试卷分析是教师应该掌握的一项教学技能。试卷分析就是分析试卷的效度、信度、难度、内容覆盖面、区分度以及总体的情况等。其一,分析试卷效度和信度。效度是指测验是否能够检测想要测查的内容,以及测查到何种程度,即试卷是否契合考试目标。信度是指同一受试者在不同的时间,用同一测验或者另外一套等同测验进行重复测验所得结果的一致程度。信度的高低主要取决于收集到的信息的可靠性,信息的可靠性与全面性成正比,信息的全面性要求收集到的信息能反映评价对象的全貌,包括评价对象在有效活动中的方方面面的信息,也包括在整个学习过程中所表现出来的整体信息。其二,分析试题内容和命题特点。看试题是否体现了素质教育思想,体现了考试改革的精神,是否做到科学性、知识性和思想性的统一。其三,分析考试的平均分、及格率、优秀率等。其四,分析试卷存在的问题。如有无常识性科学性错误、覆盖面够不够,区分度和难易度如何等。其五,分析考试技术和心理问题。如考生的审题方法、答题方法、适应试题变化的情况等。其六,总结经验教训。[①]

二、学生成绩评价

学生学习成绩的分析和评价,分为群体成绩评价和个体成绩评价两种

---

① 刘强. 思想政治学科教学新论[M]. 北京:高等教育出版社,2009:294.

类型。只有从群体和个体两个方面进行分析和评价,才能全面反映学生的考试情况。学生群体成绩评价的对象是学生群体,这种群体可以是一个班级、一个学校、一个地区等。学生群体成绩评价的任务是分析学生群体成绩的分布状况、结构状况、集中(平均)状况、离散状况等,从而对不同学生群体的成绩进行比较和鉴别。学生个体成绩的评价目的是看学生是否达到国家规定的教学目标。一般以 60 分为界限划分:60 分以下为不及格;60—69 分为及格;70—79 分为中等;80—89 分为良好;90 分以上为优秀。

对思想政治课学习效果的综合评定,应当坚持"一个原则,三个结合",即坚持实事求是的原则,实行平时成绩与期末成绩相结合,知识、能力、情意(觉悟)相结合,重过程与重结果相结合。也就是说,学生综合成绩的评定,要根据各地、各校和各时段的具体情况来实施,把知识、能力、情感态度与构成方法有机地结合在各种测试和考试中,具体来说,是通过平时成绩与期末成绩相结合来实现的。其中,平时成绩可占 30%—40%,平时成绩(主要体现为过程)包括平时的观察、提问、讨论、作业、测验、期中考试以及社会调查、参观访问、小论文比赛、校内外集体活动等。期末考试可占 60%—70%。期末成绩(主要体现为结果)因为具有综合性,是一种以知识和能力测试为主的考评方式(同时也有一定的情感态度因素)。

学生测评应坚持公开、公正、公平的原则。各校应将本校学生评价细则,评价的内容、方法、程序等提前向学生、家长公布,并报教育部门备案,自觉接受社会监督。评价结果应告知学生本人及其家长。若学生、家长、教师和其他社会人士认为课程学业评定、综合素质评定存在可能危害公平、公正的现象和行为,或者对结果存在异议,可向教育行政部门投诉。教育部门根据情况组织对辖区学科教学质量一定范围的抽测,学校应把教学质量监测当作分析学科教学、改进学科教学(包括管理调整、教学调整和学习调整)的有效手段,充分发挥其积极作用。教育部门要加强指导监督,接受咨询、投诉与举报,及时处理评价工作中的问题。

三、指导学生考后反思

考后反思是思想政治学科实现评价育人功能的关键环节,其本质是引导学生从应试结果向素养生长的认知跃迁。因此,教师应在指导学生正确看待考试成绩的基础上,通过精准诊断学情,明确今后教学改进的方向。特别是在关键能力培养方面,要帮助学生建立"知识—能力—价值观"的联动认知体系,使考试真正成为学生校准政治方向、深化理论自觉、提升公共参与能力的成长契机。

(一)指导学生正确看待自己的成绩

考试可以检验学生是否达到《课程标准》的要求,让学生通过考试明确自身与课程目标的差距,找到自己的不足,看到自己的优势,树立自信,进一步明确努力的方向。成绩只是一个分数,该如何正确看待呢?其一,从横向看,与同班级其他同学相比,如果成绩高,说明在该学科有一定的优势,但学习如逆水行舟,不进则退,仍需继续努力;如果成绩低,说明该学科相对薄弱,为今后学习指明了努力方向。其二,从纵向看,与学生自己的过去成绩相比较,看是前进了还是退步了,并分析原因。教师应主动及时与学生、家长沟通,以促进学生更好地发展。

(二)指导学生分析错误的原因

考试成绩出来后,教师要及时同学生分析试卷丢分的原因。是会做但马虎,还是审题出现错误;是记忆不准确、功夫没有到位,还是理解得不够;是考试紧张等心理的问题,还是身体的原因等。指导学生对错误原因一一进行分析,从而达到知错就改的目的,并在这个过程中强化学生的自我反思能力。

(三)指导学生分析考试的技巧

针对学生答题出现的错误,教师要指导学生掌握应对经常出现的错误的技巧。如:如何摆正考试的心态,如何掌握答题的策略,如何按照考试的要求来答题等。

(四)指导学生明确今后努力的方向

考试结束后的总结是为了找出问题、发现新起点、追求新目标。面对不同性格的学生,教师要因材施教,采用不同的谈心方式;要注意把自己摆在与学生平等的地位,耐心细致地讲知心话,不能摆出师长架子;要多与学生换位思考,设身处地为学生着想,不可厚此薄彼,而要一视同仁;要理解学生、关心学生,与学生真心实意地沟通,从而协助学生明确今后要努力的方向。

后　记

新时代的思想政治课程建设,需要坚实的理论支撑和有效的教学实践。《中学思想政治课程与教学论》自编写以来,始终致力于帮助思想政治教育专业师范生夯实学科基础,提升教学能力,以更好适应中学思想政治课改革的需求。本次修订,在延续上一版框架的基础上,融入习近平新时代中国特色社会主义思想,紧扣新时代中学思政课改革的新理念、新要求,进一步优化教材体系,提升教材的针对性和实用性。

修订版教材仍包括三大部分:上编思想政治课程论,涵盖课程目标、课程内容、实施建议及学习方法;中编思想政治教学论,围绕教学设计、课堂教学、教学策略展开;下编思想政治教学评价论,关注教学评价、听课、评课及考试。与上一版相比,本书强化了教学实战训练,精选最新教学案例,优化课程教学方法,进一步提升教材的时代感和实用价值。

本书的修订工作得到了浙江省教育厅政策指导,也得到了温州大学马克思主义学院领导、专家及师生的鼎力支持。在此,特别感谢学院领导及思政系全体教师的投入与贡献,使本书的修订工作得以顺利完成。同时,我们深知,今天的教材离不开前人的积累,特向上一版《中学思想政治课程与教学论》编写团队致以敬意,他们的学术积累和实践探索,为本书的完善提供了重要参考和支撑。

此外,在编写过程中,我们借鉴了国内外思想政治教育领域的最新研究成果,在此向相关学者表示诚挚感谢。本书虽经多次修改完善,但限于时间与水平,难免有不足之处,敬请广大读者、专家和同行批评指正,以期不断改进,使本书更好地服务于思想政治教育的教学与研究。

2024 年 12 月

编者